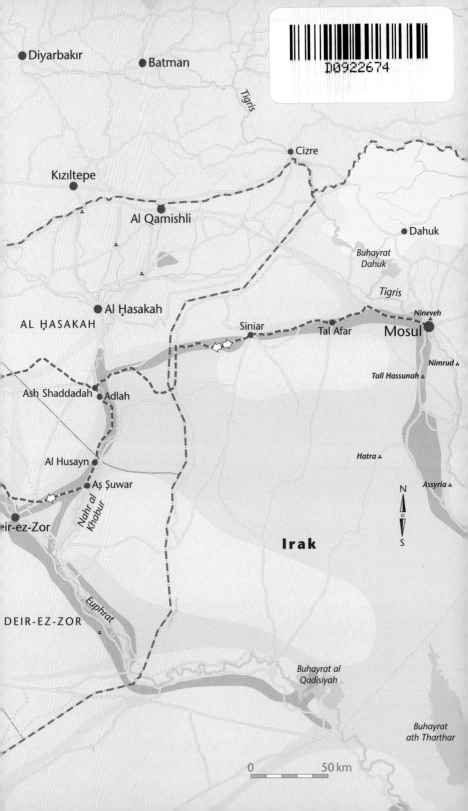

Jürgen Todenhöfer

Inside IS – 10 Tage im ›Islamischen Staat‹

Jürgen Todenhöfer

Inside IS – 10 Tage im ›Islamischen Staat‹

C. Bertelsmann

Verlagsgruppe Random House FSC® N001967
Das für dieses Buch verwendete FSC®-zertifizierte Papier
Munken Premium Cream liefert
Arctic Paper Munkedals AB, Schweden.

7. Auflage
© 2015 by C. Bertelsmann Verlag, München,
in der Verlagsgruppe Random House GmbH
Umschlaggestaltung: buxdesign München nach einem
Design von Nina Priester
Die Fotos im Bildteil stammen von Frederic Todenhöfer,
bis auf Nummer 17 und 47, die aus IS-Videos entnommen sind.
Die Bildrechte liegen beim Autor.
Karten: Peter Palm, Berlin
Satz: Uhl + Massopust, Aalen
Druck und Bindung: GGP Media GmbH, Pößneck
Printed in Germany
ISBN 978-3-570-10276-3

www.cbertelsmann.de

*Für Frederic, der auf der Reise
und bei der Gestaltung des Buches
Beeindruckendes geleistet hat.*

Inhalt

I

Die Geburt des »Islamischen Staats«

Gerade eben erst scheint der »Islamische Staat« aus dem Dunkel der Geschichte aufgetaucht zu sein. Und schon hat er sich ins Zentrum der Weltpolitik gespielt. Doch es gibt ihn schon länger. Er ist ein Kind des Irakkriegs 2003. Im August 2007 traf ich erstmals einen seiner Kämpfer im umkämpften Ramadi, im Irak. Rami, ein 27-jähriger, fast schüchterner Student der Geschichte, hatte sich den Terroristen angeschlossen, weil amerikanische GIs seine Mutter bei einer Hausdurchsuchung erschossen hatten. Vor seinen Augen. »Was hätten Sie getan?«, fragte er mich bitter, als er sah, dass ich die Entscheidung trotz seines Leids überhaupt nicht verstand. Es sei leicht, edle Standpunkte über Widerstand und Terrorismus einzunehmen, wenn man selbst in Wohlstand und Frieden lebe. Ob ich schon einmal darüber nachgedacht habe, was in einem Menschen vorgegangen sein müsse, bevor er sich als Selbstmordattentäter in die Luft sprenge. Als ich schweige, fügt er hinzu: »Hört auf, uns zu überfallen und zu demütigen. Haut ab aus unseren Ländern. Dann wird Al Qaida von alleine verschwinden.«

Der Aufstieg von Al Qaida zu einem Faktor im chaotischen irakischen Machtspiel hatte schon vier Jahre zuvor begonnen. 2003. Personifiziert durch den 37-jährigen sunnitischen Jordanier Abu Musab Al Zarkawi. Ursprünglich hatte dieser noch vorgehabt, mit seiner »Partei des Monotheismus und Jihad« das jordanische Königshaus zu stürzen. Doch die US-Invasion im

Irak bot plötzlich ganz andere Möglichkeiten. Endlich gegen die Amerikaner zu kämpfen und einen Jihad gegen die Schiiten führen zu können, die er als Verräter des Islam, als »Abtrünnige« ansah. Sie hatten nach dem Sturz Saddam Husseins die uneingeschränkte Macht im Irak übernommen und die früher so einflussreichen Sunniten mit brutalen Methoden aus dem politischen Leben des Irak ausgeschlossen.

Schon kurz nach der US-Invasion begann Zarkawi eine irakische Kampftruppe aufzubauen. Hinzu kam eine kleinere Zahl arabischer Kämpfer, die er zusammen mit Al Qaida über Syrien in den Irak schleuste. Insgesamt verfügte Zarkawi über rund 2000 äußerst effektive Kämpfer. Davon 1000 in der Provinz Anbar. Der Rest kämpfte vor allem in Diyala und in einigen sunnitischen Vierteln Bagdads. Zarkawi profitierte vom Unmut der sunnitischen Bevölkerung. Seine bevorzugten Opfer waren irakische Soldaten, Polizisten und besonders Schiiten. Im August 2003 jagten seine Leute nach US-Angaben die Imam Ali-Moschee in Najaf in die Luft. Eine blutige Anschlagswelle folgte der anderen.

Fast jeder Anschlag im Irak wurde von den US-Besatzern großzügig Zarkawi zugeschrieben. Dessen öffentliche Rolle überstieg zunehmend seine tatsächliche Bedeutung. Dass es neben Al Qaida auch noch einen viel mächtigeren »bürgerlichen Widerstand« gegen die US-Besatzung gab, mit erheblich mehr Kämpfern, wurde systematisch verschwiegen. An der amerikanischen Heimatfront wäre das schwer zu verkaufen gewesen. Die US-Führung brauchte nach dem Sturz Saddam Husseins ein einprägsames diabolisches Feindbild, um die nicht endenden Kämpfe im Irak vor ihren Wählern zu rechtfertigen. Zarkawi schien diese Rolle des omnipräsenten Terroristen nicht zu missfallen.

Weltbekannt wurde er durch die zynische filmische Inszenierung der Enthauptung westlicher Geiseln. 2004 erschien ein Video mit dem Titel »Abu Musab Al Zarkawi schlachtet einen Amerikaner«. Darin wird dem Amerikaner Nicholas Berg der

Kopf abgeschnitten. Angeblich als Rache für die »Schandtaten«
der USA in Abu Ghraib. Berg und spätere Opfer trugen wie
die Abu-Ghraib-Häftlinge orangefarbene Overalls. Anders als
bei den aktuellen Enthauptungen unter Al Baghdadi wurde der
blutige Hinrichtungsakt ungekürzt gezeigt. Ansonsten erinnert
Al Baghdadis öffentlich in Szene gesetzte Brutalität in vielem
an Zarkawi.

Im Herbst 2004 trat Zarkawi offiziell Al Qaida bei. Auch das
dürfte den Amerikanern gefallen haben. Seine Terrorgruppe
erhielt in der Öffentlichkeit den Namen »Al Qaida im Irak«
(AQI). Baghdadi saß in dieser Zeit übrigens gerade in amerikanischer Haft. Unterdessen mordete Zarkawi hemmungslos
weiter. So brutal, dass sich schließlich Bin Ladens Stellvertre-
ter Ayman Al Zawahiri schriftlich beschwerte, dass bei Zarkawis Selbstmordanschlägen zu viele Zivilisten umkamen. Und
mehr Schiiten als Amerikaner. Bin Laden und Zawahiri streb-
ten – anders als Zarkawi – eine Aussöhnung der Sunniten mit
den Schiiten an.

Doch Zarkawi ließ sich nicht aufhalten. In keinem Punkt.
Überall, wo er auftrat, war er wegen seiner Brutalität und der
Strenge seiner AQI-Shariah umstritten. Auch wenn er diese
Shariah nur in wenigen Orten durchsetzen konnte. Dann aller-
dings galten rigide, puritanische Regeln. Rauchen, Trinken und
Musik waren verboten.

Zarkawis gnadenlose Methoden glichen in vielem denen der
frühen Wahhabiten vor über 200 Jahren auf der Arabischen
Halbinsel. Diese wiederum erinnerten an die Charidschiten,
die Mörder Alis, des Schwiegersohns des Propheten Mohammed vor über 1300 Jahren. Jeder, der nur einen Millimeter
von ihren engen Glaubensvorstellungen abwich, wurde erbarmungslos und blutig verfolgt. Ob Frauen, Kinder oder Greise.
Extremisten des 20. Jahrhunderts werden noch heute als moderne Charidschiten bezeichnet.

Im Juni 2006 gelang es den US-Streitkräften, Zarkawi bei

11

Baqubah durch einen gezielten Luftschlag auszuschalten. Mit zwei 500-Pfund-Bomben. Die USA brauchten im Irak dringend einen Erfolg.

Der Kampf von Al Qaida ging jedoch weiter. Nach der Integration mehrerer kleiner Widerstandsgruppen rief »Al Qaida im Irak« im Oktober 2006 den »Islamischen Staat im Irak« (ISI) aus. Neuer Führer wurde der Ägypter Abu Ayyub Al Masri. Erster geistlicher Emir wurde der Iraker Abu Abdullah Al Rashid Al Baghdadi – nicht zu verwechseln mit dem augenblicklichen »Kalifen« Abu Bakr Al Baghdadi. Die tatsächliche Existenz und Bedeutung dieses geistlichen Emirs sind bis heute umstritten. Noch immer lag die Zahl der ISI-Kämpfer bei etwa 2000. Aus politischen Gründen galten jedoch weiterhin fast alle Anschläge auch anderer Widerstandsgruppen als Aktionen des ISI/Al Qaida.

Die US-Führung war inzwischen durch den wachsenden Widerstand im Irak militärisch und politisch erheblich angeschlagen. Und kriegsmüde. Weit und breit waren nirgendwo Massenvernichtungswaffen zu finden, derentwegen man angeblich in den Krieg gezogen war. Stattdessen stieg die Zahl gefallener GIs unablässig. Die USA änderten daher ihre Strategie. Auch im Irak kommt man mit einem Sack voll Geld weiter als mit Panzerarmeen. Mit abenteuerlich hohen Millionenzahlungen an die ausgezehrten sunnitischen Stämme erreichten die USA schließlich ein militärisches Stillhalteabkommen. Man gründete »Awakening Councils« und schuf schlagkräftige sunnitische Milizen, die, in Abgrenzung zu den ausländischen Kämpfern des ISI, »Söhne des Irak« genannt wurden.

Motiviert durch die Zusage, später an der Macht und am Wohlstand des Irak beteiligt zu werden, vertrieben die sunnitischen Stämme den zunehmend unbeliebten ISI aus seinen Hochburgen. Zwar blieben kleinere ISI-Zellen erhalten, vor allem in Bagdad, Diyala und in den großen Städten Anbars, Falludscha und Ramadi. Doch der ISI befand sich in

12

einer existenziellen Krise. Auch den »bürgerlichen Widerstand« zwangen die sunnitischen Stämme zu militärischer Zurückhaltung. Dessen Mitglieder hatten, anders als die ISI-Kämpfer, bürgerliche Berufe, in die sie sich zurückbegeben konnten. Als Gegenleistung zogen sich die US-Streitkräfte in ihre Stützpunkte zurück. Dort gruben sie sich wie Maulwürfe ein. Nur noch selten sah man GIs auf irakischen Straßen. Die amerikanische Darstellung, man habe die Iraker durch Bushs Truppenverstärkungen, den sogenannten »Surge«, in die Knie gezwungen, ist eine PR-Legende. Ich war in jener Zeit bei den gemäßigten Widerstandskämpfern der Provinz Anbar. Und wenig später in Bagdad. Die USA haben den Irakkrieg schlicht und ergreifend verloren. Aber mithilfe ihrer Dollargeschenke konnten sie wenigstens ihr Gesicht wahren und bei ihrem Abzug Ende 2011 so tun, als hätten sie den Krieg mit Ach und Krach doch noch gewonnen.

Allerdings hielten weder die amerikanische noch die irakische Regierung ihre großen Versprechen gegenüber den Sunniten. Sunniten und vor allem Mitglieder der früher regierenden Baath-Partei wurden faktisch weiter vom politischen Leben des Irak ausgeschlossen. Nach der Entmachtung des ISI erhielten sie auch kein Geld mehr. Viele junge Sunniten wurden wieder arbeitslos. Statt belohnt zu werden, wurden die Sunniten unterdrückt und durch Todesmilizen gejagt. Iraks schiitischer Ministerpräsident Nuri Al Maliki errichtete ein antisunnitisches Terrorregime. Aus Rache für die harten Jahre unter Saddam. Der Westen wusste das alles. Aber es interessierte ihn nicht.

Nachdem die ISI-Chefs Al Masri und der erste Al Baghdadi im April 2010 durch US-Luftschläge getötet worden waren, übernahm der 38-jährige promovierte Abu Bakr Al Baghdadi im Mai 2010 die Führung der ausgedünnten ISI-Zellen. Sie unterstanden noch immer Al Qaida.

2011, während des sogenannten Arabischen Frühlings,

schlossen sich verarmte, ehemalige Saddam-Kommandeure dem ISI an. Auch sie waren 2003 aus den irakischen Streitkräften ausgeschlossen worden und hatten nie wieder eine Chance bekommen. ISI wuchs dadurch abermals zu einer kleinen, schlagkräftigen Kampftruppe heran. Al Baghdadi setzte den Feldzug Zarkawis gegen die Schiiten und die Regierung Maliki fort. Mit der gleichen Brutalität und der gleichen rigiden AQI-Shariah-Auslegung wie dieser.

Als parallel in Syrien der bewaffnete Widerstand gegen Assad an Fahrt gewann, gründete Al Baghdadi dort Ende 2011 unter der Führung des Syrers Abu Mohammad Al Julani die Terrororganisation Jabhat Al Nusra. Sie kämpfte in den folgenden Monaten mit zunehmendem Erfolg gegen das syrische Regime. Die Nähe zum ISI und zu Al Qaida wurde anfangs verschwiegen. Aus gutem Grund: Al Qaida und der irakische ISI waren unter den Syrern nicht beliebt.

Der »alawitische Ketzer« Assad entsprach perfekt dem Feindbild der Rebellen. Säkular, alawitisch, einer der engsten Verbündeten des schiitischen Iran und angeblich insgeheim prowestlich, ja sogar proisraelisch. Die meisten Rebellen, die ich in Syrien traf, hielten Assad für einen Freund Israels, obwohl Israel mehrfach seine Stellungen bombardieren ließ. Gegen Feindbilder ist auch in Syrien kein Kraut gewachsen.

In die Aufstände in Syrien waren mehrere Regierungen des Nahen Ostens und des Westens verwickelt, die großes Interesse an einem Umsturz in dem Land hatten. Saudi-Arabien, Katar, die USA, Frankreich, England und andere versuchten den Widerstand gegen Assad zu stärken. Durch Geld und Waffenlieferungen und durch eine Öffentlichkeitsarbeit, die in manchem an die Desinformationskampagnen vor dem Irakkrieg 2003 erinnerte. Wenn ich bei meinen Syrienbesuchen abends die westliche Internetberichterstattung las, dachte ich oft, die westlichen Medien schrieben über ein ganz anderes Land als das, das ich gerade intensiv erlebte.

Die Waffen, die dazu beitrugen, aus den friedlichen Demonstrationen einen gnadenlosen Bürgerkrieg zu machen, wurden mit freundlicher Zustimmung der USA in riesigen Cargo-Containern per Schiff oder per Flugzeug in die Türkei gebracht. Von dort wurden sie nach Syrien transportiert und an die Rebellen weitergegeben. Kleinere Schmuggelrouten führten durch den Libanon und später durch den Irak.

Abgesegnet wurden die Lieferungen von CIA-Offizieren, die an geheimen Orten festlegten, an wen welche Waffen gehen sollten. So konnten die Amerikaner angeblich sicherstellen, dass Waffen nicht direkt an Jabhat Al Nusra oder andere extremistische Gruppen geliefert wurden. Obwohl sie dies auf syrischem Territorium nicht mehr unter Kontrolle hatten. Dass die Waffen später auch bei terroristischen Gruppen landen würden, wussten sie. Wie jeder, der die militärische Lage in Syrien nur einigermaßen kannte. Die militantesten Rebellengruppen konnten sich hinter der Grenze stets die besten Waffen aussuchen. Oft wurden die ausländischen Waffen von den als gemäßigt geltenden Gruppen einfach an Al Qaida nahestehende Organisationen weiterverkauft. In Syrien kam es zu einem blühenden und lukrativen Waffenhandel.

Auch private Spender und Organisationen aus Saudi-Arabien und Kuwait organisierten in großem Stil Geld, Waffen und Kämpfer. Der größte Teil des Geldes und der Waffen ging an radikale islamistische Gruppen. Zwar war das nach den Gesetzen dieser Länder verboten, aber das hinderte die wenigsten.

Bis 2013 wuchs Jabhat Al Nusra zur stärksten Rebellengruppe Syriens heran. Sie wurde so mächtig, dass Al Baghdadi sich genötigt sah, öffentlich zu erklären, dass Jabhat Al Nusra eigentlich nichts anderes war als ISI in Syrien. Konsequenterweise fordert er Julani auf, ihm öffentlich den Treueid zu schwören. Der aber weigerte sich und schwor seinen Treueid lieber dem Al-Qaida-Führer Ayman al Zawahiri. Julani wollte Filiale der Zentrale, aber nicht Filiale der Filiale sein.

Al Zawahiri forderte deshalb Al Baghdadi auf, Al Nusra und

ISI »wie bisher« getrennt zu lassen, damit jede der beiden Organisationen sich auf ihre jeweiligen Gebiete konzentrieren könne. Al Baghdadi lehnte das kategorisch ab und erklärte, Al Nusra sei weiterhin Teil des ISI. Da Zawahiri und Julani nicht nachgaben, brach Al Baghdadi offiziell mit Al Qaida und erklärte Julani zum Abtrünnigen. Über die Hälfte der Nusra-Kämpfer verließ daraufhin Julani, lief zu Al Baghdadi über und schwor ihm Treue.

Rakka und der Nordosten Syriens gerieten nun unter die Kontrolle von Al Baghdadi. Er benannte ISI in ISIS um (»Islamischer Staat im Irak und Al Sham – die Levante«). Später nannte er ISIS nur noch IS, »Islamischer Staat«. Eine geografische Begrenzung gab es bei diesem Namen nicht mehr. Der Anspruch von IS ist schließlich global. Als Abu Bakr Al Baghdadi das Kalifat »der Islamische Staat« ausrief, lebten bereits über sechs Millionen Menschen im »Islamischen Staat«.

II

Ziele des Westens

Und wieder führt der Westen Krieg im Mittleren Osten. Ist es der zwanzigste, der dreißigste Krieg in dieser ölreichen Region? Diesmal geht es gegen den IS, den sogenannten »Islamischen Staat«, dessen demonstrative Brutalität die Welt erschauern lässt. Doch geht es dem Westen wirklich in erster Linie um das Ziel, mittelalterliche Barbareien zu unterbinden? Oder interveniert er, weil der IS inzwischen im Irak seine Ölinteressen beeinträchtigt? Immerhin ist es den Kämpfern des IS gelungen, die »Strategische Pipeline« des Irak in die Türkei unter ihre Kontrolle zu bringen und damit die Lebensader der irakischen Ölindustrie zu zerstören.

Für die Störungsfreiheit der Ölförderung und des Öltransports waren die USA stets bereit, Kriege zu führen. Solange die IS-Kämpfer nur in Syrien, fernab der viel größeren irakischen Ölfelder, mordeten und köpften, ließen die USA sie gewähren. Sie unterstützten sie sogar indirekt. Über die mit ihnen verbündeten Golfstaaten. Ähnlich wie die anderen großen syrischen Terrororganisationen Jabhat Al Nusra, Islamic Front oder Ahrar Al Sham. Weil sie Assad bekämpfen. Den Verbündeten des Iran, der den USA durch den Irakkrieg 2003 und den Sturz seines Gegners Saddam Hussein zu mächtig geworden ist. Worum geht es dem Westen in diesem neuen Irakkrieg wirklich?

Der vor 500 Jahren beginnende Aufstieg des Westens beruhte nie auf Altruismus. Nie auf zivilisatorischen Ideen für den Rest der Welt, sondern auf der konsequenten Verfolgung seiner eigenen wirtschaftlichen Interessen. Und auf der Gnadenlosigkeit seiner Armeen. Meist schoben die westlichen Staatsoberhäupter allerdings edle Motive vor, um sich die Unterstützung ihrer Untertanen oder Wähler zu sichern. Erst erschlugen sie die Menschen anderer Kulturen im Namen des Christentums, dann im Namen der Menschenrechte und der Demokratie. Doch in Wirklichkeit ging es immer nur um Geld, Macht und Ruhm. Bis heute.

Der Amerikaner Samuel Huntington ist sich mit vielen Historikern einig, wenn er feststellt:»Der Westen hat die Welt nicht durch die Überlegenheit seiner Werte erobert, sondern durch seine Überlegenheit beim Anwenden von Gewalt. Westler vergessen diese Tatsache oft, Nichtwestler nie.« Die westliche Gewalttätigkeit sprengte alle Grenzen. Sie ging sogar über das hinaus, was uns der bestialische IS-Terrorismus heute vorführt.

Louis de Baudicour, französischer Schriftsteller und Kolonist, schilderte eine der ungezählten Barbareien Frankreichs in Algerien:»Hier schnitt ein Soldat aus Spaß einer Frau die Brust ab, dort nahm ein anderer ein Kind an den Beinen und zerschmetterte seinen Schädel an einer Mauer.« Victor Hugo, ein anderer Franzose, berichtete von Soldaten, die sich gegenseitig Kinder zuwarfen, um sie mit der Spitze ihrer Bajonette aufzufangen. Für in Salz eingelegte Ohren gab es 100 Sous.

Abgeschnittene Köpfe brachten deutlich mehr ein. Bis zum Ende des Algerienkriegs 1962 waren Enthauptungen algerischer Freiheitskämpfer an der Tagesordnung. Die abgeschnittenen Köpfe wurden anschließend öffentlich zur Schau gestellt. Wie heute im»Islamischen Staat«.

Den Irakern erging es unter britischer Kolonialherrschaft nicht besser. Winston Churchill warf ihnen 1920 wegen ihres Aufstands gegen die Krone»Undankbarkeit« vor. Er setzte chemische Waffen ein,»mit ausgezeichneter moralischer Wirkung«, wie er stolz vermerkte.

In Libyen wurden Stammesführer in Flugzeuge gepackt und aus großer Höhe abgeworfen. Libysche Mädchen wurden für die italienischen Kolonialtruppen als Sexsklavinnen gehalten.

Hunderttausende Zivilisten wurden in Wüstenkonzentrationslager gesperrt, in denen die Hälfte kläglich zugrunde ging.

An diesen sadistischen Grausamkeiten hat sich bis heute nichts geändert. Wir haben sie nur nie beachtet oder verdrängt. Die muslimische Welt hat sie nicht vergessen. Im US-Foltergefängnis Bagram bei Kabul ging es laut führenden amerikanischen Militärs barbarischer zu als in Guantanamo. Taliban-Gefangene wurden so lange durch Kampfhunde vergewaltigt (!), bis sie alles gestanden. Ich habe die Zeugenaussage eines westlichen Sicherheitsspezialisten veröffentlicht. Niemand empörte sich. Was wäre geschehen, wenn amerikanische GIs durch Hunde vergewaltigt worden wären?

Ähnlich brutal gingen die westlichen »Vorkämpfer für Menschenrechte« nach 2003 im Irak vor. Die junge Irakerin Manal wurde im Flughafengefängnis von Bagdad gezwungen, der Vergewaltigung eines jungen irakischen Widerstandskämpfers durch einen GI zuzusehen. Sie hat ihre Demütigung hundertfach in die Welt hinausgeschrien, ist vor Gericht gezogen. Niemand hat sich dafür interessiert. Es war ja kein amerikanisches Mädchen, das da zerbrach.

In Guantanamo wurden nach neuesten Berichten Gefangene von US-Beamtinnen missbraucht. Manchmal von zwei Frauen gleichzeitig. Als die sexuellen Übergriffe in den USA bekannt wurden, verwarnte man die Beamtinnen lediglich. Gefangene Araber zu missbrauchen, scheint für den Westen kein Verbrechen zu sein. Der *Spiegel* hat ausführlich darüber berichtet. Interessiert hat der Skandal niemanden.

Wenn IS-Kämpfer vergleichbare Verbrechen begehen, kennt die Empörung des Westens keine Grenzen. Regierungen treten zusammen, Militärstäbe tagen, um Strategien zu finden, wie wir derart schamlose Angriffe auf »unsere Werte« unterbinden können. Von Arabern begangene Verbrechen sind offenbar etwas anderes als Verbrechen, die wir begehen. Eigentlich ist das Rassismus in seiner widerlichsten Form.

Laut dem französischen Philosophen Jean-Paul Sartre wurden die Araber vom Westen stets als Untermenschen »auf der Stufe eines höheren Affen« behandelt. Sie waren »Bewohner« Arabiens, aber nie echte »Eigentümer«. Selbst der große französische Politiker und Publizist Alexis de Tocqueville stellte die Frage: »Hat man beim Anblick der Vorgänge in der Welt nicht den Eindruck, dass der Europäer für andere Rassen das ist, was der Mensch für die Tiere bedeutet? Er macht sie seinem Dienst untertan, und wenn er sie nicht mehr unterjochen kann, vernichtet er sie.«

Nicht ein einziges Mal hat in den letzten 200 Jahren ein arabisches Land ein westliches Land angegriffen. Angreifer waren immer die europäischen Großmächte. Millionen arabische Zivilisten wurden dabei brutal ermordet. Das Gerede von der Grausamkeit der Muslime stellt alle Fakten auf den Kopf. Der Westen war viel grausamer als sie.

Nicht nur in der muslimischen Welt. Als Mahatma Gandhi gefragt wurde, was er von der westlichen Zivilisation halte, antwortete der Inder: »Ich denke, sie wäre eine gute Idee.« Die erlebte Realität westlicher Herrschaft in Indien allerdings fand er »satanisch«. Als ich 1975 als junger Abgeordneter der indischen Premierministerin Indira Gandhi einen unerbetenen Vortrag über die Bedeutung der Menschenrechte für die westliche Politik hielt, fragte sie erstaunt: »Glauben Sie das wirklich?«

Ex-NATO-Oberbefehlshaber Wesley Clark berichtete, man habe ihm kurz nach 9/11 im Pentagon eine geheime Liste mit sieben Schurkenstaaten gezeigt, die man in den nächsten fünf Jahren angreifen wolle. Darunter Irak, Libyen, Syrien und Iran. Bushs Kriegstreiber wollten sich die einmalige Gelegenheit der Terroranschläge des 11. September nicht entgehen lassen. Sie wollten in den Worten von Clark die Gunst der Stunde nutzen, um mit mehreren Kriegen »den Mittleren Osten zu destabilisieren, auf den Kopf zu stellen und dann zu kontrollieren«. Ehrenwerte Gründe würde man schon finden.

Die westliche Öffentlichkeit tut sich schwer, ein derart zynisches Spiel der westlichen Politik zu durchschauen. Sie glaubt wirklich, wir seien »die Guten«. Das Feindbild Islam, jahrhundertelang vom Westen gezeichnet, hat sich tief eingeprägt. Doch es ist ein manipuliertes Bild.

Es waren keine Muslime, die den »heiligen Krieg« erfanden und auf Kreuzzügen über vier Millionen Muslime und Juden niedermetzelten. Es waren Christen, die in Jerusalem »bis zu den Knöcheln im Blut wateten, bevor sie glücklich weinend« zum Grab des Erlösers schritten. Es waren auch keine Muslime, die im Namen der Kolonisierung Afrikas und Asiens 50 Millionen Menschen massakrierten. Es waren keine Muslime, die den Ersten und Zweiten Weltkrieg mit fast 70 Millionen Toten anzettelten. Und es waren keine Muslime, sondern wir Deutsche, die zehn Millionen Slawen und sechs Millionen Juden, Mitbürger, Nachbarn und Freunde, feige und schändlich ermordeten. Wann haben unsere sogenannten christlichen Politiker dem Christentum, dieser wunderbaren Religion der Liebe, Ehre gemacht? Wann und wo haben wir unsere Bruderreligionen Judentum und Islam mit Respekt und Liebe behandelt?

Die vom Westen in den letzten fünf Jahrhunderten eroberten Kontinente und Länder haben unsere Barbareien nicht widerstandslos hingenommen. Obwohl ein großer Teil der Bevölkerung sich anpasste, gab es fast überall Widerstandsgruppen. Friedliche wie Gandhis »Ziviler Ungehorsam« in Indien. Bewaffnete wie einst die FLN (»Nationale Befreiungsfront«) in Algerien oder der legale irakische Widerstand gegen die völkerrechtswidrige Invasion der USA im Jahr 2003.

Allerdings erkannte schon Jean Cocteau, der französische Schriftsteller: »Die Sauberkeit einer Revolution dauert höchstens vierzehn Tage.« Legaler Widerstand wird schnell zu mörderischem Terrorismus. Nicht nur in der muslimischen Welt. Neben christlichen Terroristen wie George Habash, der jüdische Siedler brutal ermorden ließ, gab es auch zionistische Terrororganisationen wie die Irgun von Menachem Begin oder die sich selbst terroristisch nennenden »Kämpfer für die Freiheit Israels« von Jitzchak Schamir. Die Terroristen Begin und Schamir wurden später Ministerpräsidenten ihrer Länder. Heftig umworben und unterstützt vom Westen.

Terrorismus ist ein weltweites, kein muslimisches Phänomen. Nach Angaben von Global Terrorism Database, einem von der US-Regierung offiziell geförderten Exzellenzzentrum, gab es 2013 in der westlichen Welt 239 Terroranschläge. Nur zwei wurden von Muslimen begangen. Im Jahr davor waren es sechs von 196. Die meisten der 239 Anschläge wurden von Unbekannten begangen, gefolgt von Separatisten, Linksextremisten, Rechtsextremisten, Protestanten und sonstigen.

Der Satz: »Nicht jeder Muslim ist ein Terrorist, aber jeder Terrorist ein Muslim« ist Unfug. Auch wenn die »islamistischen« Terroranschläge überdurchschnittlich blutig waren. In Deutschland wurde übrigens bis heute nicht ein einziger Deutscher durch »islamistische« Terroristen getötet. Aber allein seit 1990 wurden in Deutschland 29 Muslime durch Rechtsradikale ermordet. Man denke an die NSU-Morde oder an die Morde von Mölln und Solingen. Antiislamische Hassprediger lassen sich durch diese Fakten nicht aufhalten.

Der »islamistische« Terrorismus der letzten Jahre wütete allerdings nicht in erster Linie im Westen, sondern im Mittleren Osten. Aufgeputscht durch die Antiterrorkriege der USA in Afghanistan, im Irak und in Libyen. Sie waren regelrechte Terrorzuchtprogramme. Doch dieser Terrorismus, so schrecklich er für seine Opfer in Ost und West war, störte die amerikanischen Weltstrategen nie wirklich. Im Gegenteil, er lieferte wichtige Vorwände, um mit Zustimmung der US-Wähler immer wieder auf der Achse des Öls und des Erdgases, der sogenannten Achse des Bösen, zu intervenieren. Öl war nun mal laut Exaußenminister Henry Kissinger viel zu wertvoll, als dass man es den Arabern überlassen konnte.

Terroristen sind »Schurken«, die die US-Politik schon immer brauchte, um ihren militärischen Interventionen den Anschein von Legitimität zu geben. Berühmt ist der verzweifelte Ausruf von Exgeneral Colin Powell nach dem Zusammenbruch der Sowjetunion: »Mir gehen die Schurken aus!« Wenn es keine Terroristen gäbe, würden die USA sie erfinden. Manchmal tun sie das auch.

Vieles über die aggressive amerikanische Erdöl- und Erdgasstrategie kann man in offiziellen Dokumenten nachlesen. Im Mai 1997 etwa erklärte die US-Regierung, sie sei zu militärischen Interventionen verpflichtet, wenn es um die »Sicherung des uneingeschränkten Zugangs zu den Schlüsselmärkten, Energievorräten und strategischen Ressourcen« gehe. Nur Idioten kapieren nicht, worum es heute in der Weltpolitik geht: »*It's the oil, stupid!*« Öl, das schwarze Gold, von dem der amerikanische Wohlstand abhängt. Öl, das hinterhältigste Geschenk des Teufels.

Terroristen verstehen ihre Anschläge als berechtigte Antwort auf die aggressiv ausbeuterische Politik der USA, die ihre Länder als amerikanische Tankstellen betrachten. Und dabei brutalste Methoden anwenden. Junge Muslime in Deutschland und im Irak sehen Tag für Tag, Jahr für Jahr, wie in Afghanistan, Pakistan, im Irak, Jemen, in Somalia oder Palästina muslimische Frauen, Kinder und Männer durch westliche Waffen, westliche Verbündete und westliche Soldaten schwer verletzt und getötet werden. Bis einige von ihnen irgendwann reagieren. Niemand kommt als Terrorist auf die Welt.

Hauptleidtragende dieses Terrorismus, der angeblich den Mittleren Osten befreien soll, sind die dort lebenden Zivilisten. Muslime und Christen gleichermaßen. Genauso wie bei den Bombenangriffen, mit denen der Westen diesen Terror glaubt »bekämpfen« zu können. Die überwiegende Mehrheit der Muslime und Christen steht wehrlos und verzweifelt inmitten dieses grauenvollen Kreislaufs der Gewalt.

Die Terroristen des Mittleren Ostens wissen, dass sie nur eine Minderheit sind. Dass die erdrückende Mehrheit der Muslime sich auf friedlichem Wege aus ihrem Elend befreien möchte. Der Terrorismus des Mittleren Ostens ist ein Minderheitenphänomen. Doch er sieht die Rettung der muslimischen Welt als seine Pflicht an, der er sich angeblich nicht entziehen kann. Vor allem, wenn der Westen das Heiligste der Muslime, ihre Religion, verhöhnt und mit Füßen tritt. Der Westen versteht nicht, dass eine Verhöhnung des Propheten Mohammed genauso verletzt wie jeder Bombenangriff. Es interessiert ihn auch nicht. Es gilt ja, unsere Werte zu verteidigen und nicht die Werte der muslimischen Welt.

Die meisten Terroristen wissen, dass sie militärisch gegen den Westen keine Chance haben und vor allem sich selbst und ihre eigene Welt zerstören. Jean-Paul Sartre hat diese selbstzerstörerische Verzweiflung schon 1961 während des Freiheitskriegs der Algerier beschrieben:

»Die zurückgehaltene Wut dreht sich im Kreis und richtet unter den Unterdrückten selbst Verheerungen an. Um sich von ihr zu befreien, schlachten sie sich untereinander ab. Die Stämme kämpfen gegeneinander, weil sie den eigentlichen Feind nicht angreifen können, und man kann sich darauf verlassen, dass die Kolonialpolitik ihre Rivalitäten schüren wird. Die Sturmflut der Gewalt reißt alle Schranken nieder. Das ist der Moment des Bumerangs. Die Gewalt schlägt auf uns zurück, und wir verstehen so wenig wie früher, dass es unsere eigene Gewalt ist.«

In der muslimischen Welt wird seit Langem darüber gestritten, ob man den in vielen Bereichen überlegenen Westen imitieren oder sich stärker auf islamische Werte und Traditionen besinnen soll. Terroristische Organisationen suchen ihr Heil in der Rückkehr zu einem mehr oder weniger »puritanischen« Islamismus. Massiv finanziell unterstützt vom streng wahhabitischen Königreich Saudi-Arabien. Wahhabiten sehen im Koran eine Botschaft Gottes, die für alle sozialen, kulturellen und politischen Fragen auf ewige Zeiten klare, unveränderbare

Anweisungen bereithält. Die Wahhabiten sind eine finanzkräftige, kleine Minderheit. Nur zwei Prozent der 1,6 Milliarden Muslime gehören dieser strengen islamischen Konfession an. Und auch das nur, wenn man die sogenannten Salafisten dazurechnen würde. Die Mehrheit der Muslime unserer Welt versucht die Botschaften des Koran mit den Realitäten unserer Zeit zu versöhnen. Sie vertritt einen deutlich maßvolleren, milderen, modernen Islam.

Dieser innerislamische religiöse Konflikt wird überlagert von der Frage, wie man auf die aggressive Militärpolitik des Westens reagieren soll. Die radikalste Antwort gibt der IS. Er verbindet den bedingungslosen Kampf gegen die westliche Welt mit einem ebenso erbarmungslosen Kampf gegen alle Muslime, die sich ihrer brutal mittelalterlichen Ideologie nicht unterwerfen. Für den IS heißt die Antwort auf alle Fragen unserer Zeit »Islamischer Staat«. Vorerst nur im Mittleren Osten, langfristig jedoch weltweit.

All das sind Erklärungen, keine Entschuldigungen. Terrorismus lässt sich nicht rechtfertigen. Der des IS schon gar nicht. Wenn Zivilisten getötet werden, handelt es sich immer um Mord. Darüber kann es keine Diskussion geben. Wer diesen Absatz überliest, hat den Sinn der historischen Einordnung des IS nicht verstanden.

Ich bin in meinem Leben vielen Militanten und Terroristen begegnet. 1960 als Student Kämpfern der FLN in Algerien, 1971 als Richter Terroristen der Roten Armee Fraktion (RAF), in den Siebzigerjahren als Abgeordneter Freiheitskämpfern und Terroristen in Mosambik, Angola und Namibia, 2007 als Medienmanager erstmals Kämpfern des IS im Irak, 2010 Taliban-Führern in Afghanistan, 2012 Al-Qaida-Terroristen in Syrien usw. Sie behaupteten, sie kämpften einen edlen Befreiungskrieg für ihr »in Ketten liegendes Volk«. Sie waren der Auffassung, das Verbot »Du sollst nicht töten« sei für sie aufgehoben. Sie argumentierten und handelten alle wie nach einer

Gehirnwäsche. Irgendjemand hatte in ihrem Kopf einen Schalter umgelegt. Plötzlich war alles erlaubt. Sie kämpften ja für eine gute Sache. Von ihren ideologischen Wahnvorstellungen abgesehen, waren sie meist ziemlich normale Zeitgenossen. Und dennoch waren sie Mörder. Ohne Wenn und Aber.

Aber sind nicht auch die Hintermänner völkerrechtswidriger Angriffskriege Terroristen und Mörder – auch ihrer eigenen Soldaten? Al Qaida tötete im gesamten Westen, in Amerika und Europa, in den letzten 14 Jahren über 3300 Menschen. Bush jr. jedoch allein durch den Afghanistan- und Irakkrieg mindestens 600 000 Menschen. Im Irak in einem überwiegend auf Lügen aufgebauten völkerrechtswidrigen Krieg. Ist das kein Terrorismus? Hatte der Brite Peter Ustinov nicht recht, als er Angriffskriege den »Terrorismus der Reichen« nannte? Für ein irakisches Kind macht es keinen Unterschied, ob es von einem »muslimischen« Selbstmordattentäter oder von einer »christlichen« Bombe zerfetzt wird. Krieg ist der Terror der Reichen, Terror der Krieg der Armen. Qualitative Unterschiede habe ich bis heute keine gefunden.

Edward Peck, unter Ronald Reagan stellvertretender Vorsitzender der Terrorismus-Arbeitsgruppe des Weißen Hauses, schildert die Schwierigkeiten, Staatsterrorismus von gewöhnlichem Terrorismus abzugrenzen in einer Mischung aus Sarkasmus und Resignation: »Wir haben sechs Terrorismus-Definitionen vorgelegt. Sie wurden alle abgeschmettert. Bei sorgfältigem Lesen stellte sich jedes Mal heraus, dass die USA selbst in derartige Aktivitäten verwickelt waren.«

Terrorismus ist nie religiös. Es gibt in Wirklichkeit keinen »islamischen Terrorismus«, so wie der Terrorismus der nordirischen IRA oder des Norwegers Anders Breivik nie christlich war. Der Terror von Muslimen wird von uns islamistisch genannt. Westlichen Terror würden wir jedoch nie christlich nennen – oder christ-istisch. Wir manipulieren die Öffentlichkeit bereits durch die sprachliche Charakterisierung unserer Feinde. Wer sich als Terrorist teuflischer Methoden bedient, kann sich nicht auf Gott berufen. Die Behauptung, dass Terrorismus vor allem ein religiöses Problem sei, ist eine atheistische Legende. Die Massenmorde der deutschen Nationalsozialisten, der sowjetischen und chinesischen Kommunisten sind der traurige Beweis, dass der Mensch das grausamste aller Geschöpfe sein kann. Mit und ohne Religion.

Die westlichen Kriege gegen den Terror waren immer Flops und Desaster. Siehe Afghanistan 2001 und Irak 2003. Die Zahl der Terroristen im Mittleren Osten explodierte geradezu. Zu Zeiten bin Ladens gab es allenfalls 1000 internationale Terroristen, heute dürften es 100 000 sein.

Auch die jetzige amerikanische Bombardierungskoalition gegen den »Islamischen Staat« wird ihr angebliches Ziel, dem Terrorismus einen tödlichen Schlag zu versetzen, nicht erreichen. Sie wird vor allem wie immer mehr Zivilisten töten als Terroristen. Schon heute sind durch die »Friedensbomben« auf Mosul, Falludscha, Hawija, Al Alam, Saadiah oder Rakka unzählige sunnitische Zivilisten gestorben. Selbst Kinderkrankenhäuser wurden bombardiert. Die Bilder sind grauenvoll. Arabische Medien berichten ausführlich darüber, westliche nicht. Diese Bombardements feuern die sunnitischen IS-Terroristen weiter an und führen ihnen immer neue Kämpfer zu. Jedes durch westliche Bomben ermordete Kind bringt mindestens zehn neue Terroristen hervor.

Der Westen hat aus dem innenpolitischen Desaster, das er durch seine Militäroperationen in Afghanistan, Irak und Libyen anrichtete, nichts gelernt. Auch nicht durch die gleichzeitige Explosion des Terrorismus. Kinder verbrennen sich in der Regel nur einmal die Finger auf einer heißen Herdplatte. Der Westen aber setzt seine kontraproduktiven Bombardierungsstrategien wieder und wieder ein. Einstein soll einmal gesagt haben, zwei Dinge seien angeblich unendlich: das Universum und die menschliche Dummheit. Beim Universum sei er sich noch nicht ganz sicher. Die Unendlichkeit menschlicher Dummheit lässt sich inzwischen nicht mehr bestreiten. Man muss sich nur die amerikanischen Antiterrorkriege ansehen.

Im Grunde können nur Araber arabische Terroristen so bekämpfen, dass daraus nicht erneut Terrorismus entsteht. Im Irak wird der IS erst besiegt werden, wenn die verfeindeten irakischen Sunniten und Schiiten ihr Kriegsbeil begraben und Seite an Seite den IS befehden. Die einst mächtige sunnitische Minderheit des Irak war 2003 nach dem Einmarsch der US-Armee rabiat vom politischen Leben ausgeschlossen worden. Wer der früher herrschenden Baath-Partei angehörte, wurde besonders brutal verfolgt. Die Sunniten, auch die Baathisten, haben den Schiiten mehrfach Aussöhnung und Frieden angeboten. Gegen eine gleichberechtigte Wiedereingliederung ins politische Leben. Bei zwei Gesprächen war ich selbst dabei.

Eine nationale Aussöhnung des Irak würde den IS entscheidend schwächen. Erstens würden irakische Sunniten und Schiiten nicht mehr gegeneinander kämpfen, sondern gemeinsam gegen den IS. Zweitens würde der IS von der Bevölkerung der wichtigen sunnitischen Städte Mosul oder Falludscha nicht mehr stillschweigend geduldet. Er wäre nicht mehr das kleinere Übel gegenüber der von Schiiten dominierten Regierung. Der IS würde zum Störenfried, der die Wiedereingliederung der Sunniten in die irakische Gesellschaft gefährdet. 2007 ist der IS im Irak, damals ISI genannt, schon einmal gescheitert, weil die sunnitischen Stämme ihm ihre Unterstützung entzogen. Gegen viel amerikanisches Geld. Es war einer der wenigen US-Geistesblitze in jenem geistlosen Krieg. Wenn die USA auch noch beschließen würden, die gesamte muslimische Welt ähnlich großzügig zu behandeln wie Israel, wäre der Erfolg gegen den Terrorismus sogar nachhaltig. Aber wollen die USA das überhaupt?

Noch einmal: Der IS ist eine mörderische Terrororganisation, für die es Erklärungen, aber keine Rechtfertigung gibt. Doch wenn die westliche Politik ehrlich wäre, müsste sie zugeben, dass Politiker wie Bush jr., Cheney, Rumsfeld und Blair zumindest nach der Zahl ihrer Opfer noch schlimmere Terroristen sind. Wo immer sie militärisch intervenierten, starben qualvoll nicht Tausende, sondern Hunderttausende Zivilisten. Unzählige wurden gedemütigt, gefoltert und vergewaltigt. Auch die Methoden der USA in Guantanamo, Abu Ghraib oder Bagram waren sadistisch und mittelalterlich.

Doch nur selten gibt es Film- oder Fotoaufnahmen vom Tod durch Bomben und Raketen. Der Augenblick des Todes einer Mutter und ihrer Kinder durch eine auf ihr Haus abgefeuerte US-Rakete erreicht uns daher emotional nicht. Wir sehen ihn nicht, er bleibt fast immer anonym.

Der IS hingegen hat seine Morde bewusst entanonymisiert. Er gibt uns die erforderliche Zeit, eine innere Verbindung zu den Opfern aufzubauen. Mit ihnen eins zu werden. Eines Tages sehen wir, wie unsere Freunde in einem orangefarbenen Overall in einer trostlosen Wüste sitzen. Neben ihnen ein Messer wetzendes gesichtsloses Ungeheuer, das sich darauf vorbereitet, Menschen, die uns ans Herz gewachsen sind, den Kopf abzuschneiden. Oder zu verbrennen. Indem das Ungeheuer sie tötet, tötet es voller Sadismus auch etwas in uns. Und baut Angst auf. Und Kriegsbereitschaft.

Die westliche Reaktion wird wie immer »edel« sein. Zumindest glauben viele das. Der Westen verteidigt ja angeblich die Werte der westlichen Zivilisation. Und so spenden viele Menschen Beifall, wenn sie in den Fernsehnachrichten den Abschuss der ersten »moralisch gerechtfertigten Raketen« des Westens sehen. Den todbringenden Einschlag sehen sie nicht. Meist auch nicht die Opfer. Und ob Schuldige oder Unschuldige getroffen wurden.

Der IS wendet bewusst abstoßende Tötungsmethoden an, die nicht auf der Liste der im Westen akzeptierten Tötungsmethoden stehen. Mit einem Schulterzucken nehmen weite Teile der westlichen Öffentlichkeit den Tod von Zivilisten durch westliche Bomben, Raketen, Artillerie- und Gewehrge-schosse zur Kenntnis. Genauso wie gerichtlich angeordnete Hinrichtungen mit Gift oder Stromstößen. Diese Todesarten sind teilweise gesellschaftlich akzeptiert. Das lange Messer, mit dem der IS mordet, steht nicht auf dieser Liste. Auch nicht das Feuer, in dem der IS mit nicht zu überbietender Brutalität einen feindlichen Piloten hinrichtet. Dass zahllose Opfer unse-rer Bombenangriffe ebenfalls qualvoll langsam verbrennen, in-teressiert nicht. Bombardieren ist ja legitim und der gelegent-liche Flammentod ein unvermeidlicher »Begleitschaden« einer zulässigen Militäroperation.

Dass die vom Westen finanzierte syrische Rebellengruppe FSA ebenfalls Enthauptungen durchgeführt und unzählige Kehlen durchschnitten hat, wird unterschlagen. Wo es trotz-dem bekannt wird, findet es kaum Beachtung. Ähnlich wie das Schwert des saudischen Scharfrichters. Die meisten Medien stellen sich dieser Manipulation der Fakten leider nicht ent-gegen.

Der IS wird sich darüber nicht beklagen. Er will ja, dass seine grenzenlose Brutalität weltweit bekannt wird. Um Furcht und Schrecken unter seinen Feinden zu verbreiten. Vor allem dort, wo er waffentechnisch unterlegen ist. Er will vor allem die USA provozieren. Er will ihre innenpolitische Diskussion so stark anheizen, dass die US-Führung sich dazu hinreißen lässt, Bodentruppen zu entsenden.

Der frühere Generalsekretär des EU-Rats Javier Solana so-wie das *American Journal of Public Health* vom Juni 2014 gehen davon aus, dass 90 Prozent der Toten moderner Kriege Zivilis-ten sind. Die völkerrechtswidrigen Angriffskriege des Westens sind daher ebenfalls Terrorismus. Staatsterrorismus. Eine Zivi-lisation, die nicht zugibt, dass George W. Bushs Irakkrieg reiner Terrorismus war, ist keine Zivilisation. Ich weiß, dass man das im Westen eigentlich nicht offen aussprechen darf. Doch das Leben ist zu kurz, um stets um die Wahrheit herumzureden.

Wir leben in einer verlogenen Welt. Voll mörderischer Kriegstreiber und mörderischer Terroristen. Beiden geht es nicht darum, unsere Welt lebenswerter, menschlicher zu machen. Beiden geht es um Macht, Geld und Ruhm. Dafür setzen sie alles ein. Das Ansehen ihrer Religionen, die sie schamlos missbrauchen. Und das Leben ihrer Mitmenschen, deren Leid sie nicht interessiert. Wenn es eine Hölle gibt, werden sie sich eines Tages dort wiedertreffen. Weil sie täglich gegen das Grundgesetz menschlichen Zusammenlebens verstoßen. Gegen das fünfte Gebot: »Du sollst nicht töten.«

III

Auf der Suche nach der Wahrheit

In den vielen Gerichtsverhandlungen, die ich als Referendar und später als Richter erlebt habe, ging ich oft durch ein Wechselbad der Gefühle. Nach dem Vortrag des Staatsanwalts hielt ich den Angeklagten meist für einen durchtriebenen Halunken. Doch sobald der Verteidiger sprach, sah alles ganz anders aus. Milde erfasste mich. Die Abwägung, wer wie weit recht hatte, gehörte zu den schwierigsten Entscheidungen meines Lebens. Fast nie hatte eine Seite uneingeschränkt recht. Fast immer sprachen auch Argumente für die andere Seite. Selten hatte ich das Gefühl, dass die schließlich getroffene Entscheidung in jeder Beziehung gerecht war.

Ich habe daraus die Lehre gezogen, auf der Suche nach der Wahrheit immer mit beiden Seiten zu sprechen. Auch wenn die Welt ihr Urteil bereits gesprochen hatte. *Audiatur et altera pars*, lautet ein wichtiger Grundsatz des römischen Rechts. So zog ich in den Achtzigerjahren mit unterschiedlichen Mujaheddin-Gruppen durch das von den Sowjets besetzte Afghanistan. Anschließend sprach ich zweimal in Moskau mit dem Chef des sowjetischen Generalstabs, Marschall Sergej Achromejew. Obwohl die sowjetische Führung öffentlich angekündigt hatte, falls sie mich erwische, werde sie mich auspeitschen und dann erschießen. Stundenlang diskutierten wir, ob es für die Sowjetunion nicht klüger sei, aus Afghanistan abzuziehen. Achromejew war ein sehr offener Mann, der zuhören konnte.

An Ostern 1975 traf ich mich in Punta Arenas mit Chiles Diktator Augusto Pinochet, um über die Freilassung von

4500 meist marxistischen politischen Gefangenen zu verhandeln. Aber auch, um die Lage Chiles nach dem Sturz Salvador Allendes zu verstehen. Anschließend flog ich in die Hauptstadt Santiago de Chile, um mit den Führern der Opposition, den Christdemokraten Eduardo Frei Montalva und Patricio Aylwin, zu sprechen. Für diesen Versuch, mir ein objektives Bild der Lage zu verschaffen, wurde ich in Deutschland wüst beschimpft. Ich wurde zum »Diktatorenfreund« ernannt. Auch die spätere Freilassung der vielen tausend Gefangenen änderte nichts daran, dass ich noch Jahre danach auf Großveranstaltungen mit Pinochet-Transparenten und wilden Sprechchören niedergeschrien wurde.

Trotzdem blieb ich bei meiner Suche nach der Wahrheit dabei, möglichst immer mit beiden Seiten zu sprechen. Meist gefolgt von einem Aufschrei der Entrüstung von jenen, die die Welt aus ihren bequemen Sesseln heraus beurteilten und fest davon überzeugt waren, dass nur sie im Besitz der Wahrheit waren. Ich sprach mehrfach mit dem afghanischen Präsidenten Hamid Karsai, aber auch mit Führern der afghanischen Taliban. Für zahlreiche Schreibtischstrategen, wie den früheren Generalinspekteur der Bundeswehr Harald Kujat, war ich daraufhin der »Sprecher der Taliban«. Für andere kurz und bündig ein »Terroristenfreund«.

Das Etikett »Terroristenfreund« war ich wieder los, als ich in Damaskus mehrfach Bashar Al Assad traf. Nicht nur wegen eines Interviews für den *Weltspiegel* der ARD, sondern vor allem, um einen direkten Kontakt Assads zur US-Administration herzustellen. Ich war der festen Überzeugung, dass die USA über ihre Verbündeten Saudi-Arabien und Katar, die die Aufständischen mit Waffen belieferten, eine Friedenslösung in Syrien erreichen konnten. Assad war zu weitreichenden Zugeständnissen bereit, die ich der amerikanischen Regierung auch weiterleitete. Doch die weigerte sich beharrlich, mit ihm zu sprechen.

Wieder brach eine Welle der Empörung über mich herein.

Das »anständige« Deutschland rümpfte die Nase. Wie konnte man mit einem Mann sprechen, der so viel Blut an den Händen hatte, schäumten Politiker und Publizisten, die alles für einen Termin mit George W. Bush gegeben hätten, der unendlich mehr Blut an den Händen hat. Die *Welt* schrieb: »Das Interview hatte entfernte Ähnlichkeit mit früheren solchen Gesprächen anderer idealistischer Publizisten und Querdenker, die im Krieg den netten, heroischen Joe Stalin trafen oder vor dem Krieg den erstaunlich kenntnisreichen Herrscher vom Berghof priesen, der doch eigentlich nur anstrebe, was alle anstrebten, zum Beispiel das Selbstbestimmungsrecht der Völker auch für Deutsche.«

Stalin und Hitler! Kleiner ging es nicht. Dass vor mir wohl nie ein westlicher Publizist mit dem syrischen Präsidenten ähnlich harte Gespräche geführt hatte, interessierte niemanden. Auch dass ich parallel zahllose Gespräche mit den Gegnern Assads führte, mit Kämpfern von Al Qaida, der Freien Syrischen Armee und anderen Rebellengruppen, interessierte kaum jemanden. Dass selbst Willy Brandt seine Ostpolitik nur gestalten konnte, weil er mit dem erbarmungslosen Leonid Breschnew sprach, war für meine Kritiker kein Rechtfertigungsgrund.

Der Westen teilt die Welt in Gut und Böse ein und hat – wie Ex-US-Präsident Jimmy Carter es ausdrückte – seit George W. Bush eine geradezu fundamentalistische Abneigung gegenüber Gesprächen mit Feinden. Carter schrieb das, nachdem ihm George W. Bush 2005 einen bereits vereinbarten Besuch in Damaskus verboten hatte. Die »Achse des Guten« spricht nicht mit der »Achse des Bösen«. Wer es dennoch tut, muss mit gesellschaftlichen Sanktionen rechnen.

So schrieb mir die Chefredakteurin der *taz*, Ines Pohl, Ende Juni 2014 im Bewusstsein hoher moralischer Überlegenheit: »Lieber Herr Todenhöfer, die *taz* wird Ihr Textangebot nicht drucken. Mit einer sehr großen Mehrheit hat sich die Redaktion dagegen ausgesprochen, Angebote von Ihnen in der *taz* zu veröffentlichen. Dabei geht es nicht um Ihre inhaltliche radikal-pazifistische These, sondern um Sie als Autoren, darum also, wie Sie sich in den vergangenen drei Jahren immer wieder zu Assad und zum Thema Völkermord positioniert haben. Ich respektiere diese Einschätzung meiner Redaktion. Mit freundlichen Grüßen! Ines Pohl *taz* Chefredakteurin.«

Sollte ich auf einen solch pharisäerhaften Brief antworten? Ich habe geantwortet, weil ich die Hoffnung nicht aufgebe, dass der verhandlungsfeindliche moralische Mainstream in Deutschland umdenkt. Dass er erkennt, dass auch im Verhältnis zu Diktatoren Verhandlungen immer besser sind als Kriege. Dass wir gerade mit unseren Feinden sprechen müssen. Dass unsere Welt sonst im Chaos endloser Kriege untergehen wird. Also schrieb ich: »Liebe Frau Pohl, ich staune. Als jemand, der mehrfach um die halbe Welt gereist ist und mit mehreren Regierungen sowie Oppositionsbewegungen gesprochen hat, um mitzuhelfen, eine Friedenslösung für Syrien zu finden. Der Zigtausende Euros ausgegeben hat, um 50 kleinen syrischen Kriegsopfern Prothesen zu finanzieren. Der jeden Monat für den Lebensunterhalt einer Familie aus Homs sorgt, die ihren Ernährer durch die Sicherheitskräfte Assads verloren hat. Der deswegen vom politischen Geheimdienst Syriens wieder als Staatsfeind geführt wird und bis auf Weiteres auch kein Visum mehr bekommt. Bei so viel Selbstgerechtigkeit der ›sehr großen Mehrheit‹ Ihrer Redaktion bleibt mir nur fassungsloses Staunen. Es muss ein gutes Gefühl sein, in einem klimatisierten Büro einen solch herabsetzenden Brief zu schreiben. Gratulation! Ich wollte schon immer mal echte Helden kennenlernen. Jetzt weiß ich, wo sie zu finden sind. Staunend aus München Ihr JT.

Das Naserümpfen mancher Medien und der deutschen Oberklasse hat mich nie gestört. Auch nicht die sich häufenden Morddrohungen. Auf dem Höhepunkt der Syrien-Diskussion, die der verstorbene Peter Scholl-Latour als hemmungslose Kampagne und systematische Hetze geißelte, hing eines Tages ein professionell geknüpfter Galgenstrick mit geöffneter Schlinge am Eingang meines Büros. Eine Anhängerin der syrischen Rebellen schrieb auf Facebook: »Jürgen Hodenköter ist vom Mossad bezahlt!!! Tod dem Höfer!!!« Ein Soldat schrieb: »So ein Arschloch. Oberst Klein hat über 100 Arschlöcher weggeputzt und deutsche Soldaten gerettet. Hoffentlich zerreißt es den Todenhöfer bei einem Selbstmordanschlag!!!« Neben der israelischen Nationalflagge stand: »Gott erhalte Todenhöfer. Möglichst bald.« Ein radikaler Muslim wütete: »Du Schwein, Du genießt in unseren Ländern vollstes Vertrauen und verkaufst uns an die Amis ... Sie werden nicht an einem normalen Tod sterben.« Ein anderer: »Du sollst nicht leben!« Der Nächste: »Kopf ab, Herr Doofenhöfer!!!« Und ein gekränkter Linksradikaler: »Ich stech dich ab, du Dreckschwein.«

Alles, was ich weiß, ist, dass ich mich nicht nach diesen Leuten richten darf. Dass mein Drang, die Wahrheit herauszubekommen, viel zu groß ist. Und auch wichtiger.

IV

Fahrt an die IS-Front

Sehr früh hatte ich darauf hingewiesen, dass die Waffenlieferungen Saudi-Arabiens und Katars zu einer Radikalisierung des Aufstands in Syrien geführt hatten. Den friedlichen, nach Demokratie strebenden Demonstranten in Tunesien und Ägypten hatte meine ganze Sympathie gegolten. Doch der Traum der friedlichen Demonstranten Syriens war zu Ende, als ein Teil von ihnen Waffen erhielt und einsetzte. Ab diesem Zeitpunkt übernahm ein anderer Menschentyp die Führung des Aufstands. Die friedlichen Demonstranten wurden beiseitegedrängt und zogen sich zurück.

Die bewaffneten Rebelleneinheiten radikalisierten sich in atemberaubender Geschwindigkeit. Der französische Philosoph André Glucksmann sagte einst im *Spiegel*: »Terroristische Methoden haben die Ziele fast aller modernen Befreiungsbewegungen vergiftet, von Algerien bis Vietnam. Wenn die Mittel furchtbar werden, zerstören sie die besten Ziele.« Immer stärker schoben sich Terrororganisationen in den Vordergrund. Zuerst die Al Qaida nahestehende Jabhat Al Nusra, dann der ursprünglich aus dem Irak stammende, häufig umbenannte ISI, ISIS, ISIL, IS.

Meine ständigen Hinweise auf das unaufhaltsame Erstarken terroristischer Organisationen wurden in Deutschland als Verschwörungstheorie abgetan. Ich wollte angeblich die gemäßigten Rebellen diskreditieren. Aber selbst Führer der in den Augen des Westens moderaten Freien Syrischen Armee berichteten mir, dass ihre Kämpfer in Scharen zu den Extremisten überliefen. Weil Jabhat Al Nusra und ISIS besser zahlten und todesmutiger kämpften. Der Westen weigerte sich, diese Entwicklung zur Kenntnis zu nehmen. Als ich der amerikanischen Regierung im Mai 2013 die Bereitschaft Assads übermittelte, auf der Basis der Gegenseitigkeit Informationen über terroristische Organisationen in Syrien auszutauschen, lehnten die USA ab. »Mit dem Kerl reden wir nicht«, lautete ihre kindliche Antwort, obwohl Gespräche mit der Regierung gar nicht nötig gewesen wären. Ein dramatischer Fehler. Christen, Schiiten, Jesiden, die ganze Welt musste dafür einen hohen, blutigen Preis bezahlen. Der Siegeszug des IS hat die USA, die über den Terrorismus in Syrien nicht informiert werden wollten, völlig überrascht.

Als im Juni 2014 weniger als 400 IS-Kämpfer im überwiegend sunnitischen Mosul 20 000 schiitisch-irakische Soldaten und Tausende Polizisten in die Flucht schlugen, beschloss ich, Mosul zu besuchen. Ich kannte die Zweimillionenstadt von früheren Reisen und konnte mir den Erfolg der IS-Kämpfer gegen die modern ausgerüstete irakische Armee nicht erklären. Ich rief sunnitische Freunde aus Mosul an und fragte, ob sie mich in die vom IS eroberte Stadt schleusen könnten. »Keine Chance«, lautete ihre Antwort. Sie waren gerade aus Mosul geflohen und trauten sich nicht mehr zurück.

Ich rief Mitglieder des gemäßigten »Sunnitischen Widerstands« an, der erfolgreich erst gegen Bushs Truppen und dann zäh gegen die schiitisch-irakische Maliki-Regierung gekämpft hatte. Doch auch sie weigerten sich, mich nach Mosul zu bringen. Die Furcht vor dem IS war zu groß, obwohl der »Sunnitische Widerstand« behauptete, in und um Mosul 20 000 Kämpfer unter Waffen zu haben. Angeblich hatten sie mit ihren Kalaschnikows keine Chance gegen die modernen Waffen des IS, die dieser von den geflohenen irakischen Divisionen erbeutet hatte. Die Lage war ziemlich unübersichtlich.

Um Licht in dieses Dunkel zu bringen, flog ich mit meinem

Sohn Frederic nach Erbil, der Hauptstadt der Autonomen Region Kurdistan im Irak. Die Stadt liegt 90 Kilometer östlich von Mosul. Doch auch in Erbil, wo wir uns mit hochrangigen Kurden, geflohenen Bürgern von Mosul und Mitgliedern des »Sunnitischen Widerstands« trafen, war niemand bereit, uns in die neue IS-Hochburg zu lotsen. Wir beschlossen daher, erst einmal zwei Flüchtlingslager zu besuchen und dann nach Gwer zu fahren, wo die Front zwischen den kurdischen Peschmerga und dem IS verlief. Gwer liegt 60 Kilometer südwestlich von Erbil. Wir schrieben den 20. August 2014. Die Außentemperatur lag bei 43 Grad. Die Luft war angenehm trocken.

Im ersten Lager, das wir besuchen, sind rund 3000 Menschen in UNHCR-Zelten untergebracht. Sunniten, Schiiten, Jesiden. Es fehlt an allem. Doch keiner klagt, obwohl es nur einmal am Tag etwas zu essen gibt. Wir sehen selbst gegrabene Abwassergräben, Kleidung waschende Frauen, spielende Kinder. Alle versuchen, das Beste aus ihrer Lage zu machen. Jeder hat etwas zu tun. Das Leben geht weiter, egal, wie schwer es ist. Sie haben alles hinter sich gelassen, alles aufgegeben. Teilweise haben sie Schreckliches erlebt. Wer weiß, wann und ob sie jemals nach Hause zurückkehren werden. Die meisten von ihnen sind aus Mosul geflüchtet, das jetzt vom IS besetzt ist. Solange sich nichts ändert, werden sie hierbleiben.

Als wir gehen wollen, sehe ich Kinder, die mit einer leeren Plastikflasche Fußball spielen. Straßenfußball am Ende der Welt, denke ich. Sekunden später bin ich mitten im Getümmel und versuche die Flasche zu ergattern, um sie ein paar Meter weiter zu schießen. Oder zu dribbeln. Immer mehr Kinder machen mit. Endlich spielt mal ein Erwachsener mit ihnen. Und auch noch ein Ausländer!

Frederic erzählt ein paar Jungs, die ihn neugierig umringen, dass wir aus Deutschland kommen. »Oh! Almanya! World Champion, Weltmeister!« Frederic und die Jungs klatschen sich ab. Dann sieht Frederic, dass einer der Jungs ein Italien-Trikot trägt. Eigentlich müsse er jetzt ein Deutschland-Trikot anziehen, lacht Frederic. Mit einem Italien-Trikot könne er sich nicht mehr sehen lassen. Doch Frederic weiß, dass die Kinder hier ganz andere Sorgen haben.

Nach einer Viertelstunde bin ich nass geschwitzt. Trotzdem haben die 15 Minuten Fußball mir gutgetan. Wir brechen auf. Während wir im Auto über Straßenfußball diskutieren, merke ich, dass ich meinen Rucksack mit Geld und Pass beim Fußballspielen im Camp vergessen habe. Wir kehren sofort um.

Doch plötzlich kommt ein schwerer Sandsturm auf. Er wird immer dichter, bis wir schließlich gar nichts mehr sehen. Alles Mögliche fliegt gegen das Auto. Steine, Erdbrocken, Dosen, Äste, Sand, Müll! Es knallt und rappelt minutenlang. Wir pressen uns an die Sitze, halten die Arme schützend vors Gesicht. Die Gegenstände knallen so laut gegen die Autofenster, dass wir fürchten, die Scheiben brechen. Es beginnt zu hageln, aber das hört man bei all dem Lärm kaum. Wenn uns jetzt nur kein entgegenkommendes Fahrzeug rammt!

Plötzlich ist alles vorbei. Die Sicht ist wieder klar, nur der Regen prasselt unablässig herunter. Die Windschutzscheibe ist zersplittert. Vorsichtig fahren wir zum Camp zurück. Im strömenden Regen steigt Frederic aus und rennt ins Lager. Die Tasche liegt noch immer dort, wo ich sie vergessen habe. Neben dem Bolzplatz. Alles noch drin. Glück gehabt. Und mit anständigen Kindern Fußball gespielt. Frederic ist pitschnass. Ich gebe ihm meine Jacke.

Das zweite Flüchtlingslager befindet sich in einer alten Schule gegenüber einer Kirche. 350 Christen sind hier untergebracht, insgesamt 72 Familien. Essen und Trinken wird von der Kirche organisiert. Die Menschen sind glücklich, dass sie wenigstens etwas Hilfe erhalten. Die meisten sind auch hier aus Mosul geflüchtet. Wie die Schiiten, Sunniten, Jesiden, die wir im ersten Camp gesehen haben. Nach bedrückenden Gesprächen machen wir uns auf den Weg nach Gwer. Zur Front. Auf den Feldern neben der Landstraße sehen wir aufgeschüttete Erdwälle, primitive Verteidigungsanlagen gegen den IS. An einem der vielen kurdischen Militär-Checkpoints rät man uns, nicht mehr weiterzufahren. Der IS sei noch in der Gegend. Es gebe viele Scharfschützen, besonders rechts der Straße. Gwer sei von den Peschmerga-Truppen erst vor wenigen Tagen nach einem massiven US-Bombardement zurückerobert worden. Der IS sei nur ein Dorf weitergezogen. Die strategische Lage habe sich nicht wirklich verändert.

Am nächsten Checkpoint werden wir erneut vor dem IS gewarnt. Aber ich sehe noch immer Pkws und Lastkraftwagen auf den Straßen und bitte unseren Fahrer weiterzufahren. Doch urplötzlich sind die Straßen leer. Nur noch ganz selten sehen wir einen Lastwagen. Unser Fahrer wird immer sorgenvoller und stellt einem Soldaten am Straßenrand verzweifelt alle möglichen Fragen. »Dürfen wir wirklich weiter? Ist es nicht zu gefährlich? Warum sehen wir keine Autos mehr? Warum sind die Dörfer wie ausgestorben? Wo sind die Scharfschützen?« Ich kann mir vorstellen, was ihm durch den Kopf geht. Immer wieder atmet er tief durch, um seine Angst zu überwinden.

Ich beschließe, mich nun strikt nach den Aussagen der Soldaten an den Checkpoints zu richten. Die sagen zu unserer Überraschung: »Ihr kommt durch.« Doch nach einer Weile ist kein einziges Fahrzeug mehr auf der Straße zu sehen. Weit und breit niemand außer uns. Da wird auch mir mulmig. Sind wir schon über Gwer hinausgefahren und jenseits der Front? Gähnende Leere auf der Straße, nur hier und da ein paar einzelne verlassene Häuser.

Rechts von uns, höchstens einen oder zwei Kilometer entfernt, soll sich das neue Lager des IS befinden. Die haben uns bestimmt gesehen. Vielleicht halten sie uns ja für Händler. Hoffentlich! Unser Fahrer sagt wiederholt, dass er hier noch nie gewesen sei und dass er Angst habe. Dass er keinen Fehler machen wolle. Mit kleinen Späßen versucht Frederic ihn abzulenken. Irgendwo hier muss doch noch ein Checkpoint der Peschmerga sein. Sonst hätte uns der letzte Kontrollpunkt ja nicht durchgewunken. Doch auf Logik kann man sich in Kriegsgebieten nicht verlassen. Wann kommt der nächste Checkpoint? Wann verdammt noch mal? Ich habe keine Lust, noch einmal wie in Libyen während des heiß umkämpften sogenannten Arabischen Frühlings in eine tödliche Falle zu geraten. Frederic schaut mich immer wieder fragend an.

Gott sei Dank tauchen auf einmal hundert Meter vor uns zwei Peschmerga auf. Wir fahren auf sie zu. Sie halten uns ihre Kalaschnikow vor die Nase. Ich steige aus, um die Spannung abzubauen und zu zeigen, dass wir unbewaffnet sind. Die nun etwas freundlicheren Peschmerga berichten, dass sie den IS vor ein paar Tagen von hier vertrieben hätten. Der IS sei jetzt auf der anderen Seite des Zab. Einen Kilometer von hier. Es gibt eine Brücke über den Fluss.

Ein Auto, vollgestopft mit weiteren Peschmerga-Kämpfern, kommt angebraust. Am Steuer sitzt ein betont cooler junger Kämpfer mit Tuch um den Kopf und goldener Sonnenbrille auf der Nase. Ich sage freundlich, dass wir gerne ihre Basis sehen würden. Und steige einfach zu ihnen ins Auto. Das funktioniert immer. Auch hier. Im Wagen ist es eng und unbequem. Ich sitze auf irgendwelchen Handfeuerwaffen und versuche, mich möglichst wenig zu bewegen. Mit quietschenden Reifen fahren wir los. Unser Fahrer aus Erbil und Frederic folgen im Taxi.

Wir fahren einen Hügel hoch und steigen aus. Von hier hat man eine gute Übersicht über das Dorf, die Brücke, den Fluss und das Nachbardorf. Dort, wo der IS Stellung bezogen hat. Schnell versammelt sich die ganze Kampftruppe um uns. Sie freuen sich, als wir uns vorstellen. Begeistert schütteln sie unsere Hände. Zivilisierte Jungs. Gut genährt und sehr gepflegt. Haben diese sympathischen jungen Männer gegen den spartanischen IS eine Chance?

Einige der Peschmerga verschanzen sich mit ihren Kalaschnikows hinter einer Backsteinmauer und bringen ihre Waffen fotogen in Richtung der IS-Stellungen in Position. Martialisch blicken sie in Richtung Feinde. Geduldig warten sie darauf, dass Frederic sie fotografiert. Ich erzähle ihnen von meinem kurdischen Freund Hüseyin, mit dem ich jeden Samstag in München Fußball spiele. Ich frage sie, warum die 100 000 stolzen, weltberühmten Peschmerga Hilfe der Amerikaner und Europäer forderten und den Kampf gegen den IS nicht eigenständig führen wollten. Sie seien als Guerillakämpfer doch eine Legende. Verlegenes Lächeln. »Was sollen wir machen? Wir haben nur diese Kalaschnikows und kleine Waffen! Der IS hat modernste Waffen. Und ist verdammt stark.«

Entschuldigend ergänzen sie: »Wir haben auch noch gar keinen Befehl erhalten, den IS zu vertreiben. Wenn unser Präsident uns den Befehl geben würde, den IS aus Mosul zu vertreiben, dann würden wir keine Sekunde zögern, sondern stolz und ohne Angst in den Kampf ziehen. Und gewinnen!« Doch auch die legendären Peschmerga scheinen Angst vor dem IS zu haben. Wie die gesamte irakische Armee. Die IS-Strategie, durch mittelalterlich brutale Hinrichtungen Furcht und Schrecken zu verbreiten, wirkt.

Der Chef der Peschmerga deutet auf das Dorf jenseits des Flusses, in dem sich der IS verschanzt hat. Der IS verhalte sich momentan ruhig. Angeblich, um keine weiteren Luftschläge der Amerikaner zu provozieren. Doch präzise Luftschläge, die Zivilisten verschonen, seien schwer, wenn sich der Feind mitten unter der Dorfbevölkerung aufhalte. Das werde in Zukunft das Hauptproblem der US-Bombenschläge sein. Vor allem in Großstädten wie Mosul.

Nach einer Stunde verabschieden wir uns. Auf der anderen Seite des Flusses weht die schwarze Fahne des IS.

Zurück in Erbil, treffe ich mich mit Führungspersönlichkeiten aus dem Umfeld des Präsidenten der Autonomen Region Kurdistan. Sie berichten mir stolz, dass die Kurden ein Drittel des teilweise hochmodernen Kriegsgeräts erbeutet hätten, das die irakische Armee bei ihrer Flucht vor dem IS zurückgelassen hatte. Waffen im Wert von angeblich vier Milliarden US-Dollar. Ich frage, ob ihr aufblühendes Land sich weitere Waffen nicht auf dem internationalen Schwarzmarkt kaufen könne. Amüsiertes Lächeln. Natürlich könne man das. »Aber warum sollten wir Waffen kaufen, wenn wir sie von den Europäern geschenkt bekommen. Es mag seltsam klingen, aber der IS ist für uns ein Geschenk des Himmels. Noch nie waren wir Kurden unseren politischen Zielen näher als heute.« Kann man den Kurden vorwerfen, dass sie die Situation für sich nutzen?

V

Chat mit dem Terror

Der IS beherrschte zunehmend die Medien der Welt. Und mein Denken. Seit Wochen saß ich an einem Buch über den Syrien- und Irakkonflikt. Doch ich konnte kein ausreichend authentisches Material über den IS finden. Wer waren diese blutigen Terroristen, vor denen ganze Armeen davonliefen? Die ihre gezielten Tötungen selbst an Zivilisten sadistisch zelebrierten?

Schon ab Juni 2014, vor meiner Reise nach Erbil, hatte ich versucht, über das Internet Kontakt mit den erklärten Feinden unserer Zivilisation aufzunehmen. Vor allem deutsche Jihadisten interessierten mich.

Ich bat meinen Sohn, mir bei der Recherche zu helfen. Hierzu war zähe Überzeugungsarbeit erforderlich. Wir mussten davon ausgehen, dass jede unserer Aktionen im Internet von westlichen Geheimdiensten beobachtet würde. Und Frederic hatte keine Lust, morgens um fünf Uhr vom Verfassungsschutz aus dem Bett geholt zu werden. Obwohl alles, was wir taten, rechtmäßig war. Es bestand sogar ein öffentliches Interesse, mehr über die deutschen Jihadisten zu erfahren. Außerdem waren Frederic und ich publizistisch tätig. Freddy war mein wichtigster Mitarbeiter.

Um mit offenen Karten zu spielen, informierte ich das Kanzleramt und ein einflussreiches Kabinettsmitglied sowie den Chefredakteur der ARD, meinen Freund Thomas Baumann, über meine Recherchepläne. Allerdings ohne genauere Details zu nennen. Ich hatte keine Lust, auch noch als IS-Unterstützer diffamiert zu werden, da ich schon als Assad-Freund galt.

Gleich am ersten Abend unserer Recherchen, am 9. Juni, fanden wir über 80 deutsche Jihadisten im Internet. Sie bekamen von Frederic einen Brief, den ich in der Nacht zuvor entworfen hatte. Frederic fiel die Aufgabe zu, ihn zu überarbeiten und zu unterschreiben:

Hallo ...
Mein Name ist Frederic Todenhöfer, und ich schreibe dir im Auftrag meines Vaters, Jürgen Todenhöfer. Wir haben dich hier auf Facebook gefunden, deine Beiträge gelesen und Bilder gesehen, woraus wir schließen konnten, dass du dich in Syrien befindest. Ich weiß nicht, ob du meinen Vater oder seine Arbeit kennst, aber er hat sich in den letzten Jahren bemüht, ein faires Bild des Islam zu zeichnen. Er war vor und während des Krieges mehrmals in Syrien. Er findet diesen Krieg wie alle Kriege furchtbar. Aber er gibt nicht nur einer Seite die Schuld. Er findet, dass es keine anständigen Kriege gibt. Er hat das in vielen Kriegen erfahren müssen. Beginnend mit dem Freiheitskrieg der Algerier in den Sechzigerjahren.

In Syrien hat er mit Mitgliedern aller nennenswerten Rebellengruppen Gespräche geführt. Auch mit Al Qaida-nahen Gruppen. Und auch mit der Regierung. Er spricht in allen Konflikten immer mit beiden Seiten. Daher würde er sich gerne auch mit dir oder deinen Freunden unterhalten. Er möchte eure Motive kennenlernen. Grüße, Frederic.

15 der Angeschriebenen antworteten. Die meisten der anschließenden Chats und Skype-Telefonate waren nur kurz. Immer wieder brach die Verbindung ab. Die Gesprächspartner blieben misstrauisch. Mit zwei Gesprächspartnern konnten wir mehrere Monate kommunizieren. Ihnen war klar, dass ich ihre politische Haltung und ihr brutales Handeln missbilligte. Trotzdem schienen sie ein starkes Interesse daran zu haben, ihre Sicht der Dinge mitzuteilen. Die Skype-Unterhaltungen

waren technisch ausgesprochen mühsam, weil die Internetverbindung meist schlecht war. Nach vielen unserer mehrstündigen Skype-Telefonate hatte ich höllische Kopfschmerzen. Nicht nur wegen der technischen Schwierigkeiten, auch wegen des Inhalts unserer Gespräche.

Salim

Salim, so sein Kampfname, ist ein einfacher, fast gutmütig wirkender 30-jähriger Jihadist aus Frankfurt. Er kämpfte, als unser Kontakt Ende Juli abbrach, für die überwiegend ausländische Jihadisten-Gruppe Jund Al Aqsa. Davor war er Kämpfer von Jabhat Al Nusra und des IS. Vom IS distanziert er sich in unserem Interview deutlich. Er ist ein Junge voller Widersprüche. In Deutschland hat er, wie er sagt, viel Mist gebaut. Den will er in Syrien wiedergutmachen, indem er »Muslime gegen das Assad-Regime verteidigt«. Er will »ein guter Mensch werden«. Frederic und ich haben oft darüber diskutiert, ob wir ihn nicht überreden könnten aufzuhören und woanders ein normales Leben aufzubauen. Doch da der Kontakt Ende Juli auf einmal völlig abbrach und er seither auch nicht mehr online war, müssen wir davon ausgehen, dass er entweder tot ist oder gefangen genommen wurde. Das folgende Gespräch vom 19. Juni 2014 ist gekürzt:

Salim: Ich bin hierhergekommen, weil ich davon überzeugt bin. Ich weiß, dass ich eines Tages sterben werde. Es gibt keinen, der leugnen kann, dass eines Tages der liebe Gott mit ihm abrechnen wird. Ich bin von dem, was ich hier tue, überzeugt. Wegen meiner Religion. Unabhängig davon, ob sie die richtige Religion ist. Denn jeder behauptet ja von sich, er habe die richtige Religion. Der Christ sagt, dass das Christentum die wahre Religion ist. Der Jude behauptet, das Judentum sei die wahre Religion. Der Muslim behauptet dasselbe von seiner Religion. Wenn er das nicht behaupten würde, wäre er kein Muslim. Ich bin ein Fundamentalist, weil mein Fundament der Koran ist. Ich versuche so gut wie möglich, dem lieben Gott nach dem Koran zu dienen.

Wenn Sie als Journalist versuchen, die Wahrheit dieses Krieges ans Licht zu bringen, werden Sie nicht erfolgreich sein. Politik beruht auf Lügen. Diese ganze Demokratie ist ein Schwindel. Sie beruht auf Lügen. Jeder versucht für seinen eigenen Nutzen zu lügen. Wenn Sie versuchen, die Wahrheit über uns zu schreiben, kommen schwere Zeiten auf Sie zu. Jeder weiß doch, dass das syrische Regime ein verbrecherisches Regime ist. Das amerikanische aber auch. Die Deutschen sind bereit, nach Afghanistan zu gehen, nach Kunduz zu gehen und sonst was. Aber hier ist keiner bereit zu helfen. Jeder Kämpfer, der hierherkommt, ist für euch gleich ein Salafist. Jeder, der kommt, um zu kämpfen, um seine Brüder, um den Islam und seine Werte zu verteidigen. Wir sagen im Islam: Alle Muslime sind Brüder. Ich würde genauso für Sie sterben, wenn Sie Muslim wären. Es macht für mich keinen Unterschied, ob ich Sie kenne oder nicht. Aber sobald ein Muslim sein gemütliches Zuhause verlässt und für Allah kämpft, ist er für euch ein Terrorist. Sobald ein Amerikaner oder ein Deutscher in der Bundeswehr dasselbe macht, ist er ein Held. Wenn Sie das offen schreiben, werden Sie nicht erfolgreich sein.

JT: Mir geht es nicht um Erfolg. Ich versuche, die Wahrheit herauszufinden.

Ich wollte eigentlich nach Afghanistan gehen. Ich bin nur zufällig hier gelandet. Ich war schon auf dem pakistanischen Konsulat wegen eines Visums. Leider hat das nicht funktioniert. Wenn ich heute die Möglichkeit hätte, würde ich sofort nach Afghanistan gehen. Ich träume davon. Ich habe da einige Freunde. Ich glaube, dass die Menschen in Afghanistan besser organisiert und freundlicher sind als in Syrien. Die mögen uns Ausländer hier nicht.

Ich sag Ihnen ganz ehrlich: Ich habe mich gefragt, hm, warum schreibt ihr mir jetzt? Warum will der ein Interview haben? Ich war Zeuge, wie das dann läuft. Ich war damals in Frankfurt und kenne diese ganzen Leute. Pierre Vogel und alle, die irgendwie Vorträge halten. Immer wenn irgendein Fernsehteam kam oder eine Zeitung, haben sie etwas erzählt. Doch die Medien haben alles verdreht. Die Wörter wurden denen im Mund umgedreht. Das wurde dann ins Fernsehen gebracht, und dazu eine Horrormusik inszeniert. Alles nur, damit die Leute ein schlechtes Bild vom Islam bekamen. Pierre Vogel, der ehemalige Boxer, ist jetzt ja Salafist! Der hatte noch nicht mal irgendwas Schlimmes gesagt. Aber die Medien sind daran interessiert, dass der Islam ein schlechtes Bild abgibt. Genau das ist auch meine Sorge, dass ihr mit mir ein Interview macht, das dann zusammenschneidet, und dann heißt es: Der Salim macht jetzt den Jihad, er tötet und so. Das ist doch immer so.

Ich habe nicht vor, das, was Sie sagen, zu verdrehen.

Was halten Sie von dieser ganzen Islamhetze? Die Muslime sind immer an allem Schuld. Sind Salafisten schlechte Menschen?

Haben Sie mein Video »Feindbild Islam« gesehen?

Ich konnte es nicht öffnen. Das ist hier nicht so, als hätte man echt freies Internet. Man kauft sich hier 50 Megabyte für drei, vier Euro oder so was. Und mit so einem Video ist das natürlich ruckzuck zu Ende.

Okay. Ich stelle dann einfach ein paar Fragen. Warum gibt es eigentlich keinen Jihad in Saudi-Arabien?

Weil es Saudi-Arabien nicht gibt, sondern nur Saudi-Amerika. Außerdem machen wir Jihad nur dann, wenn Muslime angegriffen werden. Das ist in Saudi-Arabien nicht der Fall. Allerdings gibt es dort keine richtige Shariah. Wenn dort die Shariah herrschen würde, würde es keine Bordelle geben und keinen Alkohol.

Shariah in Saudi-Arabien also nur für den kleinen Mann?

Genau. Das zeigt, dass der König von Saudi-Arabien eigentlich gar nichts mit Islam zu tun hat. Trotzdem: Die Muslime dort sind zufrieden mit dem, was da passiert. Viele kennen den Islam auch gar nicht, obwohl sie in Mekka oder Medina leben. Aber sie werden nicht unterdrückt. Keiner wird einfach so festgenommen, wegen seinem Bart geschlagen oder ins Gefängnis geworfen, weil er »La ilaha illa Allah« sagt. Hier in Syrien passiert das. Denn hier besteht die Mehrheit aus Alawiten und Schiiten. Die Sunniten werden von Bashar Al Assad, der Alawit ist, unterdrückt. Damals gab es Demonstrationen in Daraa. Und wie hat Assad, wie hat das Regime geantwortet? Direkt mit Feuer. So hat das angefangen. Zuerst war die FSA, die »Freie Syrische Armee«, da. Das waren die Ersten, die hier Jihad gemacht haben. Die haben mit Pumpguns und einfachen Gewehren gekämpft. Dann kam ziemlich früh Al Qaida, und der Jihad hat angefangen. Al Qaida hat Waffen hergebracht, Jabhat Al Nusra ist entstanden. Ahrar Al Sham, diese ganzen Gruppen sind dann entstanden. So ist der Jihad ins Laufen gekommen.

Ich bin hierhergekommen, weil ich versuche, jetzt den wahren Islam zu praktizieren. Weil ich überzeugt bin, dass, wenn ich sterbe, der liebe Gott mit mir abrechnen wird. Er wird mich fragen: Hast du gelogen? Hast du getrunken? Hast du betrogen und andere zusammengeschlagen? Ich versuche deshalb jetzt ganz einfach, ein besserer Mensch zu sein. Wenn Muslime angegriffen werden, ist der Jihad für jeden Muslim Pflicht.

Wie kommt es, dass Jabhat Al Nusra und ISIS so plötzlich aufgetaucht sind?

Ich bin nicht wirklich intelligent. Die Köpfe dieser Organisationen haben viele Ziele. Manche verfolgen das Ziel Geld und verkaufen Waffen. Für die ist es gut, dass Krieg ist. Sie machen gutes Geld. Manche wollen einen Staat gründen, damit sie später regieren können. Das alles ist nicht mein Ding. Ich denk einfach nur, wie kann ich meinen Bruder im Islam und meine Schwester im Islam und ihre Kinder beschützen und ein besserer Mensch werden.

Glauben Sie, dass Al Qaida hinter den Kulissen etwas mit der Assad-Regierung zu tun hat? Gibt es da Kontakte, wie manche behaupten?

Assad kann Al Qaida niemals, unter keinen Umständen gegründet haben, denn Al Qaida ist so alt. Genauso wie der Vorstand von Al Qaida und die Leute, die da drin sind...

Und ISIS?

Es gibt Leute, die behaupten, dass der IS mit der Regierung arbeitet. Der Führer des IS, Al Baghdadi, bekämpft andauernd Muslime, behält die ganze Kriegsbeute und macht eine supergute Werbung. Die haben unglaublich viel Geld, aber sie machen nur Mist. Haben den Jihad nicht verstanden, haben die Kultur der Muslime nicht verstanden. Die wissen nicht, dass man den Leuten Zeit lassen muss. Die haben 40 Jahre lang geraucht, und jetzt kommen die IS-Leute hierher, bekämpfen jeden, der raucht, schneiden ihnen die Hände ab und weiß ich nicht was. Das geht nicht! Das ist nicht Islam. Die Deutschen, die hierherkommen, sind total aufgehetzt. Die freuen sich und denken, IS, das ist jetzt Islam. Dabei haben sie gar nichts vom Islam verstanden. Die wissen nicht, dass der Islam auch Liebe, auch Weisheit ist. Ich kann einem Menschen, der raucht, seine Zigaretten nicht auf einmal wegnehmen. Er hat vielleicht 40 Jahre lang geraucht. Ich muss ihn dazu bringen, dass er anfängt, diese Zigaretten zu hassen, dass er anfängt, diese Zigaretten zu lassen. Nicht weil er Angst vor mir hat, sondern weil er Angst hat vor Allah, seinem Herrn, seinem Schöpfer.

Warum gehen die meisten Deutschen und die meisten internationalen Jihadis zum IS?

Weil IS im Medienbereich so stark ist mit Werbung und mit Aufrufen. Sie sind in diesem Bereich einfach unschlagbar. Außerdem sind die Leute naiv und geblendet von diesen schwarzen Flaggen und »La ilaha illa Allah«. Alle tragen Bart und vertreten eine hundertzehnprozentige Shariah. Aber alle liegen falsch. Als Allererstes muss man den Feind bekämpfen. Man kann nicht die Bürger bekämpfen, bevor man nicht den Feind besiegt hat. Ein Kalifat hat Pflichten. Das ist das, was diese Leute nicht wissen. Die sehen einfach nur Bart, Bart, Bart und denken: Wow, Shariah, Shariah. Wir sind mit unserer Fahne auf jeden Fall auf der richtigen Schiene. Doch sie irren. Man muss, bevor man einen Menschen bestrafen kann, ihm erst mal etwas gegeben haben. Ich kann doch nicht hingehen, ein Kind bestrafen, wenn ich gar nicht derjenige bin, der dieses Kind versorgt, ihm Essen gibt. Wenn ich sein Vater bin und mein Sohn macht Fehler, kann ich meinen Sohn strafen. Denn ich bin derjenige, der ihn erzieht. Ich bin derjenige, der ihm die Kleidung, sein Essen, sein alles gibt, ihm Schutz bietet. Aber wenn Ihr Sohn schlecht in der Schule ist, kann ich doch nicht einfach kommen und ihn schlagen. Ich bin doch nicht sein Vater. Ich gebe ihm nicht sein Essen, ich gebe ihm keinen Schutz, nichts. Der IS gibt den Leuten nichts! Die unterdrücken die Bürger mehr als den Feind. Als ich anfangs bei ihnen war, hab ich ihnen das alles gesagt.

Und was haben die vom IS dazu gesagt?

Die sind blind, die sehen gar nichts. Die sehen nur Shariah, Shariah, Shariah. Die haben immer recht, und jeder, der nicht mit ihnen ist und mit Baghdadi, hat unrecht. Denken sie.

Baghdadi saß doch damals bei den Amerikanern im Irak im Gefängnis.

Richtig. Im Irak hat der IS nach dem Krieg 2003 doch auch nichts geschafft. Die wurden rausgekickt aus dem Irak, weil sie nichts erreicht hatten. Sie sind hierher nach Syrien gekommen und haben den Jihad kaputt gemacht. Die haben uns gespalten, anstatt uns alle zusammenzubringen. Jabhat Al Nusra hatte hier so einen Erfolg gehabt, die waren so erfolgreich. Sie haben viele Gebiete von der Regierung befreit. Dass wir jetzt hier rumlaufen können, essen können, all diese Sachen, das hat alles Jabhat Al Nusra erreicht und Jaish Al Hor und Ahrar Al Sham und andere Gruppen.

Sie sind ja richtig sauer auf den IS.

Ich versteh nicht viel, aber ich versuche meinen Verstand zu benutzen. Ich versuche die Sachen genau anzuschauen. Ich guck nicht nur oberflächlich. Wenn ich mit einem zusammenarbeite, versuche ich, ihn zu verstehen. Was sind seine Ziele, warum macht er diese Sache? Macht er das, weil er Geld haben will, weil er Kriegsbeute will, weil er Waffen verkaufen will? Mit Öl oder mit Benzin Geschäfte machen will? Was sind seine Ziele? Ich bin hier, um die Menschen von diesem unterdrückerischen Assad-Regime zu befreien. Das ist Jihad. Und wer dabei stirbt, ist ein Märtyrer. Aber die meisten Leute, die bei IS sterben, sterben im Kampf gegen Jabhat Al Nusra. Das ist doch Wahnsinn. Fragen Sie hier ganz normale Jugendliche, normale Araber, die nichts mit dieser Revolution zu tun haben, die einfach nur Flüchtlinge sind. Keiner von denen findet den IS gut.

Was will der IS?

Der IS will die Power, die wollen einen Staat gründen. Al Baghdadi hat seine eigenen Interessen. Der hat nur Mist gebaut. Deshalb sollten Sie als Journalist dringend hierherkommen und eine Reportage machen. Sie würden die Leute so krass aufwecken und aufrütteln, und die Sache würde meiner Meinung nach so richtig einschlagen. Natürlich nur, wenn das deutsche Fernsehen die Sache auch ausstrahlen würde. Wenn Sie hierherkommen und die wahren Mujaheddin kennenlernen würden, dann würden Sie diese Menschen nicht mehr Terroristen nennen. Die wahren Mujaheddin, die verfolgen nur das Ziel, Menschen zu schützen und ihnen ihr Recht zu geben.

Ja, aber durch Krieg. Sie haben bestimmt doch auch schon viele Leute töten müssen.

Ja, klar, aber Sie sagten es ja eben schon, es ist Krieg.

Wie ist Krieg für Sie?

Töten ist… Im Kampf denken Sie nicht viel nach. Sie denken nur an Ihr eigenes Leben und funktionieren. Sie bekommen einen Tunnelblick. Wenn Sie auf eine Operation rausgehen und das Regime steht vor Ihnen, und die knallen auf Sie ein, mit Hubschraubern, mit Flugzeugen, mit Panzern und allem – und Sie mit Ihrer lächerlichen Kalaschnikow versuchen zu kämpfen. In diesem Moment denken Sie nicht nach. Sie sind so beschäftigt mit Ihrem Leben, Ihrem Tod und den Geräuschen. Sie haben Angst. Meine Angst ist nicht, dass ich sterbe. Denn *alhamdulillah, inschallah*, wenn meine Absicht rein ist, dann sterbe ich für Allah. Wenn man eine Sache macht, muss man sie für Allah machen, und nicht, damit die Leute sagen, du warst stark und du warst mutig. Dann ist die Sache nichts wert. Wer eine Sache nicht wirklich nur für Allah macht, der kommt in die Hölle. Der Mujahed hat für Gott und nicht für sich zu kämpfen.

Auf jeden Fall ist man erst mal beschäftigt mit sich selbst und mit den Bomben. Man hat Angst. Meine Angst ist nicht zu sterben, meine Angst ist, dass ich verletzt werde und dann eine schlechte Behandlung kriege, oder dass ich einen Arm verliere oder sonst was. Dann kann ich nicht mehr kämpfen. Das ist meine Angst.

Dann schießt man, tötet auch vielleicht. Manche töten nicht, manche töten. Es ist nicht ganz einfach, einen im Krieg zu töten. Der andere kämpft ja auch. Nehmen wir einmal an, wir wollen einen Checkpoint stürmen. Bevor wir diesen Checkpoint stürmen, beschießen wir ihn stark. Aus 500 Metern. Mit allem Zeug, was wir haben, bombardieren wir diesen Checkpoint. So kommen wir Schritt für Schritt dem Checkpoint näher. Bis wir zu dem Checkpoint kommen, haben wir schon so viel gebombt, dass das Haus sowieso kaputt ist. Wir haben so viel plattgemacht, da weiß erst mal keiner genau, wer wen umgebracht hat. Jeder hat auf das Haus gefeuert. Man weiß nur dann genau, dass man jemanden getötet hat, wenn man spezielle Operationen durchführt. Wie zum Beispiel Häuser stürmen oder sich in Checkpoints einschleichen, Sprengsätze anbringen, sich rausschleichen oder solche Sachen. Im normalen Krieg kann keiner sagen, ich hab einen getötet, denn meistens schießt man aus der Distanz. Keiner kann hundertprozentig sagen, wie viele er schon getötet hat, es sei denn, er ist in einer Spezialgruppe und macht Spezialoperationen.

Meist sitzen wir hier und schießen 500 Meter, 600 Meter weit, jeder schießt. Irgendwann mal sind von uns ein paar tot und von denen ein paar tot. Aber keiner weiß, wer wen umgebracht hat. Wenn wir später den Platz übernehmen, liegen so viele Tote da. Keiner kann sagen, ich habe den umgebracht, es sei denn, er ist ein Scharfschütze, oder er war sehr nah am Feind. Verstehen Sie, was ich meine?

Wie viele haben Sie schätzungsweise umgebracht?

Ich bin, wie gesagt, kein toller Kerl, kein toller Mujahed. Sie sind ganz schön neugierig.

Das stimmt.

Zahlen sind unwichtig. Wenn ich jemanden getötet habe, dann nur, weil er Muslime bekämpft hat, mich oder meine Brüder töten wollte. Natürlich, dieser Mensch hat auch Familie. Er hat auch eine Mutter, die weint. Er hat vielleicht auch Kinder und eine Frau, die jetzt Witwe ist. Aber es ist nun mal Krieg. In diesem Fall muss man auch mal ein bisschen egoistisch sein. Natürlich, das Beste wäre, wenn wir in Frieden zusammenleben könnten. Das wäre das Beste.

Ich hasse Krieg, und ich hasse diese Sachen. Ich sag Ihnen ganz ehrlich, ich hab sogar Ekel. Ich habe einen Ekel nach dem Kampf, nach dem Krieg. Deine Schuhe sind voller Blut. Du latschst da im Blut rum. Du übernimmst diesen Checkpoint und nimmst den Toten ihre Waffen ab, ihre Magazine, ziehst ihre Kampfweste aus. Das ist ekelhaft. Ich habe zum Beispiel einen Schuh, der ist voll von Blut, das ist widerlich. Das ist in deinen Fingernägeln drinnen, zwischen den Fingern und den Händen. Ich bin eigentlich ein ziemlich gepflegter Kerl. Ich hasse so was, ich hasse Unordentlichkeit, und ich hasse Schmutz und schlechte Gerüche und solche Sachen. Das ist alles nicht mein Ding. Was soll ich sagen? Ich bin nicht irgendwie geil auf Töten.

Auch beim Boxen. Ich habe früher geboxt und gerungen. Ich war nie der Typ, der viel ringen wollte. Denn ich wollte irgendwie nicht, dass der andere mich jetzt vollschwitzt. Ich ekle mich vor dem Schweiß des anderen. Deswegen habe ich immer versucht, ihn so schnell wie möglich k.o. zu hauen und ihn nicht so nah an mich ranzulassen. Ich wollte nicht von dem vollgeschwitzt und vollgesabbert werden. Am besten wäre es, wenn wir hier ohne Krieg leben könnten. Im Krieg tötet man halt oft.

Sie hören sich manchmal nicht gerade wie ein kaltblütiger Mörder an.

Bin ich auch gar nicht. Ich bin einer, der vor dem Schlafengehen manchmal weint.

Wie viele haben Sie umgebracht? 10, 20, 50?

50 habe ich niemals umgebracht. Da wär ich ja Rambo. Ich bin auch kein Scharfschütze. Ich habe einen Kollegen, der tötet andauernd. Andauernd, andauernd. Ich würde damit gar nicht klarkommen. Der sitzt voll gemütlich da, zielt auf einen Menschen, drückt ab und – wumm – hat er diesem Menschen das Leben genommen. Wissen Sie, was ich meine?

Ich bin ein normaler Fighter, ich kämpfe mit RPG, also mit Bazooka, mit AK-47, mit einer ganz normalen Kalaschnikow. Diese Kalaschnikow schießt maximal 700 bis 800 Meter weit. Ab da ist der Schuss nicht mehr tödlich. Ein Sniper oder ein Panzerschütze, die töten ganz viele. Wenn der Panzerschütze draufhält, da fällt das ganze Haus zusammen.

Sehen Sie auch oft Unschuldige sterben?

Nein. Weil wir keine Bürger beschießen. Wir kämpfen nur gegen die, die wir im Krieg, in der Schlacht treffen. Wir gehen nicht irgendwie in ein Haus rein, sagen, der ist Alawit oder Schiit, und bringen ihn um.

Trotzdem ist jeder, der sich am Krieg beteiligt, schuldig. Ich bin auch schuldig. Wenn ich töte, bin ich schuldig. Denn ich habe die Wahl mitzugehen oder nicht mitzugehen. Ich habe die Wahl zu kämpfen oder nicht zu kämpfen. Ich habe die Wahl, in die Türkei oder in ein anderes Land zu gehen, mir einen neuen Pass machen zu lassen und ein neues Leben zu führen. Aber ich habe noch nie einen Unschuldigen getötet. Ich habe nie gesagt: »Hey, jetzt stürm ich mal ein Haus und töte ein Kind oder eine Frau und so.« Nur Checkpoints, Kasernen des Feindes, eben Krieg.

Aber die Soldaten sind ja auch nicht alle Auftragskiller. Das sind Jungs wie Sie. Da hat die Familie gesagt, du gehst zum Militär. Und es gibt ja Mütter auf allen Seiten.

Ja, eben. Deswegen sag ich doch, töten ist nicht schön. Weil er auch eine Mutter hat, die weint, eine Frau und Kinder, die er hinterlässt. Aber wie gesagt, es ist halt Krieg. Das Beste wäre, wenn keine Mutter weint, wenn keiner weint. Wenn keine Frau deshalb alleine sein muss.

Mal angenommen, es gäbe morgen die Möglichkeit einer friedlichen Lösung. Wären Sie und Leute, die Sie kennen, bereit zu sagen: »Wir akzeptieren die Lösung, wenn es ein ehrlicher, fairer Frieden wird«? Akzeptiert ihr das dann? Wann ist Schluss? Sie wissen, dass es auch Gegenden in Syrien gibt, wo Assad viel Unterstützung hat. Was, wenn alle zusammenkommen und sich einigen würden?

Da würde der Krieg gleich wieder anfangen. Denn alle haben andere Ansichten. Einige Menschen wollen wirklich Frieden. Die haben keine Ahnung vom Islam, die interessiert es nicht, ob hier Demokratie oder Shariah herrscht oder sonst was. Die wollen einfach nur in Frieden leben. Das versteh ich auch. Das ist der Instinkt des Menschen, er will leben, überleben. Der Mensch macht alles, um zu überleben. Aber wenn wir uns jetzt, wie Sie sagten, einigen würden und es Frieden gibt, wäre ich vielleicht einverstanden. Aber! Die Islamisten wären vielleicht nicht einverstanden, denn dieser Frieden würde auf den Interessen der Andersgläubigen beruhen. Und ein Muslim strebt natürlich danach, nach der Shariah, im Kalifat zu leben. Die Amerikaner, die NATO und die EU, was ist ihre Angst? Die Shariah. Weil eine gerechte Shariah stark ist.

Aber in Syrien ist es ja nicht so, dass alle Leute Sunniten sind. Da gibt es auch andere Gruppen, auch Säkulare. Wäre es da wirklich fair, wenn man sagt: »Shariah für alle«? Oder sagen Sie, alle müssen mit der Shariah leben? Nach Ihrer Begründung müssten Sie ja sagen, auch in Deutschland muss die Shariah gelten, weil hier auch Muslime leben, die die Shariah wollen.

Der Muslim will nach der Shariah leben. Warum? Die richtig verstandene Shariah beschützt die Menschenrechte. Sie gibt jedem Menschen sein Recht. Sie beschützt jeden Muslim. Als die Juden in Andalusien verfolgt wurden, wohin sind sie geflohen? Nach Marokko, wo sie heute noch leben und eine große Gemeinde gegründet haben. Die Shariah beschützt alle Menschen. Egal, ob Jude, Muslim oder Christ. Allah sagt im Koran: »Es gibt keinen Glaubenszwang. Euch eure Religion, uns unsere.« Jeder kann glauben, was er will. Islam ist, dass wir in diesem Geist handeln. Jedem Menschen, der Hunger hat, Geld geben, Menschen, die unterdrückt werden, beschützen. Verstehen Sie? Das ist die wahre Shariah. Shariah ist nicht Frauenverstümmelung und Beschneidung, Hände abhacken und Krieg und jeden, der nicht Muslim ist, abschlachten, nein. Das ist nicht unsere Aufgabe. Was der IS da macht, hat mit Islam nichts zu tun. Die haben den Islam nicht verstanden.

Jemand, der den Islam wirklich verstanden hat, reißt keinen Satz des Koran aus dem Zusammenhang. Nehmen Sie als Beispiel den Satz: »Tötet sie, wo immer ihr sie findet!« Man muss wissen, warum dieser Vers herabgesandt wurde, zu welcher Zeit, was vor dem Vers steht und was danach. Und nicht einfach nur den Vers: »Tötet sie, wo immer ihr sie findet!« herumbrüllen. Töte ich jetzt jeden? Töte ich jetzt meine Mutter? Nee! Es gibt Leute, die das einfach aus dem Kontext eines damals stattgefundenen Krieges nehmen. Auch Christen und Juden. Die haben nichts verstanden.

Um zu zeigen, was hier in Syrien los ist, wäre es das Beste, dass ihr irgendwie ein Kamerateam zusammentrommelt und eine wirklich ehrliche Dokumentation macht. Die alles aus einer anderen Perspektive zeigt. Die versucht, ehrlich zu sein. Dann würdet ihr sehen, wie die Menschen hier leben. Was für eine Einstellung sie haben. Wir sind nicht radikal, wir sind keine Salafisten. Wir würden, ich würde niemals einen Christen einfach so töten, einen Juden einfach töten oder einen Buddhisten oder sonst was. Wir sind Muslime, wir wollen einfach nur Frieden und wünschen diesen Frieden auch anderen Menschen.

Wenn jetzt bei euch ein Alawit durch die Straßen läuft, was passiert dann mit ihm?

Er hat seine Religion, ich habe meine Religion. Er greift mich nicht an, ich greif ihn nicht an. Dann kann er doch durch die Straßen laufen.

Beim IS wäre er sofort tot. Aber wir sind nicht so. Hier sind Zigarettenpäckchen. Ich rauche selber nicht, aber manche rauchen. Hier sind Menschen, die keinen Bart haben. Die hören auch Musik. Jeder kann machen, was er will, solange er keinem anderen schadet. Jeder muss vor Allah allein Rechenschaft ablegen. Was du machst, das ist zwischen dir und dem lieben Gott. Du wirst alleine vor ihm stehen. Deine Abrechnung wird alleine mit ihm sein. Deswegen kannst du hier machen, was du willst, solange du keinem anderen Mitmenschen schadest. Das ist der wahre Islam. Ich will, dass die Menschen den wahren Islam kennenlernen, auch wenn sie Christen sind. Was ich mir wünschen würde, ist, dass Sie hierherkommen, eine Dokumentation machen und zeigen, was wir hier machen. Mit was für Werten und welcher Moral wir den Islam leben. Nach dieser Moral kann jeder Muslim mit jedem Christen Frieden haben und mit ihm zusammenleben.

Man muss die Shariah verstehen. Einen Kinderschänder tötet sie. Wenn einer klaut, wird ihm jedoch nicht gleich die Hand abgehackt. Die Shariah wäre keine Shariah, wenn sie einem Armen die Hand abschlägt, der zu Hause nichts zu essen hat. Das ist keine Shariah. Die Art von Shariah, in der der König einen fetten Bauch hat und mein Nachbar hungert, will ich auch nicht. Das ist keine Shariah. Shariah ist, dass jeder essen kann, dass jeder das Recht hat auf Schutz, auf Frieden und dass jeder das Recht hat, sicher zu leben und nicht beklaut zu werden. Der Dieb bekommt die Hand nur ab, wenn er alles hat und trotzdem eine Frau beklaut. Das ist Shariah.

Haben Sie jemals in Deutschland irgendwo etwas geklaut?

Ich habe in Deutschland viel Mist gemacht (lacht). Ich habe rumgedealt, Schläge ausgeteilt, rumgelogen, alles, was man so machen kann, habe ich gemacht, außer töten und so.

Und wenn sie Ihnen die Hände abgehackt hätten?

Ich hätte gesagt: »Nein, da bin ich dagegen.« Ich hätte es abgelehnt. Weil ich den Islam nicht verstanden hatte. Ich war nicht arm und hatte keinen Grund zum Stehlen. Aber jetzt hab ich den Islam verstanden. Shariah ist Barmherzigkeit und Weisheit. Sie achtet auf die Lebensumstände des Einzelnen. Sie gibt einem Menschen, bevor sie ihn bestraft, immer noch mal eine Chance. »Komm zu uns, wenn du nichts zu essen hast. Komm zu uns, wenn du etwas benötigst, aber du darfst dir nichts nehmen, was dir nicht zusteht.«

Es gibt angeblich rund 300 Deutsche, die ja nach Syrien gegangen sind. Warum gehen manche wieder zurück nach Deutschland und manche nicht?

Manche würden gern zurück, aber sie haben Angst, dass sie, wenn sie nach Deutschland zurückgehen, direkt festgenommen werden. Aber wenn sie nichts gemacht haben, haben sie nichts zu befürchten. Aber wenn ich zum Beispiel nach Deutschland zurückgehen sollte, werde ich auf jeden Fall ins Gefängnis gehen. Ich bin doch nicht dumm. Ich weiß doch ganz genau, dass die Polizei und die Behörden und das BKA, der Geheimdienst und der Verfassungsschutz mein Gespräch mit Ihnen hier gerade abhören. Meine Facebook-Nachrichten lesen, mein Facebook hacken. Aber wenn sie das machen, werden sie sehen, dass ich ein ganz normaler Mensch bin, der manchmal auch Frauen schreibt und so. Ich schäme mich vor niemandem. Wenn ich mich vor jemandem zu schämen habe, dann nur vor dem lieben Gott. Wenn ich aber zurückkommen sollte nach Deutschland, werde ich auf jeden Fall unheimlich viele Probleme haben, denn ich bin schon so lange hier. Seit anderthalb Jahren. Die machen jedem Ärger und stecken jeden ins Gefängnis, wenn einer nur Kontakt mit einem hat, der in Syrien ist. Dann ist er gleich Salafist und extrem gefährlich. Egal, ob er was verbrochen hat oder nicht. Das System ist nicht fair in Deutschland. Nicht gegenüber Muslimen.

Viele Freunde schreiben mir nicht mehr, weil sie Angst haben, durch mich Probleme zu kriegen. Sie rufen mich nicht mehr an oder gehen nicht ran, wenn ich sie anrufe, weil ja ganz klar ist: Die Behörden hören alles ab.

Aber warum gehen manche zurück? Gehen die nach Syrien, machen zwei Monate Jihad und dann wieder zurück in die Schule? Gehen die in ihre Stadt und erzählen den Mädchen: »Hey, ich war gerade auf Jihad«?

Ich weiß es nicht. Vielleicht haben sie nicht das gefunden, was sie gesucht haben. Vielleicht haben sie Unrecht erfahren. Vielleicht sind manche nur hierhergekommen, um zu gucken. Vielleicht wollten manche einfach nur sagen: »Hey, ich war im Jihad«, kommen dann zurück und erzählen, sie hätten 50 Leute umgebracht, erzählen das dann ihren Freunden, um sich Respekt zu verschaffen.

Was haben Sie davor eigentlich in Deutschland gemacht?

Ich hab 'ne Ausbildung als Sport- und Fitnesskaufmann gemacht. Davor bin ich im Heim aufgewachsen. In einer Wohngruppe und was weiß ich. Die Deutschen könnten jetzt natürlich sagen: »Boah, Migration, schwere Vergangenheit, das ist der Grund, warum er in den Jihad ist.« Nein. Es stimmt zwar, dass ich im Heim war, nicht gut in der Schule war und da nur Bockmist gebaut habe. Dass ich gedealt habe und was weiß ich nicht alles. Das ist aber nicht der Grund, warum ich hierhergekommen bin. Kurz bevor ich hierhergekommen bin, ging es mir nämlich super. Ich habe viel Geld gemacht, ich hatte Freundinnen und alles Drum und Dran. Ich sah einigermaßen okay aus. Hab gestopft, 'nen tollen Körper gehabt. Eigentlich habe ich immer noch einen einigermaßen guten Body. Aber ich wusste ganz klar, dass ich eines Tages sterben werde, und wie gesagt, ich will nicht in die Hölle. Ich hab Angst, in die Hölle zu kommen. Und dann hab ich gesagt, ich muss jetzt einfach meinem Schöpfer dienen, ein besserer Muslim werden, aufhören zu lügen, aufhören zu dealen, aufhören, Frauen zu veräppeln, schlechte Sachen zu machen, Leuten zu schaden. Ich muss mein Leben ändern, ich muss helfen, ich muss irgendwas Gutes machen. Das ist für mich jetzt das Wichtigste.

Aber, Salim, wenn Sie was Gutes machen wollten, hätten Sie nicht was anderes machen können, als in den Krieg zu gehen?

Ich hätte alles machen können. Aber der echte Muslim wählt nach dem Islam. Und die beste Tat laut Islam, nach »*La ilaha illa Allah*«, ist der Jihad. Dass du deinen Schöpfer nicht verleugnest. Ein Muslim ist ein Gott-Ergebener und nicht irgendwer. Vorher hatte ich jede Woche 'ne andere Freundin und Schlägereien und Drogen. Aber der richtige Muslim ist ein Gott-Ergebener. Allah ist es, der dir deine Mutter gegeben hat, deine barmherzige Mutter. Der dir das Essen gibt und der dich sehen lässt, dein Herz schlagen lässt, der, ohne Gründe zu nennen, dir einfach dein Leben nehmen könnte. Denn der Tod braucht keinen Grund. Allah hat mir die Kraft gegeben, arbeiten zu können. Allah könnte mir die Kraft wegnehmen. Allah gibt mir die Gesundheit und gibt mir die Krankheit, Allah lenkt alle Sachen. Wer ihm nicht dankt, ist der schlechteste Mensch. Die beste Tat nach dem Islam ist der Jihad. Der Beweis dafür, dass du Allah liebst. Der Muslim liebt Allah mehr als sich selbst. Er liebt Allah mehr als seinen Schlaf. Er liebt Allah mehr als sein Essen. Er fastet am Ramadan mehr als 14, 15 Stunden. Es ist heiß, er macht das nur für Allah. Deswegen opfert der Muslim sein Blut, ohne damit zu geizen. Ich geize nicht mit meinem Blut. Ich geize nicht mit meiner Kraft. Ich habe auch Gelüste, ich würde auch gerne in einer Villa wohnen, viele Frauen haben, reich sein, machen, was ich will. Denn ich bin ein Mensch. Der Mensch ist schwach. Der Mensch liebt Partys, Frauen, Alkohol, einfach mal Spaß haben. Der Muslim darf auch Spaß haben, aber in Maßen. Denn ein Mensch, der zu viel Spaß hat, bekommt ein hartes Herz.

Die beste Tat ist der Jihad. Der faire, gerechte Jihad. Man muss fair und gerecht sein. Nehmen Sie den 11. September! Flugzeuge rasen ins World Trade Center und Tausende unschuldige Menschen sterben. Das ist nicht Jihad. Jihad ist, wenn man arme Menschen schützt, ihnen hilft, nicht, wenn man Unschuldige tötet.

Aber warum gehen dann so viele junge Leute zu dem aus Ihrer Sicht verrückten IS? Oder zu Jabhat Al Nusra?

Sie sagen es. Sie haben die Wahrheit gesprochen, zu diesen Verrückten. Das haben Sie wirklich toll gesagt. Wo sind die Menschenrechte? Wo ist das Schützen eines Menschen und ihm seine Rechte geben? Der IS tötet einfach. Das sind Mörder. Und wenn die sagen, sie seien Muslime und richten nach Allahs Gesetz, wo ist das Gerichtsverfahren? Die töten, zack, die schnappen einen, der raucht, zack, Hand ab.

Aber Al Qaida ist ja genauso grauenhaft.

Ich weiß nicht.

Ja, aber Sie haben gerade gesagt, 9/11 habe nichts mit einem gerechten Jihad zu tun. Das sei nicht ehrenwert. Dafür kommt man nicht ins Paradies, sondern ganz tief in die Hölle.

Ich glaube aber nicht, dass das am 11. September Al Qaida war. Das muss ich ganz offen sagen.

Bin Laden hat doch selbst gesagt, dass er die Leute dazu inspiriert und aufgerufen hat. Dann ist er doch schuldig. Unschuldige Leute massakrieren ist unschuldige Leute massakrieren. Da mache ich keinen Unterschied, ob der Täter eine Uniform trägt oder eine Maske oder ob er es von einem Computer aus macht. Das ist für mich immer Mord. Unschuldige töten geht gar nicht.

Sie sind korrekt. Auf jeden Fall.

So denken Sie auch?

Ja, auf jeden Fall. Wer immer am 11. September gemordet hat. Ich hab doch Angst. Vor dem lieben Gott. Später, wenn Allah sagt: »Ich bin derjenige, der diesem Menschen das Leben gegeben hat, und du bist derjenige, der es ihm genommen hat. Wer bist du denn, dass du ihm das Leben nimmst?«

Genau, und deswegen sage ich ja auch, IS ist ähnlich grausam wie Al Qaida.

Ich würde diese Sachen niemals machen. Wenn ich bei Al Qaida wäre und mein Chef sagen würde, weißt du was, du kommst doch aus Frankfurt. Deine Aufgabe ist es jetzt, zurückzufahren und in die Commerzbank reinzufliegen. Warum sollte ich so was machen? Vielleicht ist an diesem Tag meine Mama in der Bank, mit meinem kleinen Bruder. Vielleicht ist an diesem Tag eine andere Mutter dort, und sie ist vielleicht Christin. Sie geht mit ihren kleinen Kindern da hoch auf den Turm und will einfach mal von oben die Aussicht sehen und sie ihren kleinen Kindern zeigen. Warum soll ich da kommen und…? Nee, das würde ich nicht machen. Ich habe kein spezielles Wissen über den Islam. Ich sage Ihnen das ganz ehrlich. Ich hab nur ein bescheidenes Wissen. Ich will einfach nur meinen Schöpfer zufriedenstellen.

Geht Ihrer Meinung nach eine Gefahr von Leuten aus, die nach Syrien gehen und dann zurück nach Deutschland kommen?

Nee.

Dass irgendeine Gruppe in Syrien sagt, macht doch endlich mal was in Deutschland?

Ich weiß es nicht, keine Ahnung. Auf jeden Fall darf man keine Unschuldigen, keine Unschuldigen, keine Unschuldigen töten.
Ich bin ein Muslim und muss die Ehre meines Propheten verteidigen. Das, was ich jetzt sage, kann alles kaputt machen, was ich Ihnen bisher gesagt habe. Aber ich will Sie nicht anlü-

gen. Sollte ein Mensch den Propheten beleidigen, würde ich hart reagieren. Die Strafe für diesen Menschen ist nach dem Islam die Todesstrafe.

Aber Sie wissen doch auch, dass die Leute, die den Propheten beleidigen, euch provozieren wollen. Sie wollen, dass Muslime durch die Straßen rennen und schreien: »Blut, Blut, Blut, wir wollen Blut!« Damit am nächsten Tag einige Zeitungen die richtigen Bilder haben und sagen können: »Schaut euch diese verrückten Muslime an. Man beleidigt einen, und schon flippen sie aus und töten.« Das ist ihr Ziel.

Ich sage Ihnen ganz offen: Wenn ich in Deutschland wäre und einer meinen Propheten beleidigt, würde ich ihm wahrscheinlich die Zähne ausschlagen. Aber vorher würde ich gucken, hat dieser Mensch Verstand? Wenn er ein armer Kerl ist, der nicht weiß, was er macht, dann lass ich ihn laufen. Aber es gibt Menschen, die sind ganz clever, die hetzen, weil sie einen Islamhass haben. Ich würde sie töten. Vielleicht habe ich jetzt mein Bild bei Ihnen kaputt gemacht. Das ist mir egal, denn ich sage all das nicht, damit ich bei Ihnen gut dastehe...

Wenn ich an Ihrer Stelle wäre, würde ich bei derartigen Provokationen weghören und gehen. Es gibt so viele Idioten, und von Idioten darf man sich nicht provozieren lassen.

Ich würde dasselbe machen, wenn jemand Jesus beleidigt. Ich glaube, dass ich Jesus mehr liebe als viele Christen. Jesus, Abraham, Moses, Noah, David und alle Propheten, sie kamen mit derselben Religion. Jeder dieser Propheten hat gesagt: »Betet den einzig wahren Gott an! Und gesellt ihm niemanden bei.« Jesus hat nicht gesagt: »Betet mich an.« Alle kamen mit Monotheismus. Auch Jesus. Aber was haben die Christen aus diesem Monotheismus gemacht? Sie haben drei Götter daraus gemacht: Vater, Sohn und Heiliger Geist. Aber Jesus hatte ganz klar in der Bibel gesagt: »Ich bin nur einfacher Hirte, gesandt zum Hause Israels.«

Sie haben die heilige Mutter Maria vergessen.

(Lacht.) Genau, ich hab die heilige Mutter Maria vergessen. Aber wie gesagt, sie kamen alle mit dem Monotheismus, auch Maria. Ich liebe Jesus. Ich wünschte, ich hätte in seiner Zeit gelebt, dann wäre ich ihm gefolgt. Ich wäre gerne einer von denen gewesen, die ihm gefolgt sind. Wenn einer Jesus beleidigen würde oder David oder Abraham oder irgendeinen anderen Propheten, würde ich mich, *inschallah*, hoffentlich zwischen diesen zwei Sachen bewegen, zwischen Weghören und Zähne einschlagen. Aber es würde mich tief verletzen.

Ich glaube, Allah würde das auch besser finden. Nichtbeachten wäre die schlauere Antwort. Es gibt keine Regel, die sagt: »Bring alle Ignoranten und Provozierer um.« Lasst euch einfach nicht provozieren! Am Ende beleidigt ihr Muslime euch selber am meisten. Das ist ja das Schlimme. Wenn Sie in die Medien schauen, überall steht, jetzt schlagen sich die Muslime gegenseitig die Köpfe ein. Sunniten gegen Schiiten und Alawiten. Jeder gegen jeden. Und der Westen schürt und sagt: »Schaut euch die Verrückten an! Jetzt muss jemand nur noch eine Mohammed-Karikatur zeichnen, dann rasten die völlig aus.«
Lassen Sie uns das Thema wechseln. Was denken Ihre Eltern jetzt?

Nach Hause, komm nach Hause, komm nach Hause.

Reden Sie noch manchmal mit ihnen?

Nur mit meiner Mama, meinen Vater kenn ich nicht. Der hat mich schon vor langer, langer Zeit im Stich gelassen. Ich habe noch einen kleinen Bruder. Ich habe meine Mama nie, nie traurig gemacht, Gott sei Dank. Und immer auf sie gehört. Meine Familie ist sehr arm. Meine Mama hat nur eine vorläufige Aufenthaltsgenehmigung, sie hat keinen Pass. Sie kriegt nur diese 200 Euro und darf nicht arbeiten. Sie ist wirklich arm. Ich liebe meine Mama über alles.

Aber jetzt ist sie doch bestimmt traurig.

Sie ist traurig, aber sie hat mich verstanden. Sie weiß, dass ich ein besserer Mensch bin als vorher und nach einer Moral lebe, nach Werten. Sie weiß, dass, wenn ich in Deutschland geblieben wäre, vielleicht kaputtgegangen wäre. Durch diese ganzen schlechten Freunde und ihre Einflüsse, und dass ich vielleicht wieder angefangen hätte, Drogen zu dealen. Vielleicht wäre ich im Gefängnis gelandet. Sie weiß, dass ich hier wirklich helfe und, wie ich hoffe, ein anderer Muslim bin. Wie gesagt, ich fände es sehr schön, wenn Sie ein Video machen könnten, eine Reportage, aber ich glaub, davon träume ich. Das wird nie stattfinden, aber das ist ja auch egal.

Woher kommen Sie ursprünglich?

Meine Mama ist Marokkanerin, mein Papa ist Türke.

Was ist im Fußball Ihr Lieblingsverein?

Real Madrid, im Allgemeinen, aber in Deutschland habe ich Schalke favorisiert.

Schalke?

Was haben Sie gegen Schalke? Sie sind bestimmt für Dortmund.

Nee, Bayern. Da wohne ich ja auch.

Bayern? Oh. Na ja, ich muss ehrlich zugeben, die Spielweise vom FC Bayern hat sich stark verbessert. Kurzpassspiel! Was die jetzt für einen Fußball zelebrieren, ist sehr, sehr gut.

Noch mal zu Ihrem Leben momentan. Was müssen Sie zum Beispiel morgen machen?

Als Allererstes werde ich jetzt wach bleiben bis zum Morgengebet. Das wird in anderthalb Stunden sein. Um vier Uhr. Dann bete ich, und dann werde ich mich erst mal hinlegen. Dann schlaf ich so bis neun oder zehn, dann steh ich auf. Mache ein paar Liegestützen, ein paar Sit-ups. Dann geh ich raus und frag die Jungs, was es heute zu tun gibt. Sind wir angegriffen worden? Momentan ist es ziemlich ruhig. Vor ein paar Tagen waren wir auf einer Operation. Gestern und heute war eigentlich nichts los, außer dass MiG-Flugzeuge vorbeigekommen sind und gebombt haben. Wenn's nichts zu tun gibt, dann bin ich zu Hause, esse was oder sitze mit ein paar Brüdern herum. Oder trainiere.

Mein Haus ist ganz nahe an der Grenze zum Feind. Bis zu denen sind es 60, 70 Meter. Ich geh vor die Haustüre und bin schon mittendrin, wo gekämpft wird. Mein Haus ist genau an der Grenze zur Nachbarstadt. Zwischen meiner und der anderen Stadt finden die Kämpfe statt. Da fliegen andauernd irgendwelche Kugeln vorbei, Bomben fallen runter, Scharfschützen sind da. Aber ich liebe es.

An dieser Stelle wird unser Gespräch für mehrere Minuten unterbrochen. Falscher Alarm, entschuldigt sich Salim.

Wir sind jederzeit bereit. Wenn jetzt was sein sollte, bin ich sofort bereit. Meine AK-47 ist immer neben mir. Meine Handfeuerwaffe habe ich auch stets bei mir. Wir sind also vorbereitet, wenn was sein sollte. Wenn nicht, leben wir ein ganz normales Leben. Man kann hier ein ganz normales Leben führen, man kann verheiratet sein, man kann sogar mit Kindern hier wohnen. Nur, dass halt dauernd Flugzeuge vorbeikommen und bombardieren. Aber sonst leben wir hier ein ganz normales Leben. Das könnte ich Ihnen alles zeigen, wenn Sie hier sind. Ich könnte Ihnen zeigen, wie wir kämpfen gehen. Ich habe, Gott sei Dank, vier sichere Schutzwesten. Eine von einem Freund, der Märtyrer geworden ist. Ich hatte sie ihm besorgt. Ich habe ihm alles besorgt, Waffe und Schutzweste. Wenn Sie hierherkommen sollten, für eine Woche oder so, wir würden Ihnen alle diese Sachen auf jeden Fall geben, damit Sie geschützt sind.

Damit ich auch Märtyrer werde? Was ist jetzt gerade eure Aufgabe?

Unsere vorrangige Aufgabe ist es, dieses Dorf zu halten.

Für wen haltet ihr es?

Für die Bürger. Damit das Assad-Regime nicht kommt und die Leute abschlachtet.

Wer koordiniert alles? Wer macht die Stadtverwaltung?

Das ist alles sehr schlecht organisiert, superschlecht organisiert. Muss ich Ihnen ehrlich sagen. Aber es wird besser. Gott sei Dank haben wir jetzt mehrere Städte. Und in diesen Städten gibt es keinen IS, sondern Jabhat Al Nusra, Ahrar Al Sham, Jaish Al Hor und andere Gruppen. Jund Al Aqsa, das ist die beste Gruppe, denn die Brüder sind wirklich supergute Brüder. Da bin ich dabei. Unsere Aufgabe ist es zu verhindern, dass die Assad-Soldaten die Stadt einnehmen. Und dann eben, dass jeder einigermaßen frei leben kann. Natürlich kann man hier nicht irgendwie Unzucht begehen oder, wie sagt man, einfach unehelichen Verkehr mit einer Frau haben. Das geht natürlich nicht. Alkohol gibt's auch nicht. Aber die Leute rauchen, manche hören Musik. Jeder macht eigentlich so sein Ding. Niemand wird gezwungen zu beten.

Das liegt auch daran, dass der IS nicht hier ist. Der IS war hier, und in der Stadt waren schwere Kämpfe zwischen dem IS, Jabhat Al Nusra und Ahrar Al Sham. Das waren wirklich krasse Kämpfe. Der IS versucht immer wieder hierherzukommen. Die schaffen es aber nicht. Für den IS sind wir, bin ich ein Murtad, ein Abtrünniger.

Hier brach die Verbindung ab. Für immer. Wir haben nie wieder etwas von Salim gehört. Freddy und ich hatten uns Hoffnungen gemacht, ihn zu überreden, seinen Jihad zu beenden und sich woanders eine neue Existenz aufzubauen.

Abu Qatadah

Nachdem wir im Frühsommer 2014 eine Zeit lang mit mehreren deutschen IS-Kämpfern in Kontakt standen, wurde unsere Kommunikation von einem Tag auf den anderen beendet. Einer der Jungs teilte uns offiziell mit: »Ich habe mit einem der ›Verantwortlichen‹ gesprochen. Er möchte Ihre Skype-Adresse. Er sagt, ihr sollt hier niemanden mehr kontaktieren. Er wird ab sofort alles für Sie regeln können.« Nach ein paar Tagen meldete sich Abu Qatadah.

Abu Qatadah ist über dreißig. Und von beeindruckender Gestalt. Er ist etwa einen Meter achtzig groß und wiegt mindestens 150 Kilo. Eine Jugendausgabe von Bud Spencer als Jihadist. Er ist der intellektuell und ideologisch versierteste unserer Gesprächspartner. Seine geschichtlichen Kenntnisse sind umfassend. Seine Antworten gnadenlos und schneidend. Er hat in der Medienabteilung des IS offenbar eine offizielle Funktion, die er jedoch nicht näher definiert. Er war früher protestantischer Christ, ein »Urdeutscher« mit deutschen Eltern und Großeltern. Er stammt aus dem Rhein-Ruhr-Gebiet. Aus Solingen.

Die hier wiedergegebenen Gespräche mit ihm sind gekürzt. Das erste war am 9. September 2014.

Abu Qatadah: Hallo? Die Tonverbindung ist recht schlecht.

JT: Ich höre Sie gut.

Gut, probieren wir es mal.

Wie heiß ist es bei Ihnen?

Ich weiß nicht, tagsüber 30, 40 Grad ungefähr.

Das ist ja noch normal, nicht schlimm.

Noch auszuhalten.

Ist es schwierig, über Skype aus Rakka rauszukommen?

Wenn wir Internet benutzen wollen, müssen wir zum Internetcafé rausfahren. Aus Sicherheitsgründen. Telefongespräche können wir keine führen. Deshalb ist es schwer, sich mit Ihnen in Verbindung zu setzen.

Ich wollte noch mal sagen, woran ich interessiert bin. Ich möchte verstehen, was Sie wirklich wollen, was Ihre Organisation will und was die meisten Deutschen dort wollen.

Okay.

Ich würde Sie gerne in Ihren Kampfgebieten besuchen. Aber das ist ja nicht ganz so einfach.

73

Warum nicht?

Wir müssen da offen reden. Natürlich gibt es Sicherheitsprobleme. Das wissen Sie auch. Sie könnten mir vielleicht Sicherheit garantieren, aber was hab ich davon, wenn mir dann jemand anderes die Kehle durchschneidet.

Ich hab mit meinem Vorgesetzten gesprochen. Das Sicherheitsproblem wäre absolut kein Problem. Wir würden für Ihre Sicherheit garantieren. Wir wollen der Außenwelt ein richtiges Bild vom IS vermitteln. Da ist es besser, wenn die Leute herkommen. Ein Skype-Interview ist schön und gut, aber wir wollen der Welt zeigen, was wir wirklich machen. Wie funktioniert der Staat, den wir hier aufgebaut haben, und wie ist das Leben mit den Europäern oder Deutschen. Da ist es besser, wenn Sie zu uns vor Ort kommen. Bisher war es so, dass die Medien versucht haben, uns zu bekämpfen. Ich weiß nicht, ob Sie mitverfolgt haben, dass sie unsere Accounts in den sozialen Netzwerken schließen und wir kaum Zugang zur Außenwelt haben.

Ich höre Ihnen zu.

Wir sprechen vorher ab, was Sie gerne sehen wollen, was Sie alles besuchen können, wir stellen Ihnen Leute zur Verfügung, natürlich auch Unterkunft, Haus usw. Alles, was Sie brauchen, was in unserer Macht ist. Es können Interviews organisiert werden mit mehreren Deutschen, wie Sie es haben wollen.

Ich bin ja kein überängstlicher Mensch und war in vielen Kriegsgebieten. Trotzdem bleibt ein Restrisiko. Wenn ich in ein Kriegsgebiet gehe – ich war jetzt gerade im Gazastreifen –, dann schau ich natürlich, dass ich nicht gleich in die Luft fliege. Wie können Sie überhaupt Sicherheit garantieren? Es gibt doch auch noch andere Rebellengruppen in Ihrer Gegend.

Nein, in unserem Bereich gibt es keine anderen Gruppen.

Wie kann ich zu Ihnen kommen?

Über die Türkei. Wir haben zwei Grenzübergänge unter Kontrolle. Beim ersten dieser Übergänge ist Gaziantep die türkische Seite – ungefähr dort, wo die deutschen »Patriot«-Raketen stehen – und Jarabulus die syrische Seite. Beim zweiten ist die türkische Seite Urfa und die syrische Seite Tel Abyad, wenn ich mich nicht irre.

Wie weit ist das von Ihnen entfernt?

Ich bin mir nicht sicher, 130, 150 Kilometer oder so. Ich bin jetzt in Rakka, das ist im Norden Syriens.

Wer würde uns abholen?

Ich denke, ich werde mit dabei sein als Deutschsprachiger, und einige andere von uns werden auch mit dabei sein. Wir werden Sie persönlich abholen.

Aber wo ist die Sicherheit? Ich komme da hin, und dann finde ich Sie vielleicht – und Sie mich auch –, und dann sagt irgendeiner: »Das ist doch ein Feind. Der hat den IS immer wieder öffentlich angegriffen.« Wie können Sie garantieren, dass das nicht passiert?

Ich weiß nicht, wie viele Muslime Sie kennengelernt haben und ob Sie die islamische Gesetzgebung kennen. Die Christen, die hier in Rakka leben, die zahlen diese – ich weiß nicht, wie man das auf Deutsch nennt – Schutzsteuer oder wie auch immer, auf Arabisch *Jizya*. Das sind bei dem heutigen Goldkurs ungefähr 630 US-Dollar im Jahr. Das gilt für reiche Leute, die Armen zahlen ungefähr die Hälfte. Dafür sind sie geschützt.

Kein Muslim darf sie angreifen. Wer das trotzdem tut, wird vor das islamische Gericht gestellt und mit dem Tode bestraft.

Der Shura-Rat – ich weiß nicht, ob Ihnen das was sagt –, also der Rat, der direkt dem Kalifen untersteht, der garantiert Ihren Schutz durch sein Wort. Und falls was passieren sollte (er lächelt) – dumm gelaufen. Aber die Person wird einhundertprozentig bestraft.

Da hab ich aber nichts davon.

Von unserer Seite kann ich Ihnen garantieren, dass es keine Übergriffe oder Sonstiges geben wird. Natürlich liegt es letztendlich an Ihnen, ob Sie mir jetzt glauben oder nicht. Mehr als anbieten kann ich es Ihnen nicht.

Ich würde wahrscheinlich mit einem Journalisten kommen, der wird auch irgendwelche Garantien verlangen, also zum Beispiel einen Brief Ihres Emirs oder Kalifen, in dem müsste stehen: »Ich lade Sie hiermit ein und gewähre Ihnen Gastfreundschaft und Sicherheit.« Dann steht die Glaubwürdigkeit des Emirs auf dem Spiel. Das müssen nur zwei Zeilen sein.

Okay.

Wenn er das wirklich schreibt, steht er mit seinem Wort für unsere Sicherheit ein. Auf ein solches Wort verlasse ich mich. Wenn es mir dann trotzdem schlecht ergeht, dann ist das auch nicht gut für ihn. Dann würde Ihnen kein Mensch mehr glauben.

Ja, natürlich. Ich denke, eine Ihrer Sicherheiten ist, dass Sie das publik machen können, in Deutschland oder in den Medien, oder wie auch immer. Damit schaffen Sie ein Risiko für uns, wenn Ihnen wirklich was passieren sollte – eine Rakete, ein Flugzeug oder sonst was –, wir stehen dann schlecht da. Uns interessiert nicht, was irgendwelche Medien sagen, aber leider werden viele Muslime, an die wir uns in erster Linie richten, von da an gegen uns sein. Das wollen wir natürlich vermeiden.

Wenn Sie mir eine Garantie des Emirs geben, in der er sagt: »Dieser Mann ist für eine Woche Gast, und ich garantiere für seine Sicherheit« – dann reicht mir das.

Ich denke, das ist kein Problem. Wir können den Brief anfertigen. Wir können ihn signieren lassen und stempeln. Also, bei uns ist das so, dass jede Provinz ihren eigenen Stempel und ihre Signatur hat. Das lässt sich arrangieren.

Mit dem Emir meine ich Al Baghdadi.

Ich denke nicht, dass es so weit geht. Mein Vorgesetzter hat in seinem Bereich vollkommene Handlungsfreiheit, weil sich der Emir persönlich nicht um solche Angelegenheiten kümmert.

Dann haben wir ein Problem. Ich habe noch ein bisschen was im Leben vor. Denken Sie mal darüber nach, wie ich eine Garantie Ihres Emirs bekomme. Und jetzt würde ich Ihnen gern ein paar Fragen stellen und sie mit Ihnen besprechen. Haben Sie Zeit?

Ja, ich hab jetzt Zeit.

Wir können ja sehen, wie weit wir kommen. Wie alt sind Sie?

31.

Was war Ihre persönliche Motivation, nach Syrien zu gehen?

Mein persönlicher Weg nach Syrien war lang. Ich bin nicht direkt von Deutschland aus nach Syrien gereist. Ich war zuvor in einigen anderen arabischen Ländern. Erst dann bin ich nach Syrien gegangen.

Seit wann sind Sie in Syrien?

Hmm. Was haben wir jetzt für ein Jahr? 2014?

Ja. So ungefähr.

Dann war ich Anfang 2013 in Syrien.

Sind Sie von der Türkei aus rein?

Ich war größtenteils im Raum Halab und Idlib, also recht nahe der türkischen Grenze.

Mit welcher Organisation?

Mit Jabhat Al Nusra. In dieser Zeit gab's den IS noch nicht in Syrien.

Was war Ihre Motivation? Wollten Sie Assad stürzen, wollten Sie mithelfen, ein Kalifat zu errichten, hatten Sie religiöse Motive?

Die Sache ist nicht ganz einfach zu erklären. Syrien hat Vorzüge gegenüber anderen Ländern. Es gibt viele prophetische Aussagen über die Levante, Syrien, Palästina, Teile von Irak, Teile der Türkei, Jordaniens, Saudi-Arabiens. Als der Krieg hier anfing, hat man quasi diese Gelegenheit genutzt und sich hier angeschlossen. Weil die Region für Muslime historisch und prophetisch was Besonderes ist.

Aber worum ging es Ihnen? Ging es Ihnen darum, einen besonders reinen Islam zu erleben, ging es Ihnen darum, eine Diktatur zu beenden? Was war Ihr Hauptantriebsgrund?

Der Hauptgrund ist, zumindest heute, einen islamischen Staat zu gründen. Natürlich, am Anfang, als wir hierhergekommen sind, waren die Ideen eines islamischen Staats noch mehr Theorie als Praxis. Zuerst ging es darum, Muslimen zu helfen und sie von der Diktatur des Bashar Al Assad zu befreien. Nach Syrien zu gehen ist außerdem sehr viel leichter, als in andere Länder zu reisen. Wenn man heutzutage nach Afghanistan gehen will, um gegen die Amerikaner zu kämpfen, kommt man vielleicht nicht mal aus Deutschland raus. In Syrien aber sind viele Auswanderer aus europäischen oder westlichen Ländern, Tausende. Weil es viel einfacher ist, als nach Afghanistan zu gehen. Das Leben hier ist dem europäischen Leben auch viel näher als das Leben in Afghanistan – und somit viel einfacher. Nach Afghanistan zu gehen ist schwer.

Woher aus Deutschland kommen Sie eigentlich?

Aus dem Ruhrpott. Ich war einige Zeit selbstständig 2008 habe ich die Selbstständigkeit beendet. Seitdem bin ich quasi auf Reisen.

Selbstständig als was?

Software-, Hardwarevertrieb.

Welche Regierung in der arabischen oder islamischen Welt finden Sie gut?

Gar keine. (Lacht.)

Gar keine?

Nein, absolut nicht.

Auch nicht Saudi-Arabien?

Nein, definitiv nicht.

Der IS ist doch von arabischen Ländern finanziert worden, oder irre ich mich da?

Das ist Propaganda, um die Stärke von Douwla Islamiyya* herabzusetzen. IS hat zu keiner Zeit finanzielle Hilfe aus dem Ausland bekommen. Vielleicht gab es den einen oder anderen privaten Spender, der vielleicht 10 000 oder auch 100 000 US-Dollar auftreiben konnte. Aber Sie wissen selber, mit 100 000 oder auch mit einer Million US-Dollar führt man keinen Krieg. Die essenziellen Einkünfte kamen zum größten Teil aus Beute.

Ich war während des Krieges sechsmal in Syrien. Ich hab mich mit Rebellen getroffen, Leuten von der FSA, von Jabhat Al Nusra, bei der Sie ja auch mal waren. Die von der FSA haben mir gesagt, sie kriegen Geld von den Amerikanern und aus den Emiraten.

Ja, das ist bekannt. Jabhat Al Nusra wurde – was im Westen kaum jemand weiß – ursprünglich vom IS im Irak nach Syrien geschickt. Ihr Anführer Abu Mohammad Al Julani wurde nach Syrien beordert, um den Islamischen Staat in Syrien zu vertreten. Doch er fing an, Gelder aus dem Ausland anzunehmen, und hat das gemeinsame Ziel verraten. Jabhat Al Nusra hat sich dann irgendwann vom Islamischen Staat komplett getrennt und sich zeitweise mit der Freien Syrischen Armee zusammengetan. Auch um gegen den Islamischen Staat zu kämpfen. Weil ihre Finanziers aus dem Ausland – seien es arabische Länder, Amerika oder europäische Länder – es so verlangt haben.

Wer finanziert Jabhat Al Nusra? Saudi-Arabien oder Amerika?

Offiziell keiner. Inoffiziell beide. Letztendlich ist das gleich. Saudi-Arabien kann nur jemanden finanzieren, dessen Finan-

---

* Arabischer Ausdruck für den IS

zierung Amerika zulässt, die sogenannte Islamische Front zum Beispiel.

Ist der amerikanische Einfluss auf Saudi-Arabien so stark?

Definitiv. Das ist kein Geheimnis.

Wie viele Leute hat der »Islamische Staat« in Syrien und wie viele im Irak? Damit ich ein grobes Gefühl kriege.

Ist schwer zu sagen. Ich habe einige Führungspositionen gefragt. Die können selbst nur Schätzungen angeben.

Ihre Schätzung?

Mein Vorgesetzter, der öfter im Irak ist, hat mir vor ein paar Tagen gesagt, dass sich in den letzten Wochen und Monaten allein die Anzahl unserer Kämpfer im Irak verzehnfacht hat. Ich schätze Pi mal Daumen zwischen 15 000 und 20 000 Kämpfern.

Im Irak.

Nein, Syrien und Irak zusammen. Was die administrative Seite angeht, Richter, Verwaltungsleute, Polizisten, Shariah-Polizei usw., kommen wir noch mal auf dieselbe Zahl.

Wie stark ist die Rolle der sunnitischen Stämme, der Baathisten und der anderen Gruppierungen, mit denen der IS im Irak verbündet sein soll? Und mit denen er angeblich Seite an Seite kämpft. Genauso stark wie der IS? Die Sunniten behaupten ja, sie seien viel mehr. Die sagen, sie hätten ungefähr 20 000 Kämpfer, und Sie sagen, viel weniger.

Das mit dem Seite-an-Seite-Kämpfen stimmt nicht. Seit dem Januar 2014, also seit Anfang dieses Jahres, gibt es keine Koalition mehr mit irgendwelchen Gruppen. Der Islamische Staat verbündet sich mit keiner Gruppe mehr. Es sei denn, die Gruppe geht vollständig im Islamischen Staat auf, stellt ihre Waffen und ihre Leute zur Verfügung und übergibt uns die Befehlsgewalt. Ansonsten wird keine Koalition mehr geduldet.

Genauso in Syrien?

Genauso in Syrien.

Wie viel Deutsche, schätzen Sie, kämpfen beim IS, und wie viele Deutsche gibt es überhaupt, die in Syrien kämpfen? Pi mal Daumen. In Deutschland spricht man von 300.

Ich kann nicht bestätigen, ob es wirklich 300 sind. Ich könnte auch nicht sagen, ob es 500 sind oder 1000. Ich denke auf jeden Fall, dass 90 Prozent von denen beim Islamischen Staat sind. Der Rest verteilt sich auf Jabhat Al Nusra, die Islamische Front und Ahrar Al Sham.

Aber die Größenordnung ist nicht total falsch?

Ich denke, dass die deutsche Regierung bessere Angaben machen kann als wir.

Wollen Sie irgendwann wieder nach Deutschland zurück?

Definitiv nicht. (Lacht.)

Und was ist Ihr Gefühl bei den anderen Mitgliedern des »Islamischen Staats«? Will ein Teil wieder nach Deutschland zurück, oder wollen alle bleiben?

Aus islamischer Sicht, denke ich, wird keiner zurückgehen. Aber vielleicht wird er verwundet, bekommt dieses sogenannte Heimweh, vielleicht will er zu seiner Ehefrau zurück oder zu den Kindern. Das sind andere Faktoren. Deshalb kann es sein, dass der eine oder andere wieder zurückgeht. Im Januar, als die Kämpfe stattgefunden haben, sind einige wieder in ihre Länder zurückgekehrt. Deutsche, Belgier, aber auch Araber.

In Deutschland wartet der Staatsanwalt, weil man nicht in ausländischen Terrortruppen tätig sein darf. Das ist strafbar. Und die Strafen sind hoch. Das ist ja auch nicht gerade einladend, oder?

Nicht wirklich, nein. Aber ich meine, Sie haben das vielleicht mitgekriegt, aus Afghanistan sind auch etliche zurückgekehrt. Aus den verschiedensten Umständen. Viele von ihnen haben hohe Haftstrafen erwartet. Sie haben sie letztendlich auch bekommen, drei, vier oder fünf Jahre, vielleicht auch mehr. Das nimmt man dann halt in Kauf, aus welchen Gründen auch immer.

In Deutschland besteht die Hauptsorge, dass die zurückkehrenden deutschen Jihadisten hier schwere Anschläge begehen. Ich habe mehrfach mit Leuten gesprochen, die zurzeit in muslimischen Ländern kämpfen. Die haben mir gesagt: »Aber wir sind doch nicht im Kampf mit Deutschland. Wir kämpfen in Syrien gegen die dortige Regierung und nicht gegen die deutsche Regierung.« Was ist Ihre Meinung, muss Deutschland Angst haben vor den Rückkehrern?

Das ist schwer zu beantworten. Islamisch gesehen, wird Deutschland als Feind des Islam, als Kämpfer gegen den Islam gesehen.

Von Ihnen vielleicht, aber nicht von der Mehrheit der islamischen Welt.

Die deutsche Außenpolitik gegenüber Israel ist bekannt, die Außenpolitik gegenüber Afghanistan ist bekannt, das Töten der Muslime in Afghanistan und in anderen Ländern ist bekannt, die Waffenlieferungen weltweit – Waffen, die gegen die Muslime eingesetzt werden. Wir haben vorhin über Saudi-Arabien gesprochen. Man weiß zum Beispiel, dass die Truppen in Saudi-Arabien beziehungsweise die Geheimdienste in Saudi-Arabien von Deutschland ausgebildet werden, dass es Waffenlieferungen gibt.

Hinzu kommt, Sie haben das bestimmt gesehen, dass Kurt Westergaard* von Angela Merkel für seine Karikaturen gegen den Propheten persönlich ausgezeichnet und gelobt wurde. Shariah-rechtlich steht auf so eine Person die Todesstrafe. Dadurch stellt sich Ihre Regierung als Feind des Islam dar.

Aber nicht die deutsche Bevölkerung.

Es gibt keine Unterscheidung – besonders wenn man das deutsche demokratische System betrachtet. Die Bevölkerung stellt die Regierung, und dementsprechend ist sie zufrieden mit dem, was die Regierung macht. Oder zumindest teilweise zufrieden. Man sieht das ja auch an Umfragen. Wenn man sich im Internet in Foren oder auf Nachrichtenseiten umsieht, sieht man eine große Zustimmung der Bevölkerung zum Kampf gegen den Islam. Zum sogenannten Kampf gegen den Terrorismus. Dadurch macht sich Deutschland zum Ziel und zum Feind.

Dass Sie die Politik der Regierung Deutschlands kritisieren, das ist das eine, das tue ich manchmal auch. Aber Sie sehen Deutschland als Feind an. Was heißt das? Heißt das, dass diejenigen, die zurückkommen, in Deutschland Anschläge verüben und hier weiterkämpfen? Muss Deutschland sich Sorgen machen, wenn

---

* Dänischer Zeichner, dessen umstrittene Mohammed-Karikaturen 2005 von der dänischen Zeitung *Jyllands-Posten* veröffentlich wurden

IS-Kämpfer nach Deutschland zurückkehren? Muss Deutschland sich sorgen, dass es Anschläge gibt?

Momentan ist das definitiv nicht unsere Politik. Momentan vertreten wir die Politik: Wenn man uns in Ruhe lässt, lassen wir andere auch in Ruhe. Wenn allerdings unsere Staatsgrenzen irgendwann mal bis Deutschland reichen, werden wir auch die Leute dort bekämpfen. Aber dass es jetzt gezielt irgendwelche Anschläge gibt oder Sonstiges, ist nicht der Fall. Zumindest nicht jetzt ...

Dass Rückkehrer Anschläge verüben, glauben Sie also nicht.

Sie haben das vielleicht in Frankreich gesehen. Der Belgier – oder umgekehrt, der Franzose, der in Belgien den Anschlag gemacht hat, oder der Belgier in Frankreich? Ich weiß nicht, wo das jetzt genau war, ich hab's vergessen – der Mann, der in dieses jüdische Museum gegangen ist und dort mit seiner Kalaschnikow einige Leute getötet hat. Fakt ist, dass er nicht auf Befehl gehandelt hat, sondern auf eigene Entscheidung. Es kann gut möglich sein, dass so etwas wieder vorkommt. Ich würde jetzt lügen, wenn ich sagen würde, das wird niemals passieren.

Was sagt der Kalif zu einem solchen Anschlag?

Wie gesagt, momentan ist das nicht Politik des Islamischen Staats. Was soll man dazu sagen? Die Sache ist passiert.

Wie groß stellen Sie sich den »Islamischen Staat« vor? Wie groß soll er eines Tages werden?

Wir wissen von Aussprüchen des Propheten Mohammed, dass der Islam irgendwann die ganze Welt beherrschen wird. Das wird geschehen, das ist ein Teil unseres Glaubens, und dementsprechend kann ich sagen: Der Islamische Staat wird die ganze Welt beherrschen.

Aber der Koran sagt, dass es keinen Zwang in Glaubensfragen gibt, dass Christen, Juden ihre Religion behalten. Die konnten ja auch unter Mohammed ihre Religion behalten.

Die Sachen, die Sie sagen, sind natürlich richtig. Sie haben das ja vielleicht mitverfolgt, in Rakka gibt es quasi ein Friedensabkommen mit den Christen. Wir haben vorhin darüber gesprochen, dass die Christen in Rakka die Jizya zahlen, diese Schutzsteuer. Die Christen werden ihre Rechte haben, sie können ihre Gottesdienste abhalten, sie können in Sicherheit beten usw. In Mosul haben die Christen das nicht akzeptiert. Man hat ihnen drei Wochen Zeit gegeben, sich mit den Leuten vom Islamischen Staat zu treffen, um diese Dinge auszuhandeln. Das ist nicht passiert. Dann hat man den Christen drei Tage Zeit gegeben, entweder die Jizya zu zahlen, das Land zu verlassen oder getötet zu werden.

Finden Sie das gut?

Definitiv. Ich meine, sonst wäre ich nicht hier und wäre nicht beim Islamischen Staat. Das ist legitim und ein Recht des Islam. Deutschland sagt den Muslimen ja auch, was sie zu tun und zu lassen haben. Genauso machen wir das mit den Christen.

Das ist doch völlig falsch. Die Muslime in Deutschland – ich spiele jeden Samstag Fußball mit einigen – wählen die Partei, die sie wollen, sie sind für die Regierung oder gegen die Regierung. Der größte Teil der Bevölkerung ist zum Beispiel gegen den Afghanistankrieg. Die Muslime müssen keiner Regierung folgen.

Das ist nicht ganz richtig. Der Beweis ist die Schließung einiger Moscheen, die den deutschen Behörden nicht in den Kram passten. Das ist ein klarer Beweis dafür, dass die sogenannte religiöse Freiheit der Muslime in Deutschland auf gut Deutsch Quatsch mit Soße ist.

In München, wo ich ja lebe, wird gerade eine neue Moschee gebaut...

Sie bezeichnen das als Moschee. Wir im Islam bezeichnen das nicht als Moschee. Wenn Sie im Koran die 9. Sure aufschlagen, lesen Sie über Moscheen, in denen Leute sich hinstellen, um bewusst dem Islam zu schaden. Das ist der Fall in den meisten Moscheen in Deutschland. Die predigen doch keinen Islam. Sondern irgendetwas. Ihre persönlichen Glaubensgrundsätze, vermischt mit Grundsätzen der Demokratie, anderer Religionen wie dem Christentum oder irgendwelcher Ideologien. Das verkaufen sie dann den Leuten irreführend als Islam.

Die Positionen, die Sie da einnehmen, kann ich nicht nachvollziehen. Würden Sie sich als Salafist bezeichnen oder als Wahhabit?

Das Problem ist, diese ganzen Begriffe, Salafist oder Wahhabit, sind Begriffe, die nichts mit der Religion an sich zu tun haben. Aber wenn Sie fragen, ob ich Mohammed und seinen Lehren folge, die er zu seinen Lebzeiten vertreten hat, ja, dann bin ich Salafist. Dann stimmt das natürlich, definitiv.

Sie haben vorher gesagt, Sie finden kein Land gut. Auch nicht Saudi-Arabien. Aber Saudi-Arabien unterstützt den Salafismus und Wahhabismus, so stark es kann.

Das ist auch so eine oberflächliche Betrachtung. In Saudi-Arabien gibt es genau denselben moralischen Verfall wie in anderen Ländern. Die Shariah wird nur auf Leute angewendet, die nicht vom Königshaus abstammen und keine einflussreichen Positionen haben. Also auf den kleinen Mann.

Gibt es ein Land, das Ihren Vorstellungen eines Islamischen Staats ein bisschen näherkommt? Gibt es kein einziges islamische Land, bei dem Sie sagen: »Das ist nicht schlecht, was die machen«?

Definitiv nicht. Es gibt kein islamisches Land, das annähernd die Shariah implementiert oder sich danach richtet.

Bei Ihrem weltweiten Eroberungszug müssten Sie ja dann all diese muslimischen Länder eines Tages angreifen.

Das wird definitiv geschehen.

Wenn Sie glauben, dass der »Islamische Staat« eines Tages die Weltherrschaft ergreifen wird, wird er aus geografischen Gründen erst die islamischen Länder angreifen müssen.

Das nächste Land, das angegriffen wird, wird höchstwahrscheinlich Saudi-Arabien sein oder Jordanien, und dann geht's so weiter.

Da wird sich Saudi-Arabien aber freuen.

Ich denke, eher weniger.

Wenn Sie solche Positionen öffentlich äußern, werden Sie viele Feinde haben. Die Welt wird da doch nicht einfach zuschauen. Warum greift eigentlich die syrische Regierung Sie nicht massiver an? Die haben doch Flugzeuge, die könnten Ihre Stellungen in Rakka doch viel stärker angreifen.

Sie haben das bestimmt verfolgt: Wir haben angefangen, Assad-Stellungen hart anzugreifen. Dadurch, dass wir andere Gruppen wie die Islamische Front zurückschlagen konnten, haben wir etwas Luft bekommen. Wir haben die Militärbasis von Rakka angegriffen. Wir konnten sie innerhalb von zwei Tagen einnehmen. Natürlich werden die Gegenschläge nun heftiger. Tatsache ist, dass Assad jetzt mehr Raketen schickt und auch mehr Flugzeuge. Allein in den letzten zwei Tagen hat Assad vier Scudraketen auf uns abgefeuert, aber sie haben nichts Wichtiges getroffen.

Aber er könnte noch mehr Flugzeuge schicken.

Flugzeuge kommen jeden Tag. Das ist nichts Neues. Jeden Tag kommen Flugzeuge und bombardieren irgendetwas. Aber die Treffgenauigkeit dieser Flugzeuge und ihrer Bomben ist gering. Es ist für die immer auch ein starker Kostenpunkt, ein Flugzeug zu schicken oder mehrere. Das ist das Problem vieler Regierungen. Dass der Kostenaufwand, den sie haben, viel zu hoch ist. Krieg ist teuer. Sie haben das wahrscheinlich verfolgt mit Amerika. Der Krieg in Afghanistan und der Krieg im Irak haben Amerika fast Pleite gemacht. Jedenfalls finanziell in Schwierigkeiten gebracht, weil sie sich um ihr eigenes Land kaum kümmern konnten und jetzt eine riesige Staatsverschuldung haben.

Ich war letzte Woche in Gaza, vier Tage lang. Da haben die israelischen Flugzeuge teilweise sehr genau bestimmte Ziele getroffen. Am meisten allerdings Zivilisten.

Aber die Israelis haben ja auch Geld. Der syrische Bürgerkrieg zieht sich mittlerweile über drei Jahre hin. Das hat die syrische Regierung Milliarden gekostet. So einen Krieg kann man nicht lange durchhalten.

Anders als Sie? Sie haben viel Geld. Man hat gelesen, dass der IS im Irak große Beute gemacht hat. Über eine Milliarde US-Dollar? Stimmt das?

Ja.

Ich komme ganz kurz noch mal auf Deutschland. Was bedeutet Deutschland für Sie persönlich? Wenn Deutschland Fußball spielt, interessiert Sie das gar nicht?

Überhaupt nicht. Es hat mich vorher auch nicht interessiert.

Als Sie noch in Deutschland gelebt haben, haben Sie da nicht irgendwelche Dinge besonders geliebt, sich über Dinge gefreut, die es nur dort gibt?

Es ist schwer, diese Frage zu beantworten. Natürlich gefällt mir Deutschland landschaftlich weitaus mehr als manche arabischen Länder mit ihren Wüsten und heißen Gegenden. Doch es gibt Dinge, die für einen Muslim viel wichtiger sind.

Welche Partei haben Sie gewählt?

Ich habe nie gewählt. Selbst als ich noch kein Muslim war, habe ich nicht gewählt.

Was halten Sie von Frau Merkel?

Der Prophet sagte, wenn eine Frau die Führung eines Landes übernimmt, wird es zugrunde gehen. Wenn man Frau Merkel kennt und ihren politischen Werdegang, weiß man, dass hinter ihrer Politik nichts als eigene Interessen stehen. Vor allem an die Macht zu kommen und dranzubleiben.

Da muss ich widersprechen. Ich finde Frau Merkel ungewöhnlich tüchtig. Aber Themawechsel: Was war Ihr schönstes Jugenderlebnis in Deutschland?

Ich weiß nicht, wie ich auf diese Frage antworten soll. Natürlich gibt es in der Jugend Dinge, die man gerne macht, die auch islamisch vertretbar waren. Aber auch hier bei uns gibt es Erlebnisse, die schön sind und die man nicht missen will. Auch wenn das für manche Leute schwer zu verstehen ist.

Sind Sie in Deutschland als Muslim gut behandelt worden oder schlecht? Diskriminiert oder nicht?

Definitiv diskriminiert. Ich bin 2003 zum Islam übergetreten. Kurz darauf habe ich eine Ausbildung als Bürokaufmann angefangen in einem großen Unternehmen. Viele islamische Pflichten wie das Freitagsgebet konnte ich dort nicht erfüllen. Das ist natürlich eine Diskriminierung. Man hat islamische Pflichten, kann sie aber nicht befolgen. Selbst wenn man probiert, mit dem Chef Kompromisse einzugehen. Ich bin nicht der Einzige, dem das passiert ist.

Ich habe einen muslimischen Mitarbeiter, der betet fünfmal am Tag. Niemand würde ihn je daran hindern. Er würde sich auch nicht hindern lassen.

Aber wir sehen halt die Mehrheit in Deutschland, und die verbietet diese Sachen. Deutschland erzählt jedem von Demokratie und Freiheit. Jeder könne machen, was er wolle, und die Würde des Menschen sei unantastbar. Man hat Gesetze über Religionsfreiheit und dergleichen. Doch dann gibt es Lehrerinnen, die ein normales Kopftuch tragen wollen, was islamisch nicht einmal ausreichend wäre, und man verbietet es ihnen trotzdem. Da fragen Sie, ob man diskriminiert wird oder nicht.

Was waren Sie, bevor Sie Muslim wurden?

Ich war Christ, Protestant. Aber wie das halt bei den meisten Deutschen so ist, ich hatte nie wirklich was mit meiner Religion zu tun.

Wo kamen Ihre Eltern her? Kamen die aus islamischen Ländern, oder waren das Deutsche?

Meine Eltern sind beide deutsch. Auch meine Großeltern waren Deutsche, auch meine Urgroßeltern.

Warum sind Sie zum Islam übergetreten? Was war das Erlebnis, das Sie bewogen hat, zum Islam überzutreten?

Das war ein Prozess über mehrere Jahre, der letztendlich dazu geführt hat, dass ich Muslim wurde. Weil ich mich mit dem Islam beschäftigt habe.

Was finden Sie im Islam besser als im Christentum?

Die Liste ist lang.

Aber die Religionen sind ähnlich.

Ja.

Ist Allah nicht derselbe Gott, an den auch die Christen glauben? Es gibt doch nur einen Gott.

Ja und nein. Die Vorstellung der Christen von Gott, die Trinität, die Dreieinigkeit, widerspricht dem Monotheismus. Für mich war das ein entscheidender Grund zu erkennen, dass der Islam richtiger ist als das Christentum.

Die meisten Juden glauben auch nur an einen Gott.

Man könnte jetzt stundenlang über diese Frage diskutieren. Über die Unterschiede und darüber, was an anderen Religionen falsch ist. Aber der größte Beweis für die Richtigkeit des Islam ist für mich, dass die jüdische Thora, so wie sie ursprünglich war, nicht mehr vorhanden ist. Während der Koran genauso vorhanden ist, wie er herabgesandt wurde. Wenn man wissen will, was Gott von einem verlangt, braucht man zuallererst eine Anleitung, die darstellt, was Gott von den Menschen verlangt. Und wenn diese Anleitung verfälscht oder nicht mehr authentisch ist, ist das schlecht.

Ich habe den Koran mehrmals gelesen. Mit viel Interesse und mit viel Gewinn. Da steht sinngemäß: Wenn einer einen Menschen tötet, so ist das, als habe er die ganze Menschheit getötet. Und wenn er einen Menschen rettet, ist das, als habe er die ganze Menschheit gerettet. Ich habe ein Video des »Islamischen Staats« gesehen, da wird nur getötet. Sie kennen das Video, es kam vor einem Monat heraus. Da fährt ein Auto auf einer Autobahn, und immer wenn es ein anderes Auto überholt, wird die Scheibe runtergekurbelt, die Maschinenpistole rausgeholt und so lange geschossen, bis alle Insassen des anderen Autos tot sind. Glauben Sie, dass das islamisch ist?

Die Insassen der Autos, die erschossen wurden, waren alle Militärangehörige des Maliki-Regimes aus Irak. Somit sind die Leute nicht ganz unschuldig. Sie sind nicht unschuldig daran, Muslime getötet zu haben, sie sind nicht unschuldig daran, gegen den Islamischen Staat zu kämpfen, sie sind nicht unschuldig daran, die Religion als Ganzes verraten zu haben, und sie sind nicht unschuldig daran, gegen die Sunniten im Irak schlimme Verbrechen begangen zu haben. So gesehen war das, wie man auf Deutsch sagt, eine gerechte Strafe, die sie eingeholt hat. Es ist nicht so, dass der Islamische Staat irgendwohin geht und in der Mittagssonne eine unschuldige Person erschießt, die nie gegen den IS gekämpft hat und nie etwas gegen den Islam gemacht hat.

Aber wussten die Schützen vorher genau, wer in den Autos saß?

Ja, natürlich. Das sind geplante Angriffe gewesen.

Extrem grausame Angriffe. Ich habe über Mohammed viel gelesen. Mohammed und der Gott des Koran waren nie so grausam wie der IS. Nie so brutal. Ich habe den Islam immer als eine menschliche Religion angesehen. Ich reise seit über 50 Jahren um die Welt. Nirgendwo habe ich bisher so viel Menschlichkeit und Nächstenliebe erlebt wie in der muslimischen Welt.

Es ist nicht so, dass der IS den Leuten keine Wahl gibt. Sie haben das vielleicht mitverfolgt, als im Januar die anderen Gruppen angefangen haben, in Syrien gegen uns zu kämpfen. Da hat Al Baghdadi eine Audiobotschaft an unsere Gegner veröffentlicht. Er hat gesagt: Legt eure Waffen nieder. Wir akzeptieren eure Reue, ihr könnt zu uns übertreten, wir lassen euch in Ruhe, wir bekämpfen euch nicht usw. Wenn ihr aber eure Angriffe fortführt, sind wir gezwungen, unsere Truppen von den anderen Fronten abzuziehen und gegen euch zu kämpfen. Und wir werden euch mit Allahs Erlaubnis vernichten. Sie haben uns weiter bekämpft. Wir sind daraufhin mit Härte gegen sie vorgegangen. Sie wurden aus unseren Gebieten vollständig vertrieben und komplett entwaffnet. Wir haben Millionen an Kriegsbeute gemacht: Waffen, Gelder und die Öl- und Gasfelder, die unter ihrer Kontrolle waren. Hunderte von Leuten, wenn nicht gar Tausende mussten damals ihr Leben lassen. Aber es war nicht so, dass sie keine Wahl hatten.

Darf man Ihrer Meinung nach Zivilisten töten? Tötet der IS auch Zivilisten?

Nein, definitiv nicht. Jeder, der das behauptet, lügt.

Ich komme darauf nachher noch zurück. Hier nur grundsätzlich: Wo liegen die westlichen Medien falsch? Was sind aus Ihrer Sicht die Hauptlügen?

Ein Beispiel, das vor ein paar Tagen in den Medien berichtet wurde. Es wurde behauptet, dass der IS den Frauen Zwangsbeschneidung auferlegt habe.

Aber das wurde als Falschmeldung ganz schnell zurückgezogen. Eine Menschenrechtsbeauftragte hatte etwas falsch übersetzt oder auf irgendein Gerücht gehört. Sie wird jetzt heftig kritisiert.

Aber kurz davor war fast genau dasselbe. Dass die Frauen in Mosul mit den Soldaten des IS zwangsverheiratet würden. All das war Quatsch. Andere Medien behaupteten, dass wir alle Leute, die irgendwelche Sünden begangen haben oder sonst irgendwas falsch machten, aus dem Islam ausschließen und töten würden. So geht das Tag für Tag. Sie können nach Rakka kommen und sich selbst davon überzeugen, dass das alles falsch ist. Wir müssten, wenn man nach diesem Maßstab ginge, das komplette syrische Volk töten. Jeder von denen raucht, jeder von denen macht jede Menge unislamische Sachen, und trotzdem wird keiner deshalb getötet. Außer es gibt ein ausdrückliches islamisches Urteil, das die Todesstrafe verhängt.

Was ist Ihre Meinung zu Schiiten?

Die islamische Meinung ist, dass die Schiiten Abtrünnige sind. Ihre Abtrünnigkeit vom Islam bedeutet ihr Todesurteil.

Was heißt das konkret?

Die Schiiten haben zwei Möglichkeiten: Entweder sie bereuen und kehren freiwillig zum wahren Islam zurück, oder sie werden getötet.

Das heißt, wenn 80 Millionen iranische, irakische, syrische Schiiten nicht bereuen und nicht freiwillig zum Sunnitentum übertreten, dann werden sie alle getötet?

Richtig, definitiv ja.

80 Millionen?

Wenn's sein muss. (Lacht.) Ich meine, das hört sich, wie soll man sagen, sehr krass an …

Das hört sich wirklich krass an.

Der IS hat versucht, gegenüber den Schiiten auch eine andere Politik zu verfolgen. 2006, als der IS erstmals Gebiete im irakischen Anbar und Falludscha kontrollierte. Da hat man versucht, die Schiiten aus den Städten zu weisen. Man hat ihnen gesagt: Sucht euch einen anderen Ort, da könnt ihr weiterleben. Auf gut Deutsch, man hat sie vertrieben. Leider hat sich diese Strategie als schlecht erwiesen. Weil jemand, den man vertreibt, immer mit Macht und mit Kampf versucht zurückzukommen. Dass ist dann auch passiert.

Was viele Leute nicht sehen oder verschweigen, ist: Die Schiiten im Irak und im Iran haben große Verbrechen gegenüber den Sunniten begangen. Man hat das ja auch bei Assad hier in Syrien gesehen: dass Menschen, Babys, Kinder enthauptet und gehäutet und Frauen vergewaltigt wurden. Wir machen das mit den Schiiten und Alawiten daher meist recht einfach: Wir nehmen sie und erschießen sie. (Lacht.)

Glauben Sie, dass alles wahr ist, was über die Regierung Irans, über die Regierung Syriens und über die Regierung Iraks gesagt wird? Oder wird da nicht auch viel erfunden und gelogen?

Was den Iran angeht, bezüglich des Atomprojekts und dergleichen, kann ich nichts sagen. Aber was die Verbrechen gegenüber den Muslimen, gegenüber den Sunniten angeht, da ist definitiv nichts erfunden. Es gibt leider Tausende, Millionen von Zeugen dafür, das ist so.

Was halten Sie von der Hisbollah, von Nasrallah?

Überhaupt nichts. (Lacht.) Er ist ja Schiit.

Was halten Sie von Hamas?

Noch viel weniger. Die Hamas ist nichts anderes als die Hisbollah, eine demokratische Partei unter dem Deckmantel des Islam. Wenn man 20, 30 Jahre zurückgeht, da war die Hamas vielleicht anders. Doch heutzutage kann man von denen nichts mehr erwarten. Um die Sache auf den Punkt zu bringen: Brüder aus dem Gazastreifen haben uns berichtet: Die Hamas ist für uns ein schlimmerer Feind als die Israelis.

Sie haben gesagt, es gebe ungefähr 15 000 bis 20 000 Kämpfer des IS im Augenblick, richtig?

Ungefähr, ja.

Und im Grunde erklären Sie, mit Ausnahme der Christen und Juden, die Sie gerade noch dulden wollen, allen den Krieg, die nicht Ihrer Interpretation des Islam folgen. Sie wollen die Welt erobern. Alle Welt weiß, dass Sie sehr brutal gegen Ihre Gegner vorgehen. Glauben Sie nicht, dass sich deshalb alle anderen arabischen Länder sehr bald zusammenschließen und sagen wer-

den, wir können diese 20 000 Mann, die uns alle umbringen wollen, nicht dulden?

Wir denken, dass das passieren wird, ohne Frage wird das passieren. Wir haben keine Angst davor. Es ist manchmal schwer, diese Sachen zu erklären. Wenn Sie vor drei Monaten jemanden gefragt hätten: »Kann der IS solche Siege erringen, wie er sie im letzten Monat im Irak und in Syrien errungen hat?«, hätten alle hundertprozentig gesagt: »Nein, das schaffen die nie.« Doch unser Glaube ist Allah, und wir wissen, dass alles von ihm kommt und von ihm gelenkt wird. Deswegen sind wir uns definitiv sicher, dass wir dieser Sache standhalten können. Auch wenn sich die ganze Welt gegen uns zusammenschließt. Man weiß das auch aus der Geschichte: Auch der Prophet ist meist von zahlen- und waffenmäßig überlegenen Truppen angegriffen worden. Er hat sie trotzdem besiegt. Die Geschichte wiederholt sich.

Aber Mohammed war ein Prophet der Barmherzigkeit. Er kannte Gnade mit seinen Gegnern. Sie aber scheinen keine Gnade mit Ihren Gegnern zu kennen.

Das ist falsch. Um das beste Beispiel zu zeigen: Nach der Eroberung von Mosul wurden 4500 Soldaten der Maliki-Armee festgenommen. 1700 von ihnen wurden hingerichtet. Die anderen ...

Warum haben Sie 1700 Schiiten hingerichtet? Weil sie Schiiten sind?

Nee, warten Sie, die Sache ist die. Die anderen hätten wir normalerweise auch alle hingerichtet. Das islamische Urteil über diese Leute war klar. Sie haben für die Regierung gekämpft, gegen den Islam. Das bedeutet Abtrünnigkeit. Da sie aber Sunniten waren und geschworen haben, dass sie das nie wieder machen würden – sich gegen den IS zu verbünden –, haben wir Gnade walten lassen. Obwohl es ein Leichtes gewesen wäre, sie alle zu töten. Da sieht man, dass die Gnade, die der Prophet gehabt hat, weitergeführt wird.

Das nennen Sie Gnade?

Ja, das nenne ich Gnade.

Haben Sie eigentlich mit Ihren Eltern noch Kontakt? Man kann ja über Skype Kontakt halten.

Ab und zu, ja.

Und was sagen die dazu, dass Sie jetzt so ein gnadenloser Kämpfer geworden sind?

Meine Eltern wissen, dass ich kein Mensch bin, der ohne Grund und ohne Sinn für Gerechtigkeit irgendwelche Leute tötet.

Haben Sie Menschen getötet?

Das kann ich nicht beantworten. (Lacht.) Schon möglich (Lacht.)

Hätten Sie was dagegen, wenn ich irgendwann einmal auch mit Ihren Eltern sprechen würde, sie besuchen würde? Ich bin bei Ihnen mit vielen Sachen nicht einverstanden. Aber ich würde gerne mit Ihren Eltern sprechen.

Das ist möglich.

Gibt es die Möglichkeit, auch den Kalifen zu interviewen?

Nein. Definitiv nicht.

Aber irgendwann muss er ja mal ein Interview geben.

Ich habe mit meinem Vorgesetzten gesprochen, und momentan – ich denke, das wird sich auch in den nächsten Jahren nicht ändern – wird er definitiv kein Interview geben. Vielleicht wird es dazu kommen, dass er irgendwann an die Öffentlichkeit tritt in Form eines Videos oder so.

Er war in der Moschee, war er das wirklich?

Ja, das war er. Sie sind der zweite Reporter oder Journalist, mit dem wir überhaupt sprechen. Der erste war von Vice News. Sie sind der erste aus dem Westen. Der Mann von Vice News war Muslim.

Knapp zwei Wochen später, am 21. September 2014, wurde das Gespräch fortgesetzt:

Kein Mensch auf der Welt versteht, warum der IS unschuldigen Menschen den Kopf abschneidet. Das ist doch pervers. Was ist der Grund dafür, dass das auch noch so demonstrativ gemacht wird? Warum werden diese Menschen öffentlich hingerichtet? Sie sind unglaublich gnadenlos und grausam. Noch grausamer als Al Qaida. Was ist Ihre Begründung? Es hat ja keinen Sinn, um diese Sachen herumzureden.

Sprechen Sie jetzt über die Amerikaner oder über die Briten? Oder über die Assad-Soldaten?

Eigentlich über alle. Aber ich frage jetzt zuerst nach den beiden Amerikanern.

Sie haben ja die Videos wahrscheinlich gesehen. Letztendlich war dies nicht unsere Entscheidung. Die Politiker der Länder, aus denen diese Leute kamen, haben mehr als einmal die

Chance gehabt, ihre Leute zu beschützen und rauszuholen. Diese Möglichkeiten haben sie bewusst ignoriert.

Sie sagen, dass Ihre Leitlinie der Koran ist. Ich hatte Ihnen mehrfach gesagt, dass ich der Auffassung bin, dass der Koran barmherzig ist. Wo steht im Koran, dass man unschuldige Menschen töten darf? Unschuldige. James Foley beispielsweise war ein Journalist. Der hatte Ihnen nichts getan. Die beiden Journalisten waren ja nicht Ihre Gegner, Ihre Feinde.

Sie wissen besser als ich, dass die Medien beziehungsweise die Journalisten meistens gefährlichere Feinde sind als die Soldaten am Boden.

Der Hauptgrund, warum ein Großteil der Menschen auf der Welt die Bombardierungen der USA jetzt akzeptiert, sind die öffentlichen Hinrichtungen und das öffentliche Abschneiden von Köpfen unschuldiger Menschen. Dass in Kriegen viele Unschuldige getötet werden, weiß ich. Aber sie werden nicht gezielt getötet. Sie dagegen töten gezielt, bewusst, demonstrativ Unschuldige. Das hat die Stimmung in der Öffentlichkeit völlig gedreht. Keiner akzeptiert das.

Das mag sein. Aber wir fürchten den Angriff der Amerikaner nicht. Es ist nur eine Frage der Zeit. Wenn ihr nicht zu uns kommt, werden wir zu euch kommen, und ihr werdet die Konfrontation dann ja sehen. Wenn man alles genau betrachtet, sind die Amerikaner und ihre Alliierten ohne wirklichen Plan, ohne wirkliche Strategie und ohne eine wirkliche Idee, wie sie gegen den IS kämpfen sollen.

Was jetzt passiert, ist im Grunde das Resultat dessen, was im Krieg der USA gegen den Irak 2003 passiert ist. Die USA haben den Krieg nicht gewonnen. Sie haben den Irakkrieg klar verloren. Die schiitische Regierung, die sie zurückgelassen haben, war instabil. Das Land ist zerbrochen. Ob die Enthauptungen, die Sie kritisieren, notwendig waren oder ob das Erschießen mit der Pistole gereicht hätte, sei dahingestellt. Fakt ist, dass diese Provokation bewusst gemacht worden ist. Wir wollen es den Amerikanern zeigen.

Die ganze Welt fragt sich, warum schneiden Sie unschuldigen Leuten den Kopf ab? Der Koran gestattet das nicht. Und was ist mit den Kindern? Es sind ja auch Kinder getötet worden.

Es muss erst mal bewiesen werden, dass von uns auch Kinder getötet wurden.

Ich habe Bilder eines Mädchens gesehen, dessen Kopf abgeschnitten worden war.

Diese Bilder stammen von den Jesiden und von den Kurden. Die leisten vorzügliche Propagandaarbeit. Das sind Fälschungen. Der IS würde solche Bilder mit Kindern auch nie publizieren.

Ich komm jetzt noch mal auf die Journalisten zurück. James Foley kannte ich persönlich, weil ich mit ihm in Libyen zusammen war. Wir waren während der Aufstände tagelang im selben Hotel. Warum ist der IS der Auffassung, dass man Journalisten einfach abschlachten darf?

Man muss das im Gesamtzusammenhang betrachten. Es waren ja nicht irgendwelche Journalisten, sondern solche, die damals schon gegen den Islamischen Staat im Irak geschrieben hatten. Der zweite, Steven Sotloff, hatte auch in der Armee gedient, genau wie der dritte. Das waren nicht einfach Journalisten, die kein Blut an ihren Händen hatten.

Gegen den IS geschrieben. Gut zu wissen. Ich habe ja auch gegen den IS geschrieben. Und wurden nicht auch Mitglieder von NGOs

getötet? Jetzt erst vor Kurzem. Ich bin nicht Ihr Richter, obwohl ich entsetzt bin. Ich sage Ihnen das auch, weil es die öffentliche Meinung völlig verändert hat.

Die öffentliche Meinung, die greift sich irgendwas heraus. Die ist uns im Prinzip egal. Die Amerikaner, und Sie wissen das wahrscheinlich besser als andere, haben allein im Irak über eine Million Kinder getötet. Unschuldige Kinder. Durch die berüchtigten Sanktionen und den Krieg. Das hat keinen interessiert. Jetzt, wegen ein paar Jesiden und wegen drei Reportern, deren Regierungen die Chance hatten, sie freizukaufen, wird alles hochgepusht.

Wir hatten doch auch noch andere Journalisten. Die Franzosen haben ihre Leute freigekauft. Ich weiß nicht, ob Sie das mitbekommen haben. Wir hatten auch einen Deutschen. Der wurde von seiner eigenen Familie freigekauft, weil die deutsche Regierung sich einen Dreck um ihn geschert hat. Die deutsche Familie hat ihn für eine Million Euro freigekauft. Diese Ausländer waren zusammen mit den drei Gefangenen, die enthauptet worden sind. Obama hat gesagt, die ersten Luftangriffe habe er gemacht, um amerikanisches Personal in Erbil zu schützen. Wir haben ihm die Chance gegeben, seine gefangenen Staatsbürger zu schützen. Doch darum hat er sich nicht im Geringsten gekümmert. Wegen irgendwelcher Prinzipien, »wir verhandeln nicht mit Terroristen«, oder so was.

Warum hat man die Enthauptungen gefilmt?

Um sie der Welt zu zeigen. Was haben diese Leute denn gesagt, bevor sie enthauptet wurden? Was hat der Brite, jetzt habe ich seinen Namen vergessen, David, was hat er gesagt? »Ich mache dich persönlich dafür verantwortlich, David Cameron«, hat er gesagt, »dass du für meinen Tod verantwortlich bist.« Warum? Weil der Premierminister die Chance hatte, ihn freizukaufen. Für den britischen Staat wäre es ein Leichtes gewesen, mit einem anderen Staat in Verhandlungen zu treten. Den Amerikanern haben wir gesagt, wir wollen Aafia Siddiqui* haben. Eine Frau gegen einen männlichen Gefangenen. Sie haben sich nicht darauf eingelassen.

Sind die Leute, die Sie öffentlich hingerichtet haben, betäubt worden? Haben sie Drogen bekommen?

Natürlich nicht.

Wie kommt es, dass sie bei der Tötung überhaupt nicht reagiert haben?

Weil sie sich mit ihrem Tod abgefunden hatten. Jeder Mensch weiß in der letzten Sekunde seines Lebens, dass er zu Allah zurückkehren wird.

In Erbil habe ich von führenden Kurden gehört, dass sie Gefangene haben, die für den IS kämpften. Ich habe gefragt, ob sie bereit wären, die auszutauschen. Bei Ihnen gibt es gefangene kurdische und jesidische Frauen und Männer. Wenn Sie Interesse haben, sagen Sie es mir. Ich würde gerne mithelfen, dass es einen Gefangenenaustausch gibt.
Als ich Sie neulich gefragt habe, ob in Deutschland mit Anschlägen gerechnet werden müsse, haben Sie das verneint. Jetzt hat es Waffenlieferungen Deutschlands an die Kurden gegeben. Hat sich dadurch die Strategie des IS geändert?

Das kann ich Ihnen nicht beantworten. Dafür sind andere Leute zuständig.

Könnten Sie versuchen, das in Erfahrung zu bringen?

---

* Eine in den USA zu 86 Jahren Haft verurteilte pakistanische Terrorverdächtige

Wenn ein Land wie Deutschland sich aktiv an dieser Auseinandersetzung beteiligt, nicht nur passiv wie vorher, sondern Waffen, Ausrüstungsgegenstände und Ausbilder in den Irak schickt oder Kurden nach Deutschland holt, um sie auszubilden, dann darf man sich nicht wundern, wenn auch unsere Politik sich ändert.

Es gab starken Druck auf Deutschland. Das wissen Sie.

Man sollte einfach mal die Courage besitzen, Nein zu sagen. Einfach Nein zu sagen. Deutschland hat doch genug eigene Probleme, um die sich die Politiker eigentlich kümmern müssten, statt sich in Sachen einzumischen, die sie nichts angehen. Und wenn die Deutschen meinen, dass ihre Politiker trotzdem Alliierte spielen müssen, dann müssen sie später auch die Suppe auslöffeln, die sie sich eingebrockt haben. Wie man auf Deutsch sagt…

Na ja, Deutschland hat sich geweigert, an Bombardements teilzunehmen.

Da war der Steinmeier halt schlauer.

Das war auch die Politik von Frau Merkel.

Was die Sache mit IS angeht, sollten die Leute mehr auf Steinmeier hören. Auch wenn ich sonst nicht viel von ihm halte, wie von der ganzen deutschen Politik.

Was hat er Richtiges zu IS gesagt?

Dass wir nicht aufzuhalten sind. Sie haben mich gefragt: »Will sich der IS denn mit der ganzen Welt anlegen?« Das habe ich bejaht. 2003 sind die Amerikaner in den Irak gegangen und 2011 mussten sie mit gebrochenem Rücken, Milliarden Verlusten und Tausenden gefallenen Soldaten abziehen. Um sich gerade noch irgendwie vor der kompletten Blamage zu retten. Damals hatte der Islamische Staat aus vielleicht 5000 Mann bestanden, die quasi einen Guerillakrieg führten und keinerlei Panzer oder schwere Artillerie hatten. Nach neuesten CIA-Berichten bestehen wir jetzt aus 35 000 Mann, die über 100 Panzer haben sowie Flugzeuge und schwere Artillerie. Glauben die Amerikaner wirklich, dass sie gegen uns gewinnen können?

Stimmen die Zahlen, die die CIA genannt hat?

Es ist schwer zu sagen, ob die Zahlen stimmen. Ich kann Ihnen aber einige Zahlen nennen. Aus dem russischsprachigen Raum kommen 50 Leute pro Tag zu uns. Man sagt, im letzten Monat seien über 6000 neue Kämpfer zu uns gekommen. Nach der Eroberung von Mosul hat sich die Zahl unserer Kämpfer im Irak verzehnfacht. Von diesen Zuläufen würde jede westliche Armee träumen.

Einer der PKK-Kommandanten hat das dieser Tage ebenfalls gesagt. Gegen die kämpfen wir gerade an der türkischen Grenze. Er hat gesagt, er habe 20 Jahre Kampferfahrung. Er habe gegen die türkische Armee gekämpft, gegen Hubschrauber, gegen Flugzeuge und gegen alles Mögliche. Aber gegen Kämpfer wie die vom IS habe er noch nie gekämpft. Wenn sie ein Auto abgeschossen hätten, seien zehn weitere Autos vorgestoßen.

Das liegt einfach daran, dass unsere Leute mehr oder weniger gern sterben wollen. Für den Islamischen Staat. Die Geschichte wiederholt sich immer. Eine Armee, die bereit ist zu sterben und alles zu opfern, kann man nicht aufhalten.

Sind unter den deutschen Jihadisten auch Soldaten, Leute, die früher bei der Bundeswehr waren?

Natürlich! Ich gehe davon aus, dass viele bei der Bundeswehr gewesen sind. Besonders die Konvertiten. Robert B. zum Beispiel, der auch in der Bundeswehr war und sich dann dem IS angeschlossen hat.

In manchen Zeitungen wird gesagt, dass diejenigen, die nicht bei der Bundeswehr waren und auch sonst keine Kampferfahrung haben, vor allem bei Selbstmordanschlägen eingesetzt würden, als Kanonenfutter. Weil sie eben nicht gelernt hätten zu kämpfen.

Das ist schlicht falsch. Unsere Leute entscheiden sich ganz allein für eine Märtyrer-Operation. Kein Vorgesetzter, kein Emir kommt und bestimmt über eine Person, dass sie diese Operation jetzt durchführen müsse oder nicht. Da wären wir wieder bei der westlichen Medienpropaganda. Das wird geschrieben, um junge Leute davon abzuhalten, sich dem IS anzuschließen.

Sie haben das letzte Mal gesagt, was der Karikaturist Westergaard gemacht habe, sei Gotteslästerung. Er habe dafür von der deutschen Kanzlerin auch noch eine Auszeichnung bekommen. Eigentlich stünde darauf die Todesstrafe. Meinten Sie die Todesstrafe für Westergaard oder für Merkel?

Sowohl als auch.

Wir haben vorhin über Grausamkeit gesprochen. Ich habe gesagt, dass die demonstrative Grausamkeit des IS, die teilweise auch noch gefilmt wird, die Meinung in Deutschland völlig gedreht hat. Ich schreibe regelmäßig in Zeitungen und bezeichne die Bombardements als falsch. Obwohl ich gegen den IS bin, wie Sie wissen. Aber die Filme und Ihre Brutalitäten machen es schwer, überhaupt noch zu argumentieren. Kinder sind erschossen worden wegen Gotteslästerungen. Köpfe wurden abgeschnitten. Sie zeigen demonstrativ grausamste Szenen. Da kann man doch nicht sagen, das sei alles westliche Medien-

propaganda. Die Propagandavideos sind ja von Ihnen selbst gemacht worden.

Was wollen Sie damit sagen?

Dass Sie hier so tun, als wären Sie gar nicht so grausam. Als
stammten viele Grausamkeiten gar nicht von Ihnen.

Grausamkeit ist immer relativ. Die Videos der Enthauptung
wurden geschnitten, weil wir dem Zuschauer, wenn man das so
sagen kann, den grausamsten Part ersparen wollten. Und was
die anderen Videos angeht, zum Beispiel über den Drive-by,
wo auf das andere Auto geschossen wird, da handelte es sich
um Militärs und nicht um irgendwelche unschuldigen Leute.

Aber es sind doch Kinder wegen Gotteslästerungen getötet worden. Es gibt Fotos, auf denen Mädchen mit abgeschlagenem Kopf
zu sehen sind. Ich muss Sie noch einmal fragen: Wie bringen Sie
das in Einklang mit dem Koran?

Ich bezweifle stark, dass die Bilder authentisch sind und dass
diese Grausamkeiten von uns verübt wurden. Es gibt eine super
Funktion bei Google Bilder, ich weiß nicht, ob Sie die kennen.
Da kann man ein Bild hochladen, und aufgrund der Daten, die
im Bild hinterlegt sind, scannt Google das Bild. Falls es mit
anderen Bildern der Google Datenbank übereinstimmt, zeigt
es die Originalquelle, den Ursprung des Bildes. Da man sehen
kann, wann es zuerst hochgeladen wurde. Mehrere Leute haben
das gemacht und herausgefunden, dass diese Bilder ursprünglich aus dem Gazakrieg waren oder aus dem Ersten Irakkrieg,
oder aus dem Krieg gegen Assad usw. Kurz, dass das alte Bilder sind, die jetzt fälschlicherweise uns zugeschrieben werden.

Man hat Bilder gefunden, die irgendwelche Kurden verbrei-
tet hatten. Da wird der Eindruck erweckt, dass der IS kurdi-

sche Frauen vergewaltigen würde. Doch dann sieht man, das Bild wurde indischen Bollywoodfilmen entnommen und nun fälschlicherweise uns zugeschrieben. Das ist die übliche Propaganda, die man natürlich von Leuten, die für ihre Lügen bekannt sind, nicht anders erwartet. Mich wundert, dass ausgerechnet Sie auf diese Propagandalügen hereinfallen.

Aber die Bilder der abgeschnittenen Köpfe in Rakka, die sind doch Realität.

Definitiv. Diese Sache verneine ich auch nicht. Wenn es um Soldaten geht oder um irgendwelche feindlichen Gruppen wie die Islamische Front, da kann es durchaus vorkommen, dass wir so etwas machen. Das werden wir dann auch mit Sicherheit nicht bestreiten.

Aber warum Köpfe abschlagen und die dann ausstellen? Wenn der Gegner getötet ist, muss man ihn doch nicht auch noch demütigen und entehren, indem man ihn verstümmelt zur Schau stellt.

In vielen Fällen ist es halt so, dass der Gegner so getötet wurde. Und es nicht anders verdient hatte. Ich kann Ihnen einen Fall schildern. Vor etwa drei Monaten ist vor einem Hotel hier in Rakka eine Autobombe hochgegangen. Sie war vor einem Hotel geparkt, das voller muslimischer Frauen war. Drei oder vier Frauen wurden schwer verletzt und auch einige Kinder. Vier oder fünf Leute kamen ums Leben. Die fünf Täter haben wir erwischt. Um ein Exempel zu statuieren, wird dann solchen Leuten der Kopf abgeschnitten, oder sie werden gekreuzigt.

Noch mal: Wird auch wegen Gotteslästerung getötet? Werden auch Kinder, Jugendliche wegen Gotteslästerung getötet?

Wenn sie das islamische Erwachsenenalter erreicht haben, als zurechnungsfähig gelten und dann Gotteslästerung begehen, definitiv. Da ist keiner davor geschützt, nur weil er jetzt 16, 17 oder vielleicht sogar nur 15 Jahre alt ist. Aber mir persönlich ist nicht ein einziger Fall bekannt, in dem irgendwelche Kinder oder Jugendliche wegen Gotteslästerung getötet wurden.

Parallel zu unseren Gesprächen lese ich jetzt zum dritten Mal den Koran. Ich hatte Ihnen mehrfach gesagt, dass der Koran viel barmherziger ist als das, was Sie tun. 113 der 114 Suren beginnen mit den Worten, das wissen Sie auch: »Im Namen Allahs, des Allerbarmers, des Barmherzigen!« Der ganze Geist des Koran ist anders, milder als die Art, wie Sie Politik machen. Deswegen wird die Stimmung Ihnen gegenüber jeden Tag negativer. Negativer sogar als damals gegenüber den Taliban.

Die Stimmung des Westens gegenüber dem Islam wird immer negativ sein. Das hat man in Bosnien gesehen, das hat man in Tschetschenien gesehen, das hat man in Afghanistan gesehen, das hat man 2003 im Irak gesehen. Das sieht man natürlich jetzt auch, und das wird so weitergehen.

Selbst Jabhat Al Nusra gilt inzwischen neben dem IS als gemäßigt.

(Lacht.) Ich hab eigentlich nicht wirklich Lust, darüber zu reden, um das Gespräch nicht allzu politisch zu machen. Aber wenn Sie die Politik von Jabhat Al Nusra sehen oder von einigen Gruppen, die sich islamisch nennen, wie zum Beispiel die Islamische Front hier in Syrien, dann wird man ganz schnell feststellen, dass die gar nicht so islamisch sind. Das gilt auch für Jabhat Al Nusra. Auch wenn die sich Al Qaida zuschreiben, sind sie nicht weit von der Ideologie des Demokratismus und Säkularismus entfernt.

Was ist der Unterschied zwischen dem IS und Al Qaida?

Jabhat Al Nusra wurde vom IS nach Syrien geschickt, um die Muslime im Kampf gegen Assad zu unterstützen. Doch sie haben sich sehr schnell gedreht und ihr wahres Gesicht gezeigt. Sie haben den IS verraten und hinter unserem Rücken mit Al Qaida in Afghanistan Absprachen getroffen. Sie haben noch weitere seltsame Koalitionen geschlossen. In der Provinz Deir-ez-Zor zum Beispiel mit der FSA und mit einigen anderen Gruppen, die im Syrischen Nationalrat sind. Sie haben mit ihnen zusammmen gegen den IS gekämpft, und das ist Abtrünnigkeit.

Wenn Sie die Ideologie Osama bin Ladens vergleichen mit der Ideologie Ihres Kalifen, was ist dann aus Ihrer Sicht der entscheidende Unterschied?

Die Al Qaida zurzeit von Osama bin Laden ist uns näher als die jetzige Al Qaida. Aber man darf nicht vergessen, dass Osama bin Laden nie die politische oder militärische Macht hatte, die Abu Bakr Al Baghdadi jetzt hat. Deswegen kann man keinen direkten Vergleich ziehen.

Aber die Ideologien sind ähnlich.

Die Ideologien sind ähnlich. Man muss allerdings dazusagen, dass Osama bin Laden sehr stark von der damaligen Muslimbruderschaft beeinflusst war. Wie es in seiner Zeit halt üblich war, insbesondere in den Achtziger- und Neunzigerjahren.

Wie würden Sie Ihren Islam beschreiben, wenn Sie das in zwei Sätzen tun müssten?

Unser Islam ist der wahre Islam, frei von irgendwelchen Vermischungen mit anderen Ideologien, sei es Demokratie, sei es Säkularismus, sei es Buddhismus, sei es Christentum oder sonst irgendetwas.

Also vergleichbar mit der wahhabitischen Lehre.

Man kann das nicht wahhabitische Lehre nennen, denn diese Lehre hat es schon vor Wahhab gegeben, der im 17. beziehungsweise im 18. Jahrhundert gelebt hat. Es gab zu jeder Zeit Leute, die den wahren Islam gelebt haben. Es sind halt die wenigsten.

Muss man nach Auffassung des IS den Koran wörtlich nehmen, oder muss man die Grundgedanken des Koran aus ihrer geschichtlichen Bindung herauslösen?

Es gibt Sachen im Koran, die man nur geschichtlich verstehen kann. Aber natürlich muss man die Antworten wörtlich nehmen, frei von jeder Interpretation. Dieses Wörtlichnehmen des Koran ist ein wichtiger Bestandteil des Islam. Die Leute, die heutzutage abgeirrt sind und sich in irgendwelchen anderen Ideologien verirrt haben, sind meistens Leute, die den Koran nicht wörtlich auslegen. Sondern anfangen zu philosophieren. Wie die alten Griechen.

Wer ist militärisch zurzeit Ihr stärkster Gegner?

Länder, die eine Luftwaffe haben. Sei es Assad, seien es die Amerikaner. Aber was die Fußsoldaten anbelangt, sieht alles anders aus. Die Amerikaner wollen ja keine Truppen senden, die Deutschen wollen keine Truppen senden, die Franzosen wollen keine senden, die Australier nicht, und alle anderen aus der Koalition auch nicht. Warum nicht? Weil sie genau wissen, dass sie keine Chance haben. Und ohne Bodentruppen wird man keinen Krieg gewinnen können. Definitiv nicht.

Zwei Tage später, am 23. September 2014, wurde das Gespräch fortgesetzt.

Hallo? Hören Sie mich?

Ich höre Sie, aber ich sehe Sie nicht.

Wir haben hier Stromprobleme.

Ich habe vorhin eine Mail bekommen, dass ein Journalist der *Welt*, Alfred Hackensberger, mit dem IS gesprochen hat. Wussten Sie das?

Ja, das wusste ich. Die, die mit ihm gesprochen haben, werden jetzt leider dafür bestraft (lacht), da sie ohne Erlaubnis mit westlichen Medien in Kontakt getreten sind und leider auch ein bisschen Blödsinn erzählt haben.

Aber Sie werden sie hoffentlich nicht hart bestrafen!

Nein, nicht zu hart, vielleicht zwei Monate Gefängnis oder so etwas in der Art.

Ich wollte darüber sprechen, wie wir die Reise nach Rakka organisieren. Aber vorher habe ich noch zwei grundsätzliche Fragen, über die ich auch gelegentlich mit Freunden streite. Was ist Ihr Hauptgrund für Ihren Kampf? Spielt die Tatsache, dass die Amerikaner in Afghanistan einmarschiert sind, eine Rolle? Spielt die Tatsache eine Rolle, dass die Amerikaner Irak überfallen haben, spielt Palästina eine Rolle, spielt die relativ aggressive Politik des Westens gegenüber dem Mittleren Osten in den letzten 200 Jahren eine Rolle?

Definitiv ist das ein Teil der Motivation, ein Teil des Ansporns, warum die Leute hier kämpfen. Weil sie einfach über Jahrhunderte diese Aggression des Westens gegen die Muslime oder gegen den Islam miterlebt haben, teilweise damit aufgewachsen sind und immer noch deren Früchte sehen, leider. Natürlich spielt das eine Rolle. Aber es ist nicht die einzige Motivation.

Wenn die Amerikaner jetzt nicht in Afghanistan einmarschiert wären und nicht im Irak, und wenn es diese ganze Vorgeschichte der Franzosen und Engländer nicht gegeben hätte, würden Sie dann jetzt ganz genauso agieren, wie Sie agieren?

Die Etablierung eines Islamischen Staats ist der Traum, die Pflicht der Muslime, seit sie Andalus verloren haben. Seit damals, als die Spanier in Andalusien gegen die Muslime gekämpft haben und angefangen haben, islamisches Land zu besetzen. Es ist unsere Pflicht, muslimisches Land zu verteidigen oder zurückzuholen. Und irgendwie wäre es passiert, wenn nicht mit Afghanistan, dann wahrscheinlich mit irgendetwas anderem. Es gibt ja auch noch Tschetschenien, Somalia und so einige andere Länder, wo aktiv der Kampf mit dem Westen geführt wird.

Habe ich Sie richtig verstanden, dass beides letztlich miteinander verwoben ist? Der Kampf gegen die aggressive Politik Amerikas, gegen die Politik Russlands gegen Tschetschenien und der Traum von einem »Islamischen Staat«?

Ja, natürlich. Die Etablierung eines Islamischen Staats ist vorrangig. Dass die Westmächte oder Russland die Muslime angegriffen haben oder angreifen, hat die Sache natürlich intensiviert.

Bei einem unserer Gespräche hatten wir über das Verhältnis des IS zu Alawiten und Schiiten gesprochen. Wenn ich mich richtig erinnere, hatten Sie gesagt: Die Schiiten sind keine richtigen Muslime. Den Schiiten werden wir das Angebot machen, zum echten Islam zu konvertieren. Wenn sie das nicht annehmen, dann werden sie getötet. Ich hab mal nachgeschaut, es gibt 200 Millionen Schiiten auf der Welt. Das kann ja nicht Ihr Ernst sein, dass Sie die alle ausschalten wollen, wenn sie sich nicht zum Sunnitentum, zu Ihrem wahren Islam bekehren.

Was soll ich Ihnen dazu sagen? Letztendlich sind das Zahlen, die sind für jeden von uns unvorstellbar. Aber Sie wissen, die Tötung von sechs Millionen oder x Millionen ist ein Einfaches von der Handhabung her.

Sie haben immer wieder gefragt: Warum schlachten Sie die Leute so grausam ab? Fakt ist, dass der Luftschlag der Amerikaner ausgeführt wurde, bevor wir den ersten Amerikaner getötet haben. Letztendlich sind diese Leute die Aggressoren, die angefangen haben. Nicht erst jetzt im Irak, sondern seit Hunderten von Jahren, Sie wissen das selber. Wir können in Andalusien anfangen. Danach die Besetzung Marokkos und Algeriens durch Frankreich. Dann die Franzosen und Engländer in Ägypten, die Italiener in Libyen und teilweise in Tunesien usw. Irgendwann, wenn man die ganze Zeit jemanden unterdrückt und auf ihm herumhackt, wird der sagen: »Jetzt ist Schluss mit lustig.«

Ich komme noch mal zu den 200 Millionen Schiiten. Wenn die sagen: »Nein, wir wollen nicht konvertieren, wir wollen Schiiten bleiben«, was geschieht dann?

Ich denke, Sie haben die gestrige Rede von Adnani, dem Sprecher des IS, noch nicht gelesen. Sie wurde schon ins Englische übersetzt. Er hat Obama und die Westmächte direkt angesprochen. Er hat gesagt: »Ihr könnt gerne alle kommen, wir werden bereit sein. Unser Tod wird das Märtyrertum sein, und euer Tod wird die Hölle sein. Wir wissen, dass wir siegen werden. Und wenn nicht wir, dann werden unsere Kinder die Sieger sein oder unsere Enkel oder unsere Urenkel.«

Wir haben vorgestern darüber gesprochen: Die Amerikaner haben im Irak und in Afghanistan verloren. Sie haben versucht, im Irak mit Nuri Al Maliki eine Marionette einzusetzen. Auch er wurde besiegt. Seine Sicherheitskräfte haben sich quasi in Luft aufgelöst. Wir konnten all das Kriegsmaterial, das die

Amerikaner diesem Schiiten übergeben hatten, als Beute nehmen, um jetzt gegen den Rest von ihnen zu kämpfen.

Was wird aus den Schiiten?

Ich weiß nicht, ob Sie die letzten Videos gesehen haben, die wir veröffentlicht haben. Wir haben mit weniger als 100 Soldaten die 17. Division in Rakka angegriffen. Sie waren 800. Letztendlich haben sie alle aufgegeben und sind geflohen. Dasselbe hat sich wiederholt am Flughafen von Tabka. Ich weiß nicht, ob Sie das verfolgt haben.

Ich habe das gesehen.

Wir waren einige hundert, und sie waren an die tausend. Sie haben Flugzeuge gehabt, Panzer und schwere Artillerie und was weiß ich nicht alles. Letztendlich sind sie genauso geflohen wie aufgescheuchte Hühner, und das wird mit den Iranern genauso passieren.

.

Aber was machen Sie mit den Schiiten im Iran oder im Irak, die Schiiten bleiben wollen?

Tja, die werden alle exekutiert.

Ist Ihnen klar, was Sie da sagen? Dass ich damit nicht einverstanden bin, brauche ich Ihnen nicht zu erklären.

Das kann gut möglich sein. (Lacht.) Damit sind die Schiiten auch nicht einverstanden.

Wir würden, wie schon gesagt, gerne mal Ihre Mutter und Ihren Vater besuchen. Nicht um sie zu vernehmen, sondern einfach, um sie kennenzulernen.

Damals bin ich davon ausgegangen, dass das Gespräch mit meinen Eltern oder mit meiner Mutter zustande kommt, nachdem Sie uns besucht haben. Sie werden mit Sicherheit wissen, dass aufgrund der Tatsache, dass ich mit Ihnen telefoniere und dass Sie mit meiner Mutter in Kontakt treten wollen, der Verfassungsschutz bei meiner Mutter mal wieder auf der Matte stehen wird und ihr, auf gut Deutsch gesagt, auf die Nerven gehen wird.

Ich weiß nicht, ob der Verfassungsschutz unsere Gespräche abhört. Aber ich glaube nicht, dass er Ihren Eltern Schwierigkeiten macht, wenn ich mit ihnen spreche. Wenn ich als Publizist mit einem deutschen Bürger spreche und der deswegen Schwierigkeiten bekäme, dann würde eher der Verfassungsschutz Schwierigkeiten bekommen.

Ich habe nichts dagegen, wenn Sie unbedingt wollen. Sie können sich gerne mit meinen Eltern in Verbindung setzen oder mit alten Bekannten oder anderen Familienmitgliedern. Mal sehen, was da rauskommt.

Kann ich die Telefonnummer haben, die Adresse?

Ich kann Ihnen die E-Mail-Adresse geben.

Gibt es einen Freund, bei dem Sie sagen würden, der versteht mich, mit dem sollte ich mal reden?

Ich habe keinen großen Freundeskreis gehabt. Die meisten sind mit mir hierhergekommen oder später nachgekommen, sodass es nicht viele geben wird, mit denen Sie sprechen können. Die E-Mail-Adresse meiner Eltern habe ich Ihnen übrigens gerade geschickt.

Sie haben vorher gesagt, wie schlecht die Muslime im Mittleren Osten, in Arabien behandelt worden sind. Aber Sie sind doch Deutscher? Sie sind doch nicht wirklich schlecht behandelt worden.

In Deutschland?

Ja.

Haben Sie 'ne Ahnung, Sie wissen gar nicht, wie schlecht die Behandlung ist, wenn um fünf Uhr morgens irgendwelche Verfassungsschützer auf der Matte stehen und auf einmal die Hälfte Ihres Hab und Guts einfach so mitnehmen, Computer, Mobiltelefone, Geld und sonst was. Die haben zum Beispiel Spendengelder beschlagnahmt. Die sind bis heute bei der Polizei. Dann frage ich mich, was Sie mit der Aussage meinen, dass gegen mich nicht wirklich aggressiv oder unrechtmäßig vorgegangen wurde.

In den arabischen Ländern ist getötet worden, vergewaltigt worden, bombardiert worden. Da ist der Schmerz des morgens um fünf Gewecktwerdens vergleichsweise überschaubar.

Die Kriege in Irak und Afghanistan hat die USA Milliarden US-Dollar gekostet. Sie sind eine der Hauptursachen, warum sich Amerika seit einigen Jahren in der Krise befindet. Gucken Sie sich einfach mal Städte wie Detroit an oder ganze Bundesstaaten, die pleite sind. Wo die Leute mit der Regierung oder mit der Stadt über Trinkwasserzugang streiten, ob das ein Gut ist, das Geld kosten sollte oder nicht. Wo Familien davon berichten, dass sie mit ihren Kindern in Zelten leben, weil die Häuser weggepfändet wurden. Das sind alles Dinge, die auf die Milliardenausgaben zurückzuführen sind, die von der Regierung für Kriege getätigt wurden. Da Deutschland angefangen hat, sich am Afghanistankrieg zu beteiligen, jetzt die Kurden ausrüstet und weitere Militäreinsätze folgen werden, wird auch in Deutschland die Kluft zwischen Arm und Reich immer größer werden. Irgendwann werden die Leute, auch in anderen Ländern, die Schnauze voll haben und aggressiv werden – gegen irgendeinen Sündenbock. Hitler hat das damals mit den Juden gemacht. Die Nächsten werden die Muslime sein. Haben Sie das gesehen mit der Muslimin, die im Gerichtssaal erstochen wurde?* Von Tag zu Tag gibt es immer mehr Übergriffe gegen Muslime, die mit Messerstechereien enden oder mit sonst irgendetwas. Sie haben in Belgien, in Frankreich gesehen, wie viel Übergriffe es da gab. Von England ganz zu schweigen. Das intensiviert sich. Wenn es den Leuten aufgrund dieser Kriege schlecht geht, wird das ganz schnell ausarten. Gegen die Muslime.

Themenwechsel: Welche Rolle spielen die Kurden in diesem Krieg?

Das sind quasi die westlichen Bodentruppen. Vor zehn Jahren haben sie die PKK zwar noch auf die Terrorliste gesetzt. Jetzt brauchen sie sie halt als Fußsoldaten. Die FSA, die Freie Syrische Armee, das ist, wie Obama so schön sagte, ein Haufen Bäcker, Metzger und Farmer, die keine Ahnung von Kriegführung haben. Denen kann man das tollste Gewehr in die Hand drücken, die wissen gar nicht, wie man damit umgeht. Die meisten von denen verstehen nichts vom Krieg. Dafür ist ihre Korruption unglaublich. Die ganze Munition, die wir brauchen, kaufen wir von der FSA. Da fragt man sich natürlich, wie kann das sein? Diese Munition kommt doch von den Amerikanern und den Westmächten. Tja, das ist das Problem. Die wirtschaften in die eigene Tasche. Das haben die Politiker des Westens und die Regierungen des Westens denen ja wunderbar vorgemacht.

Sie bekommen jetzt schon kräftig Munition von der FSA?

---

* Marwa El-Sherbini, 2009 im Dresdner Landgericht

Wir kaufen sie halt. Nicht Waffen, aber Munition. Die Waffen kriegen wir als Beute. So ist das halt. In kürzester Zeit werden Sie mir zustimmen, da werden Sie die ersten IS-Kämpfer sehen, die mit G36-Waffen hier rumlaufen, mit G3-Gewehren oder anderen deutschen Ausrüstungsteilen, weil die Kurden genau dasselbe machen wie die FSA.

Die verkaufen auch weiter?

Ja, natürlich. Das ist alles nur eine Frage des Geldes.

Ich dachte, die Kurden und die FSA würden jetzt mit den Waffen, die sie vom Westen bekommen, gegen Sie kämpfen – nicht dass sie Ihnen ihre Waffen oder ihre Munition verkaufen.

Ja, natürlich werden das einige von ihnen machen. Bis Januar wurde die sogenannte Islamische Front von Saudi-Arabien und Katar ausgerüstet, um gegen den IS zu kämpfen. Die FSA wurde von Frankreich und einigen anderen Staaten ausgerüstet, von den Amerikanern und so. Im Januar haben wir angefangen, mit ihnen zu kämpfen. Wenn Sie sich das Gebiet angucken, das die noch unter Kontrolle haben, und das Gebiet, das wir seither unter Kontrolle haben, dann wird man ganz schnell feststellen, dass die Kämpfe, die die geführt haben, nicht wirklich krass sein konnten. Die haben viele Gebiete verloren. Die haben dort nur noch ein paar Dörfer unter Kontrolle. Sie haben sich aus den Stadtzentren gänzlich zurückgezogen, aus Homs haben sie sich komplett verabschiedet. Sie haben noch einige Gebiete in Idlib und in Latakia, und das war's.

Militärisch ist die FSA also keine Bedrohung für Sie?

Wir sind die Muhajirin, die Leute aus anderen Ländern. Wir sind gekommen, um einen Islamischen Staat aufzubauen, um den Märtyrertod zu suchen. Der Syrer von der FSA, der hat angefangen zu kämpfen, um ein schöneres Leben zu haben. Der hat eine ganz andere Grundmotivation. Durch das Geld der Amerikaner und des Westens ist sein Leben annehmlicher geworden. Wenn er dann noch ein bisschen korrupt sein kann und Waffen und Munition für einen guten Preis weiterverscherbeln kann und dadurch noch mehr Geld bekommt, wird sein Leben noch schöner. Warum sollte er das aufs Spiel setzen, um gegen Leute zu kämpfen, die sowieso sterben wollen?

Wann haben Sie das letzte Mal gekämpft?

Ja, das ist schon ein bisschen länger her.

Wenn ich Sie besuchen würde, wie kommt man da überhaupt über die Grenze? Ich werde doch schon an der Grenze festgehalten.

Von den Türken meinen Sie?

Ich weiß nicht. Vielleicht von all denen, die jetzt mithören?

(Lacht.) Das mit den deutschen Behörden, das müssen Sie selber klären. Da können wir Ihnen leider nicht helfen. Aber was den Grenzübergang nach Syrien betrifft, da haben wir natürlich Leute, die dafür zuständig sind.

Was macht die Garantie? Würde in dem Brief drinstehen, dass Sie bei Allah versprechen, dass wir heil zurückkommen und uns nichts geschieht?

Ich denke, das können wir reinschreiben. Aber wir sind im Krieg. Wenn morgen eine Bombe auf das Haus fällt, in dem wir uns befinden, dann werden Sie umkommen, dann werden wir umkommen. Darauf haben wir keinen Einfluss.

Schicken Sie mir den Brief zu. Sobald ich Ihre Einladung habe, mit den Garantien, über die wir gesprochen haben, werde ich mir einen Begleiter suchen, der filmen kann. Ich hoffe, dass ich jemanden finde, der mitgeht. Journalisten leben auch gerne. Ich übrigens auch.

Ihre Begleiter bekommen natürlich denselben Schutz, den Sie bekommen. Ich denke, das sollte klar sein. Natürlich müssen wir vorab wissen, wie viele Leute das sind.

Zum Schluss noch eine Frage zur Kampfstrategie von IS. Wie muss man sich das vorstellen? Sie haben früher doch guerillamäßig gekämpft. Jetzt haben Sie moderne Panzer. Greifen Sie jetzt wie eine moderne Armee an, oder kämpfen Sie immer noch im Guerillastil?

Wenn man die Mittel hat, dann nutzt man sie auch. Wir nennen uns nicht nur Staat, sondern wir agieren auch wie ein Staat. Dazu gehört natürlich auch eine richtige Armee. Jeder, der zu uns kommt, ist gleichzeitig auch Soldat. Nicht wie in einer westlichen Armee, wo nur ausgewählte Leute zur Armee gehören. Wir haben jetzt mittlerweile um die 200 Panzer erbeutet in Syrien und im Irak. Und die haben wir natürlich auch benutzt.

Haben Sie überhaupt so viele Panzerfahrer?

Das ist leider ein Problem. Wir haben mehr Panzer als Fahrer und mehr Flugzeuge als Leute, die sie fliegen können. Noch.

Wie viele Flugzeuge?

Wir haben 10, 15 Jets erbeutet, womit wir dann weit über den Fähigkeiten der irakischen Armee liegen, was den Luftkrieg angeht. Aber an den Piloten hapert es leider. Da gibt's halt nicht so viele.

Haben Sie inzwischen rausbekommen, ob sich die Haltung des IS gegenüber der deutschen Bundesregierung geändert hat, nachdem es deutsche Waffenlieferungen an die Kurden gibt?

Ja! Gestern hat Al Adnani, der Sprecher des IS, eine neue, offizielle Rede veröffentlicht. Sie enthält einen Aufruf des Islamischen Staats an die Muslime der westlichen Länder, die Bevölkerung dort anzugreifen.

Das heißt, Sie wollen auch in Deutschland angreifen.

Das ist das Resultat der Einmischung einiger dieser Länder, auch Deutschlands. Die gehören mit zu den Alliierten.

Das kann dazu führen, dass jetzt generell zum Beispiel gegen deutsche Salafisten hart vorgegangen wird. Weil man unter ihnen Ihre Freunde vermutet. Selbst wenn diese Salafisten ausdrücklich Gewalt ablehnen.

Das ist genau das, wovon ich gerade gesprochen habe. Es ist nur eine Frage der Zeit, bis vonseiten der Regierung immer härter vorgegangen wird und ein Echo der Muslime erfolgt. Und sich alles hochschaukelt. Mal sehen, was passiert. Wir rechnen schon lange damit, dass der Ton gegenüber den Muslimen in Europa straffer wird. Letztendlich wird sich jeder entscheiden müssen. Wie Bush das so schön gesagt hat, entweder man ist mit den Amerikanern oder mit den Terroristen. Unser Emir hat diesen Spruch bestätigt. Es wird irgendwann kein Dazwischen mehr geben. Dass sogenannte moderate Muslime in Deutschland dann so einen Quatsch wie eine Mahnwache gegen den Islamischen Staat machen! Was sollen wir dagegen sagen? Du bist gegen einen Staat, der nach Koran und Sunnah, also unseren Sitten und Gebräuchen, handelt? Das ist Abtrünnigkeit! Alle sogenannten Muslime, die da teilgenommen haben, sind vom Islam abgefallen.

Heißt das, dass es in Deutschland nun doch Anschläge Ihrer Leute geben wird?

Ich denke nicht, dass jemand zurückgehen und dort Anschläge machen wird. Sondern ich denke, dass Leute, die noch dort sind, etwas machen werden. Ob das Anschläge sein werden, Bombenanschläge oder sonst irgendwas, bezweifle ich. Ich denke eher, dass es einzelne Übergriffe sein werden.

Alle Menschen, die den Islam respektieren und die den Islam als eine große Religion ansehen, alle diese Menschen bedrohen Sie jetzt. Diese Menschen werden denken, das kann doch nicht wahr sein. Ich zum Beispiel habe seit Jahren darauf hingewiesen, dass in Deutschland bisher kein einziger Deutscher durch den sogenannten »islamischen Terrorismus« getötet wurde. Durch Ihren Aufruf kommt jeder Muslim in Deutschland nun unter Generalverdacht. Jeder türkische Student oder Gurkenhändler wird jetzt noch schlimmer angeschaut als vorher. Sie schaffen für viele Menschen ein Riesenproblem. Sie machen wirklich viel kaputt.

Irgendwann wird die Entscheidung kommen. Ich meine, der Gurkenhändler oder auch die sogenannten moderaten Muslime, die haben sich schon längst entschieden. Für die wird es nur eine Kleinigkeit sein zu sagen, eigentlich haben wir doch mit dem Islam gar nichts zu tun, wir haben die ganze Zeit nur so getan.

Die meisten Muslime, die ich in Deutschland kennengelernt habe, waren sehr engagierte Muslime.

Engagiert wofür?

Vielleicht nicht für denselben Islam wie Sie, aber für den Glauben an einen Gott, den Glauben daran, dass man Gutes tun und Böses verhindern soll. Dass man als Muslim bestimmte Pflich-

ten hat. Das sind schon viele Leute, die ich für ihren tiefen Glauben bewundere.

Wenn jetzt so eine Person dafür arbeitet, Gutes zu tun und nichts Schlechtes zu machen, und behauptet, auch für einen Gott zu arbeiten und so weiter, aber dann letztendlich wählen geht oder dazu aufruft, sich an demokratischen Wahlen zu beteiligen oder sich der Demokratie zu unterwerfen, dann hat diese Person halt schon Abtrünnigkeit begangen und den Islam verraten. Sie lebt nicht mehr den Ein-Gott-Glauben. Sondern gibt irgendjemandem das Recht, Gesetze zu erlassen. Aber dieses Recht hat alleine Allah. Das ist Abtrünnigkeit vom Islam. Das sind keine Muslime mehr. Wie gesagt, die meisten Leute haben sich schon längst entschieden, zu welcher Seite sie gehören.

VI

Die Mutter des Jihadisten

Es ist ein grauer Oktobernachmittag. Wir stehen in Düsseldorf am Rheinufer. Ein unscheinbarer Kleinwagen fährt auf den Parkplatz nebenan. Der Bruchteil einer Sekunde genügt mir, um zu erkennen, dass die Fahrerin Frau E. ist, Christians Mutter. Ihre traurigen Augen sprechen Bände. Auch sie erkennt mich sofort. Ich winke und gehe auf sie zu.

Sie ist Anfang sechzig, hat graublonde, gelockte Haare. Sie wirkt erschöpft. Man sieht ihr an, dass die letzten Jahre schwer für sie waren. Wir beschließen, den Rhein entlangzulaufen. Nach 200 Metern setzen wir uns auf eine Parkbank. Frau E. sieht nicht nur erschöpft aus, sie ist es auch. Körperlich und seelisch. Wenn sie in einer besseren Verfassung wäre, hätte sie ihren Sohn längst besucht, sagt sie uns verzweifelt. Vielleicht wäre sie auch einige Zeit bei ihm geblieben. Weil sie sich, wie jede Mutter, um ihn sorgt und wissen will, wie es ihm geht. Sie hat darüber mit ihm gemailt. Aber momentan wäre eine Reise zu gefährlich, sagt er. Und Frau E. ist gesundheitlich nicht in der Lage zu reisen, ohne anderen zur Last zu fallen, sagt sie.

Hier ist ihre Geschichte. Ich gebe sie so wieder, wie sie sie erzählt hat. Mit ihren Worten. Sie erzählt, dass sie in den letzten Jahren und Monaten häufig von Journalisten kontaktiert wurde, die wissen, dass Christian in Syrien für den IS kämpft. Doch sie blockt alles ab. Sie will ihren Sohn beschützen und nicht verraten. Außerdem hat die Familie E. eine schwere Zeit durchgemacht. Als bekannt wurde, dass Christian in Syrien für den IS kämpft, bekam die Familie Drohbriefe, Hassbriefe, ihr Auto wurde zerkratzt. Sie wurden auf offener Straße oder beim Einkaufen beschimpft. Frau E. nennt ihren Sohn Christian. Sie will ihn nicht anders nennen. Für sie ist er nicht Abu Qatadah, wie er sich jetzt als Jihadist nennen lässt. Für sie wird er ewig ihr Christian bleiben.

Obwohl Frau E. sonst alle Interviewanfragen ablehnt, hat irgendetwas sie dazu bewegt, sich heute mit uns zu treffen. Ihr Gefühl sagte ihr: »Das ist gut. Geh da mal hin.« Sie hat natürlich auch ihren Sohn angeschrieben. In einer E-Mail hat er ihr bestätigt, dass sie Freddy und mir einigermaßen vertrauen könne und dass er uns deshalb auch ihre E-Mail-Adresse gegeben habe. Vier Stunden sitzen wir am Rheinufer und reden über Christian. Während des Gesprächs weint Frau E. mehrmals. Für sie als Mutter ist alles unheimlich schwer. Sie wird ihren Sohn immer lieben, egal, was geschehen ist.

Seit frühester Kindheit war Christian extrem wissbegierig. »Was ist der Tod, Mama?«, fragte er sie zum Beispiel. Er stellte Fragen, auf die sie sich die Antworten oft lange überlegen musste. Sie verbrachten während seiner Kindheit viel Zeit mit Lesen. Bücher wie *Was ist was?* waren heiß begehrt. Was man nicht wusste, musste man in Büchern nachlesen. Auch seinen Lehrern und dem evangelischen Pfarrer fiel auf, wie viele Fragen Christian hatte. Doch in der Kirche bekam Christian nie Antworten auf seine Fragen. Christian fand das so enttäuschend, dass er kurz vor seiner Konfirmation beschloss, auf die Feier zu verzichten. Auch auf die Konfirmationsgeschenke. Er suchte lieber weiter nach Antworten.

Frau E. hat ihren Sohn immer ermutigt, seinen Horizont zu erweitern. Christian sei hochbegabt gewesen. So sehr, dass er auf eine Eliteschule geschickt wurde, auf der Kinder mit Sonderbegabungen gefördert werden. Eines Tages wurde Christian Zeuge, wie ein Schüler von einem älteren Schüler, der ein paar Klassen über ihm war, auf dem Schulhof nach Strich und Faden verprügelt wurde. Christian warf sich dazwischen und fing an, den älteren Schüler zu verhauen. Obwohl auch er viele Schläge abbekam, wurde er der Schule verwiesen. Er musste wieder auf eine normale Schule.

Christian war überall der Gruppenführer, wortgewandt, ein guter Kommunikator. Vor allem aber setzte er sich stets für andere ein. Das brachte ihm viele Probleme ein.

Als einmal sein Schuldirektor das Handy eines muslimischen Klassenkameraden zur Strafe aus dem Fenster warf, regte Christian sich unendlich darüber auf. Warum wurde dieser Junge strenger bestraft als andere Mitschüler? Christian sagte dem Lehrer, er müsse jetzt eigentlich auch sein Handy aus dem Fenster werfen und auch die der anderen. Der muslimische Junge sei schließlich nicht der Einzige, der im Unterricht sein Handy benutze. Als der muslimische Klassenkamerad wegen des Streits von der Schule geworfen wurde, forderte Christian, dass er dann genauso rausgeschmissen werden müsse. Schließlich habe er sich bei dem Lehrer ja am meisten aufgeregt. Also flog auch er von der Schule.

Sein Einsatz für andere brachte ihm aber auch viele Freunde ein. Er feierte gerne, liebte es, grillen zu gehen, und brachte häufig Freunde nach Hause mit. Dort wurde dann gemeinsam mit der Mutter stundenlang über Gott und die Welt diskutiert.

Trotzdem war Christian oft traurig. Vor ein paar Jahren kam er eines Abends zu seiner Mutter, schaute sie traurig an und sagte: »Ich liebe dich, Mama, aber ich fühle mich manchmal so schrecklich alleine.« Ihm fehlte all die Jahre eine positive Vaterfigur. Jemand, mit dem er sich austauschen konnte, der ihn forderte und ihm Vorbild sein konnte. Christian war zwar immer wieder mal bei seinem Vater, aber der ließ ihn innerlich allein. Er beschenkte ihn zwar, aber kümmerte sich nicht wirklich um ihn.

In seiner Jugend war Christian sehr sportlich. Er war jahrelang Leistungssportler und spielte für Neuss im Eishockeyverein. Er hatte sehr große Ambitionen. Er wollte Profi werden, und es sah danach aus, dass er es schaffen könnte. Bis er sich mit 17 bei einem Eishockeyspiel fast den Daumen abriss. Die Sehnen und Bänder waren ab. Die Karriere war zu Ende. Christian fiel in ein tiefes Loch. Er hörte ganz mit Sport auf und war nun völlig demotiviert.

Eines Tages sollte sein bester Freund Melek in sein Heimatland abgeschoben werden. Die Behörden waren auf der Suche nach ihm, doch Christian hatte ihn in letzter Sekunde abgeholt und zu seiner Mutter nach Hause gefahren. »Mama, wir müssen ihm helfen!« Sein Plan war, ihn nach Sizilien zu schmuggeln. Dort sollte er erst mal zwei Jahre ausharren. Doch kurz bevor sie losfahren konnten, stand die Polizei vor der Tür. Sie nahm Melek mit und schob ihn ab.

Ein paar Jahre später zerbrach Christians erste große Liebe. Jahrelang waren Sabine[*] und er zusammen gewesen. Als sie Schluss machte, verbrachte er zwei Tage und Nächte bei seiner Mutter und weinte. Er war völlig am Boden zerstört. Seine Mutter erzählt, das sei der Punkt gewesen, der alles verändert habe. Für ihn war seine ganze kleine Welt zusammengebrochen. Noch nie hatte sie ihn so traurig gesehen. »Wäre er noch mit Sabine zusammen, wäre all das, was kam, nie passiert.«

Nach dem Ende seiner Sportkarriere und der Beziehung mit Sabine änderte sich Christian total. Er bat seine Mutter, ihm ein paar Exemplare des Koran zu bestellen. Auch auf Arabisch. Sie hatte sich vorher mit einer muslimischen Freundin unterhalten und ihrem Sohn gesagt: »Wenn du den Koran lesen und wirklich verstehen willst, dann musst du ihn auf Arabisch lesen.«

Christian fing sofort an, Arabisch zu lernen. Mit großem Erfolg. Er sog die neue Sprache geradezu in sich auf. Bald konnte er den Koran in der Originalsprache lesen. Christian begann sich immer mehr für den Islam zu interessieren und ging häufig in die Moschee. Irgendwann beschloss er, ins ägyptische Alexandria zu gehen, um dort an einer Universität für Auslän-

---

[*] Name geändert

der Islam zu studieren. Als er nach mehr als einem halben Jahr zurückkam, lehnte er einen vorzüglich bezahlten Arbeitsvertrag einer Versicherungsfirma ab. Er wollte lieber selbstständig werden und fing an, Hard- und Software zu verkaufen. Irgendwann wurde er wegen verschiedener Finanzdelikte angeklagt. Er beteuerte seine Unschuld und kam mit einem blauen Auge davon.

Frau E. fing an, sich ernsthaft Sorgen um ihren Sohn zu machen. Er versank immer tiefer in seinem neuen Glauben. Der Bart wuchs, seine Bekleidung änderte sich. Er trug nur noch schwarze Kleidung oder traditionelle muslimische Gewänder. Seine neue Freundin kam damit überhaupt nicht klar. Als er sich letztendlich zwischen ihr und dem Islam entscheiden sollte, das aber nicht tat, machte auch sie Schluss.

2011 will Christian zusammen mit seinem Kumpel Robert B. nach England, um an einem Treffen der Muslimbrüder teilzunehmen. Das soll dort jedes Jahr stattfinden.

Bei ihrer Einreise in Dover werden beide festgenommen. Sie sollen Anschläge geplant haben. Als Beweise wurden Texte auf Christians Laptop angeführt, Artikel über den Jihad und übers Bombenbauen. Christian beteuert aber, er habe diese Sachen nur aus Neugierde gelesen. Er sei kein Terrorist. Beide werden wegen Besitzes von radikalen Schriften und Anleitungen zum Bombenbau verurteilt. Christian zu 16 Monaten Haft.

Für die Familie E. bedeutet das den Anfang einer schweren Zeit. Hausdurchsuchungen in der Nacht. Alles wird leer geräumt. Handys, Laptops, USB, alles wird mitgenommen. Anfeindungen kommen von überall. Es wird so schlimm, dass Frau E. aus ihrer Gegend wegziehen muss.

Als Christian kurz darauf aus England abgeschoben und in Deutschland der Rest seiner Haftstrafe zur Bewährung ausgesetzt wurde, zog er sich immer mehr zurück. Außer lange zu schlafen und zu abendlichen Treffen zu gehen, machte er nicht mehr viel. Seine Arbeit gab er auf. Er wollte irgendwann etwas völlig anderes machen. Was, wusste er nicht. Alles drehte sich nur noch um den Islam. Der Syrienkrieg begann, und seine schrecklichen Bilder waren jeden Tag auf allen Fernsehkanälen zu sehen. Da Christian nichts zu tun hatte, außer nach Arbeit zu »suchen«, hatte er viel Zeit, sich diese Bilder anzuschauen.

Ohne ein Wort zu sagen, verschwindet Christian eines Tages aus Deutschland. Keine Verabschiedung, nichts. Nach ein paar Monaten gibt es das Gerücht, dass er in Syrien sei. Erst Wochen später bestätigt ein Freund, dass er tatsächlich in Syrien ist.

Nach einem Jahr hält Frau E. es nicht mehr aus. Sie fängt an, ihren Sohn auf Facebook zu suchen. Sie überlegt sich, welchen Namen er jetzt verwenden könnte. Sie versucht es mit seinem muslimischen Namen und dem Namen seines Freundes, der abgeschoben wurde. Tatsächlich findet sie jemanden mit dem Namen Abdul Melek, der in Syrien zu sein scheint. Einige Tage lang beobachtet sie seine Facebook-Seite, dann nimmt sie ihren ganzen Mut zusammen und schreibt: »Christian, bist du's?« Einen Tag später kommt die Antwort: »Ja, Mama.«

Sie haben sich inzwischen ein paarmal geschrieben. »Komm doch endlich nach Hause, Christian! Komm nach Hause!« Das ist das, was sich Frau E. am meisten auf der Welt wünscht. Sie will ihren Sohn zurück. Sie hat sein Gesicht nicht mehr gesehen, seit er weg ist. »Wenn ich ihn nur noch einmal in meinen Armen halten könnte. Wenn ich mich wenigstens richtig von ihm verabschieden könnte.«

Als wir sie zum Auto begleiten, weint sie.

VII

Die Konkretisierung der Reise

Wenige Tage später, am 23. Oktober 2014, rief ich Abu Qatadah wieder über Skype an. Über meinen Besuch bei seiner Mutter wechselten wir nur wenige Worte. Ich wollte ihr keine zusätzlichen Schwierigkeiten machen, denn es war doch zu befürchten, dass jedes Wort abgehört wurde. Hier die Kurzprotokolle meiner abschließenden Gespräche mit Abu Qatadah vor meiner Reise zum IS:

JT: Sie sind zurzeit selten online. So kommen wir nicht voran. Das finde ich schade.

Abu Quatadah: Ja, alles dauert ein bisschen länger als geplant.

Es wird bald schweinekalt in Syrien sein.

Das stimmt, aber tagsüber ist es noch richtig angenehm, 25 Grad oder so. Haben Sie das Schreiben* gekriegt?

Das hat Frederic. Ich wollte Ihnen noch mal sagen: Ich habe starkes Interesse zu kommen. Mich interessiert, ob Sie nur eine ter-

---

* »Übersetzung einer Sicherheitsgarantie aus dem Arabischen in die deutsche Sprache: Islamischer Staat – Im Namen Allahs, des Barmherzigen, des Gnädigen, Lob sei Allah, dem Herrn der Welten – Friede und Segen auf dem Imam der Mujaheddin, unseren Propheten Mohammed und seine Familienangehörigen und Weggefährten. Dies ist eine Sicherheitsgarantie für den deutschen Journalisten Jürgen Todenhöfer, damit er die Territorien des Islamischen

roristische Guerillagruppe sind oder ob Sie als Eroberer wirklich versuchen, einen Staat zu gründen. Diese Sachen werden in der Öffentlichkeit kaum erörtert. Aber ich brauche belastbare Sicherheiten. Die einzige Möglichkeit, die ich sehe, ist, dass Sie die Einladung samt Garantie veröffentlichen. Sodass Sie weltweit öffentlich gebunden sind. Ich habe kein spezielles Misstrauen gegen Sie. Wir haben jetzt ungefähr acht Stunden miteinander geredet, ich habe Ihre Mutter kennengelernt, Frederic hat sie kennengelernt. Aber ich fühle mich trotzdem noch nicht ausreichend abgesichert. So kriege ich auch keinen guten Journalisten. Was also können wir tun?

Das Problem ist, dass wir keine offiziellen Medien mehr haben. Twitter sperrt andauernd unsere Accounts. Wir haben versucht, auf andere soziale Netzwerke auszuweichen, aber da passiert im Grunde das Gleiche. Die werden täglich, manchmal auch stündlich gelöscht. Momentan haben wir kein Medium, über das wir Ihren Besuch offiziell ankündigen können.

Gäbe es die Möglichkeit, dass Sie die Einladung samt Garantie irgendeiner anerkannten muslimischen Persönlichkeit übergeben? Die muss ja nicht unbedingt in allen Punkten mit Ihnen gleicher Meinung sein.

Zum Beispiel?

Ich denke an jemanden, der den IS kennt, dem man das Schreiben zukommen lässt und der es im Krisenfall veröffentlichen kann.

Staates mit seinem Hab und Gut und seinen Begleitern sicher bereist. Daher werden die Soldaten des Islamischen Staates diese Garantie respektieren und ihm sicheres freies Geleit gewähren, bis er seine Mission erfüllt hat und wieder ausgereist ist. Und möge Allah euch reichlich belohnen – 20. Dhul Hidschra 1435 (entspricht dem 19. Oktober 2014) – Sekretariat des Kalifen – Siegel des Kalifen«

Sie haben inzwischen ein Schreiben von der höchsten Instanz, dem Büro des Kalifen. Der Kalif hat Ihre Reise persönlich genehmigt. Wir werden diesen Vertrag einhalten. Selbst wenn eine Bombe auf mich fällt. Ich meine, Ihre Familie, Ihre Freunde, die wissen bestimmt, dass sie all das in den Medien weltweit publik machen könnten, sodass uns das nicht zugutekäme.

Das Hauptproblem bleibt, dass niemand die Echtheit dieser Garantien beweisen kann. Das könnte ja alles gefälscht sein. Hier muss Ihnen noch etwas Überzeugenderes einfallen. Es geht schließlich um Kopf und Kragen.

Und ich habe noch zwei kurze Sachfragen. Die erste: Mit wie viel Mann haben Sie Mosul erobert? Meine Schätzungen lagen bei 2000. Aber wegen dieser angeblich viel zu niedrigen Zahl wurde ich öffentlich heftig kritisiert.

2000? Nie! 183 Mann haben an der Eroberung von Mosul teilgenommen. Viele Leute können sich das nicht vorstellen. Wir brauchen keine großen Armeen. Sondern den Glauben an etwas viel Größeres. An Allah. Für Sie ist es schwer, das zu verstehen. Sie reden über weltliche Dinge. Wir reden über spirituelle Ereignisse. Ich kann Ihnen da Geschichten erzählen, die für Sie absolut unvorstellbar sind. Wie wir zum Beispiel nach Anbar vorgedrungen sind. Die irakische Armee hat versucht, die Brüder aufzuhalten. Sie hat mit schwerem Geschütz auf sie geschossen. Unsere Kämpfer wollten irgendwo Schutz suchen. Das Einzige, was sie sahen, waren ein paar Häuser. Im Vollsprint sind sie darauf zu gerannt, um in Deckung zu gehen. Und die Irakis? Was haben sie gemacht? Sie haben gedacht, die stürmen auf uns zu, haben Angst bekommen und sind abgehauen. Allah war immer mit uns.

Die zweite Frage bezieht sich auf unser letztes Gespräch. Da haben Sie gesagt, dass Schiiten die Möglichkeit haben, zum Sunnitentum überzutreten. Wenn sie das nicht machen, würden sie getötet. Was ist mit Christen, die die Jizya nicht bezahlen wollen?

Dasselbe.

Die würden auch getötet?

Ja.

Und dasselbe würde auch für Muslime gelten, die nicht zu Ihrer Interpretation des sunnitischen Glaubens übertreten?

Die islamische Rechtslage ist da anders. Die Schiiten werden als Abtrünnige des Islam betrachtet. Aufgrund ihrer Beigesellung, ihrer Grabesanbetung und was es sonst noch alles Komisches bei denen gibt. Sie haben nicht die Möglichkeit, die Jizya zu bezahlen. Im Gegensatz zu den Christen und den Juden haben die Schiiten nur zwei Möglichkeiten. Entweder sie akzeptieren den Islam und zeigen freiwillig Reue für das, was sie gemacht haben, oder sie werden getötet.

Und was gilt, wenn man Muslim in Deutschland ist? Sie haben kritisiert, dass Muslime in Deutschland ihre Religion mit Demokratie und Säkularismus vermischen. Die sehen sich aber als wahre Muslime. Wenn die nun dem IS sagen, euer Glaube ist mir zu streng, haben sie dann ihr Leben verwirkt und werden getötet?

Richtig! Die Sache ist ganz einfach. Wenn jetzt einer sagt, ich bin Muslim, aber ich bin auch Demokrat, dann ist er kein Muslim. Muslim sein heißt, Allah ergeben zu sein. Einer von Allahs 99 Namen ist Al Hakam. Das bedeutet, dass er derjenige ist, der die Gesetze macht. Niemand kann sich das gleiche Attribut zuschreiben, das Allah sich zugeschrieben hat. Wenn sich jemand anmaßt, Gesetze zu machen, dann hat er sich eine

Eigenschaft von Allah zugeschrieben. Das bedeutet Abtrünnigkeit! Wie kann jemand behaupten, dass er Muslim ist, wenn er sich das göttliche Attribut anmaßt, Gesetze zu machen. Dann ist er damit abtrünnig geworden. Das ist ein ganz einfaches Prinzip. Ohne viel Philosophie.

Werde ich im »Islamischen Staat« die Möglichkeit haben, diese Fragen mit kompetenten Leuten zu besprechen?

Sicher! Aber gut, dass Sie das ansprechen. Am besten machen Sie ein kleines Skript. Was Sie gerne machen würden. Wen Sie gerne treffen würden, was für Institutionen Sie gerne besuchen würden usw. Dann werde ich das vor Ihrem Besuch noch weiterleiten, und wir werden sehen, was wir machen können.

Welche Nationalität hat der Chef der Medienabteilung?

Das darf ich Ihnen nicht sagen. (Lacht.) Der Chef der Medienabteilung ist auf jeden Fall nicht Abu Talha Al Almani, wie das auf Wikipedia steht. Aber mehr Informationen kann ich Ihnen dazu nicht geben.

Kann ich im »Islamischen Staat« alleine durch die Stadt laufen?

Ich denke, Sie werden Personen bei sich haben, die zu Ihrem Schutz da sind. Wir wollen nicht, dass irgendjemand, der Sie kennt und gehört hat, dass Sie da sind, auf dumme Gedanken kommt und unsere ganze Abmachung vermasselt. Daher werden zwei Leute immer bei Ihnen sein. Natürlich werden die Sie nicht auf Schritt und Tritt verfolgen. Aber ich denke, wenn Sie rausgehen, werden die in Ihrer Nähe sein.

Aber ich werde mit der Bevölkerung sprechen können, ohne dass jemand direkt daneben steht und denen die Maschinenpistole unter die Nase hält?!

Ja, natürlich. Sie können mit der Bevölkerung sprechen. Sie haben das ja bei Vice News gesehen, der hat auch in der Moschee mit Leuten gesprochen.

Sie haben übrigens noch mal entgegen Ihrer Zusage mit Westlern gesprochen. Da wurde sogar ein Interview gemacht.

Ja, das war aber nicht offiziell. Da hat jemand was mit BBC gemacht. Über Skype. Ich weiß nicht, ob Sie das gesehen haben. Das ist leider ein Problem, dass manche Leute sich in Dinge einmischen, die sie nichts angehen. Die werden aber alle bestraft.

Kann ich eigentlich in einem Hotel übernachten? Damit wir uns nicht zu sehr auf der Pelle sitzen.

Die Sache ist, wir haben keine Hotels mehr. Wir hatten welche, aber die werden alle anderweitig benutzt, als Verwaltungsgebäude oder als Wohnung.

Wie komme ich an den richtigen Grenzübergang?

Sie müssen in die türkische Stadt Gaziantep. Mit dem Taxi oder dem Bus. Der Rest wird von uns übernommen. Wir holen Sie ab.

Ich muss noch mal auf Kobane zu sprechen kommen. Das beherrscht die Medien hier stark. Es wird gesagt, dass Sie die Stadt nur noch zu 30 Prozent kontrollieren.

Die werden sich in ein paar Tagen, *inschallah*, sehr stark wundern. Wenn die ganze Stadt von uns übernommen wird. Es sei denn, die Amerikaner bomben alles in Grund und Boden.

Aber warum haben Sie sich auf diese Stadt so konzentriert? Sie haben viele Kämpfer verloren.

Die kurdischen Peschmerga im Irak sind schon seit Saddam Hussein Verbündete der USA. Und geografisch gesehen liegt Kobane mitten in unserem Gebiet. Die kurdische PKK hat sehr zähe Kämpfer. Da haben wir uns gesagt: Okay, jetzt haben wir schon all die Nusairier* aus unserem Gebiet verjagt. Das werden wir mit der PKK genauso machen, und dann weiter.

Ich kann Ihre Entscheidung strategisch nicht nachvollziehen. Guerillas, die so viele Kämpfer an einem Ort konzentrieren, der massiv bombardiert werden kann, das ist schon seltsam.

Da sieht man aber wieder die heuchlerische Art des Westens. Die PKK und ihr syrischer Ableger YPG** sind jetzt westliche Verbündete. Obwohl sie überall auf der Welt offiziell als Terrororganisation gelten. Gerade bei den Deutschen und den Amerikanern. Und trotzdem beliefert man sie mit Waffen und Ausrüstung und was weiß ich nicht alles.

Übrigens: Wir haben schon die ersten Handgranaten, die ersten MG36 bekommen, Kriegsbeute! Und einige Milan-Raketenwerfer. Eure Waffenlieferungen kommen am Ende immer uns zugute. Ihr könnt ruhig noch mehr Waffen abwerfen. Wir erbeuten sie gerne.

Also, das war es schon für heute. Das Wichtigste ist gesagt. Schauen Sie, dass wir eine Garantie bekommen, deren Echtheit nachprüfbar ist. Das muss total professionell sein. Ich werde mich bei Ihnen melden. Wie Sie sehen, lasse ich mir schon einen Bart wachsen.

---

* Alawiten
** Kurdisch: Yekîneyên Parastina Gel (Volksverteidigungseinheiten)

Einige Tage später, am 2. November 2014, sprachen wir wieder miteinander:

Wo sind Sie?

In Rakka.

Auf meinem Computer wird angezeigt, dass Sie in der Türkei sind.

Möglich.

Aber Sie werden ja jetzt nicht auch noch die Türkei erobern wollen?

Ah, das kommt auch noch.

Aber das sind doch angeblich Ihre heimlichen Verbündeten.

Wie können das unsere Verbündeten sein, wenn sie mit den Amerikanern zusammenhängen?

Das machen die Türken doch nicht freiwillig. Dazu werden sie gezwungen. Sie wollten ursprünglich doch auch keine Peschmerga durchlassen.

Jetzt haben sie gerade PKK-Kämpfer durchgelassen.

Ja, weil der Druck zu groß war. Der Druck von Amerika. Die Türkei ist NATO-Mitglied.
Ich habe Ihnen auf Ihre Anregung hin eine Mail geschickt, wie wir die Authentizität Ihrer Einladung erhärten können. Darauf würde ich jetzt gerne Ihre Antwort haben.

Ich habe darüber mit meinem Vorgesetzten geredet. Mit den von Ihnen genannten Medien Al Jazeera und Al Arabiya geht es auf jeden Fall nicht. Was wir Ihnen anbieten können, ist, dass wir die Einladung über uns nahestehende Twitter-Accounts publizieren.

Aber Ihre Twitter-Accounts wechseln doch ständig. Da könnten Sie sagen, das hat irgendeiner auf Twitter geschrieben, aber wir waren das nicht. Und wenn ich das Schreiben Al Jazeera geben würde und die das dann veröffentlichen?

Warum unbedingt Al Jazeera oder Al Arabyia? Uns geht es darum, dass die nicht die erste Quelle sein dürfen. Wir arbeiten nicht mit denen zusammen. Weil das große Lügner sind, die zu viel Einfluss auf gewisse arabische Leute haben. Was andere Nachrichtenagenturen oder Fernsehsender angeht, das ist kein Problem. Da können Sie gerne veröffentlichen. Oder auch auf Ihrer Facebook-Seite.

Wird es außer mit Ihnen auch Gespräche mit anderen Mitgliedern des IS geben? Mich interessiert nicht die Oberfläche Ihrer Organisation, ich möchte schildern, was wirklich ist. Gibt es da noch andere, die den Durchblick haben?

Was bestimmte Bereiche angeht, werden Sie gute Leute treffen können. Was jedoch Abu Bakr Al Baghdadi oder Al Adnani angeht, denke ich nicht, dass es dazu kommen wird.

Warum nicht?

Wir sehen für uns da absolut keinen Nutzen darin, dass es zu so einem Treffen kommt. Oder zu einem Interview. Was wir wollen und tun, ist klar und offensichtlich. Da braucht man nicht unbedingt noch Interviews mit der Führung, um irgendetwas zu konkretisieren.

Ich glaube, dass schon viele Politiker in einem Interview Dinge gesagt haben, die die Welt vorher nicht verstanden hatte. Und die dadurch viel bewirkt haben. Gibt es eine Chance, Kampfeinsätze aus der Nähe zu beobachten?

Wenn Sie wollen, ja. Vielleicht können Sie nach Kobane fahren und sich die Sache da genauer angucken, wenn bis dahin nicht alles geklärt ist.

Da kann man einfach hinfahren?

Ja, natürlich, das ist in unserem Gebiet, auf unserer Seite ist alles befreit und alles offen. Sie können bis an die Frontlinie gehen, wenn Sie wollen.

Wie weit ist Rakka von Kobane?

Ich weiß nicht genau, aber ich denke ungefähr 200 Kilometer. Zweieinhalb Autostunden muss man schon rechnen.

Bisher wissen ganz wenige Leute, dass ich zum IS reise. Aber diese wenigen sagen mir immer zwei Dinge. Erstens: Sie werden nie frei sprechen können, und Sie kriegen auch nie eine offene Antwort. Und zweitens: Was wollen die von Ihnen? Die wollen doch irgendetwas. Wie können Sie da nur hingehen?

Natürlich werden Sie mit den Leuten sprechen können, ohne dass irgendjemand unmittelbar daneben steht oder Druck auf diese Person ausübt. Wenn Sie hier sind, werden Sie ganz schnell sehen, in der Stadt sind sehr viele Muhajirin, also ausländische Kämpfer. Selbst wenn Sie alleine sein würden, wäre immer jemand von uns in der Nähe.

Dann hatte ich noch nach der Unterbringung gefragt.

Wir haben eine Wohnung vorbereitet, da ist alles drin, was Sie brauchen. Es ist auf jeden Fall alles vorbereitet. Wie ich Ihnen ja schon gesagt habe, Hotels gibt's hier leider nicht. Die werden alle anderweitig benutzt. Die Terrorismusbranche, äh, die Tourismusbranche ist tot.

Was haben Sie da gerade gesagt? Die Terrorismusbranche ist tot?

Nee, die Terrorismusbranche, die blüht gerade auf.

Also, Sie haben nicht viele Touristen momentan?

Nee, nicht gerade viele.

Man kann's fast verstehen. Haben Sie etwas dagegen, dass ich Kontakt mit dem Ausland halte, wenn ich bei Ihnen bin?

Ich denke, dem sollte nichts im Weg stehen. Internetcafés gibt es hier ohne Ende.

Wie viele Kämpfer haben Sie derzeit? Da werden unterschiedliche Zahlen genannt. Stimmt die Zahl von 35 000 noch?

Ehrlich gesagt, kann ich Ihnen keine genaue Anzahl sagen. Was wir persönlich festgestellt haben, ist, dass die Organisation Human Rights Watch immer recht authentische Zahlen hat. Schon während des ganzen Syrien-Konflikts. Ich weiß nicht, wo die das genau herhaben. Aber was die Toten oder die Verletzten angeht, sind ihre Zahlen immer korrekt. Ob sie auch Kämpferzahlen genannt haben, weiß ich nicht.

Wir sollten jetzt den genauen Termin besprechen. Sie haben in einer E-Mail gesagt, es habe vor ein paar Tagen heftige Bombardements auf Rakka gegeben. Beeinträchtigt das die Reise?

Nicht wirklich. Sie haben zwei Gebäude bombardiert. Die waren von meinem Aufenthaltsort nicht allzu weit weg. Aus diesem Grund haben wir viel Zeit verloren. Vor allem aus Sicherheitsgründen. Was die augenblickliche Lage angeht, ist sie nicht anders als vorher. Assad hat gebombt. Jetzt lehnt er sich ein bisschen zurück und konzentriert sich auf Aleppo. Bei uns bombardieren jetzt die Amerikaner für ihn. Die Situation ist quasi die gleiche wie vorher.

Muss ich auf irgendetwas achten, damit ich nicht lokalisiert werden kann?

Von den Amerikanern?

Ja. Es ist nicht lustig, wenn die mich jeden Meter begleiten können. Das ist auch nicht gut für Ihre Sicherheit.

Ich denke nicht, dass Sie auf irgendetwas achten müssen, keine Ahnung. Mobiltelefone und ein Mobilfunknetz gibt es bei uns nicht.

Man muss also zum Internetcafé?

Ja. Ich denke nicht, dass die Amerikaner willkürlich irgendwelche Internetcafés bombardieren werden.

Die Kritik am IS wird übrigens jeden Tag härter. Politiker und Medien empören sich über Ihre Enthauptungen, sie sprechen von Zwangsverheiratungen und von Vergewaltigungen. Gibt es Zwangsverheiratungen, und wie reagiert die Führung des IS, wenn es zu Vergewaltigungen kommt?

Die Frage ist immer, was damit gemeint ist. Die Politiker oder die Medien sprechen momentan von irgendwelchen Sexsklavinnen, Enthauptungen oder wie auch immer. Enthauptungen gibt es definitiv. Je nachdem, welches Verbrechen jemand begeht, wird ihm der Kopf oder die Hand abgeschlagen. Ich meine, das sind Dinge, die Sie mittlerweile kennen müssten, aus anderen, teilweise verbündeten Ländern oder vielleicht aus Geschichtsbüchern oder sonst woher. Und Sklaverei gibt es im Islam nun auch wieder.

Bei Ihnen auch?

Ja, natürlich. Wir betrachten uns als einen Islamischen Staat. Wir haben eine gewisse Macht, die wir auf unsere Gebiete anwenden und auf die Gebiete, die wir erobern. Alle Gesetze, die der Islam vorschreibt, werden angewendet. Und in gewissen Fällen erlaubt der Islam Sklaverei von Nichtmuslimen. Bei den Jesiden beispielsweise wurde dieses Recht angewandt.

Die wurden zu Sklaven gemacht?

Ja.

Auch Christen?

Bei Christen ist es so, dass sie die Möglichkeit haben, Jizya zu bezahlen und den Islam anzunehmen, oder sie werden halt getötet. Ihre Frauen werden dann versklavt.

Versklavt oder zwangsverheiratet?

Nicht zwangsverheiratet, das gibt es nicht. Aber im Moment sieht es folgendermaßen aus: In Rakka zahlen die meisten Christen die Jizya.

Was bedeutet das in der Praxis, dass man Sklave ist? Bekommt man keinen Lohn oder bekommt man weniger Rechte?

الدَّوْلةُ
الإسلاميّةُ

بسم اللَّه الرحمن الرحيم

الحمد لله ربّ العالمين والصلاة والسلام على إمام المجاهدين نبينا محمّد وعلى آله وصحبه أجمعين...
وبعد:

فهذا كتاب أمانٍ للصحفي الألماني المدعو (يورغن تودن هوفر) يدخل فيه أراضي الدّولة الإسلاميّة آمناً على نفسه وماله مع الوفد المرافق له، فعلى جنود الدّولة الإسلامية الالتزام بهذا الأمان وعدم التّعرض للمستأمن ومن معه لحين إنهاء مهمّتهم وبلوغهم مأمنهم... وجزاكم الله خيراً.

١٤٣٥ /ذو الحجة/ ٢٥

ديوان الخليفة

لا الحكم إلا لله

ديوان الخليفة

1 Unsere Lebensversicherung – Urkunde vom Büro des Kalifen: »Dies ist eine Sicherheitsgarantie für den deutschen Journalisten Jürgen Todenhöfer, damit er die Territorien des Islamischen Staates mit seinem Hab und Gut und seinen Begleitern sicher bereist. Daher werden die Soldaten des Islamischen Staates diese Garantie respektieren und ihm sicheres, freies Geleit gewähren, bis er seine Mission erfüllt hat und wieder ausgereist ist.«

2 Die ersten Meter im »Islamischen Staat«. Hinter den Olivenbäumen warten diverse Schmuggler, um uns und die anderen »Einreisenden« abzuholen.

3 IS-Kämpfer mit einem Sprengstoffgürtel um die Taille als »Verteidigungswaffe der Unsportlichen«

4 Junger IS-Kämpfer in einem Auffanglager für Neuankömmlinge

5 Schwarze IS-Flaggen auf syrischem Gebiet. Nirgendwo ist in diesem Landesteil noch ein Porträt von Syriens Staatspräsident Bashar Al Assad zu sehen.

6 Ein von IS-Truppen abgeschossener syrischer Kampfjet. Auch auf ihm wurde die schwarze Flagge gehisst.

7 »Eingangstor« von Mosul. Die Zwei-Millionen-Stadt wird von 5000 IS-Kämpfern kontrolliert.

8 In einer Vitrine des »IS-Verlags« in Mosul liegen u.a. Broschüren darüber aus, wie man Sklaven behandelt oder ein guter IS-Kämpfer wird.

9 Religions- bzw. Sittenpolizisten des IS auf abendlichem Kontrollgang durch Mosul

10 Gespräch spätabends auf einer belebten Straße im Zentrum von Mosul. Der Vermummte ist ein europäischer IS-Kämpfer, die Skimaske hat er sich vorher übergestreift.

11 Am Eingang zu einem Krankenhaus in Mosul werden wir von IS-Kämpfern in Empfang genommen. Als Staat leitet der IS auch Krankenhäuser.

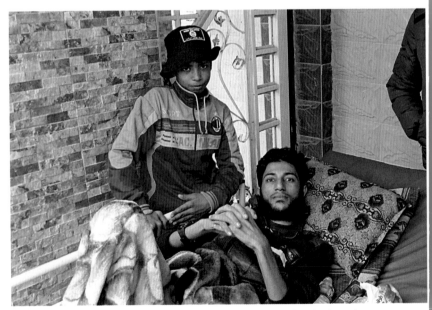

12 Ein verletzter IS-Kämpfer wollte uns unbedingt die Hand schütteln. Ein Junge mit IS-Mütze und AC-Milan-Sweatshirt ist bei ihm.

13 Ein beinamputierter IS-Kämpfer wartet auf seine Prothese: »Sobald ich wieder laufen kann, werde ich bis zum letzten Atemzug kämpfen!«

14 Zu unserer Überraschung spricht der Arzt im Krankenhaus Deutsch. Damit seine Familie keine Probleme bekommt, lässt er sich nur mit Maske filmen.

15 In der großen Moschee von Nur-al-Din wurde Geschichte geschrieben. Das Betreten der Moschee wird uns als Nichtmuslimen aber vom IS verboten.

16 Das Al-Habna-Minarett ist schiefer als der Turm von Pisa. Jetzt weht am höchsten Punkt die schwarze Flagge.

17 Der IS-Kalif Abu Bakr Al Baghdadi hielt im Juli 2014 seine berüchtigte Predigt von der Kanzel der großen Moschee von Nur-al-Din.

18 Da wir den Innenraum der Moschee nicht betreten dürfen, macht einer unserer Begleiter für uns Aufnahmen.

19 Auf dem schwarzen Nummernschild des Mercedes-Benz prangt das IS-Logo: »Kalifat des Islamischen Staats«.

20 Als der kleine Junge seine Nase zwischen meinen Fingern sieht, fasst er sich erstaunt ins Gesicht.

21 In Mosul hat man sich mit den neuen Machthabern arrangiert – Alltagsszene an einem Obst- und Gemüsestand

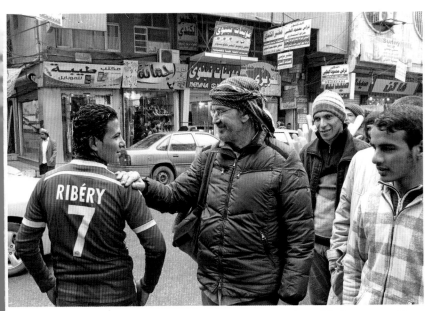

22 Sogar im IS-kontrollierten Mosul hat der FC Bayern Fans. Wir freuen uns über das Ribéry-Trikot, was anfangs auf Unverständnis stößt.

23 Die lokalen Verkehrspolizisten des IS kontrollieren in Mosul mit Kalaschnikows Autos und Passanten.

24 Ein 15-Jähriger als IS-Polizist. »Wir sind hier, um zu helfen.«

25 Mitglieder einer Spezialeinheit der IS-Polizei. »Wir wollen, dass die Leute sehen, dass hier jetzt Recht und Ordnung herrscht.«

26 Straßenkreuzung in Mosul. Immer wieder geht es darum, Präsenz zu zeigen.

27 Ein lokaler Polizeichef von Mosul ist davon überzeugt: »Nach Jahren der Anarchie sind wir sehr beliebt.«

28 Ein IS-Richter erklärt, dass immer die Hand abgehackt wird, mit der gestohlen wurde. Und: Die früheren Richter wurden alle getötet.

29 Ein alter Mann in einer Zelle. Sein Vergehen: der Besitz einer größeren Menge von Schlaftabletten und Antidepressiva

30 Sie folgen uns auf Schritt und Tritt im Auftrag des »Islamischen Staats«: junge Männer mit Bärten als lokale »Bewacher«.

31 Panzerfriedhof auf einer ehemaligen Militärbasis in Mosul. »So sieht es aus, wenn bis zu 25 000 Soldaten vor dem IS die Flucht ergreifen.«

32 Vor einer golden angemalten amerikanischen Haubitze erzählt ein ägyptischer IS-Kämpfer, warum er gegen Wahlen ist.

33 Ein IS-Kämpfer zeigt sich mit erbeuteter amerikanischer Weste.
Er trägt das »US«-Emblem erstaunlicherweise mit großem Stolz.

34 IS-Kämpfer und sein amerikanisches Sniper-Gewehr mit Zielfernrohr

35 Auch dieser kurdische Kämpfer hat
eine US-Waffe.

36 Interview an einem Kreisverkehr mit einem kurdischen Gefangenen des IS – »sie wollen einen Gefangenenaustausch«.

37 Nicht gerade Hünen: Beide IS-Kämpfer gehören zu den Ersten, die Mosul im Sommer 2014 erobert haben.

38 Abu Qatadah alias Christian E. in Mosul. Nach dieser Aufnahme darf ich den
bärtigen Deutschen vor der Filmkamera interviewen.

39 Wer nicht konvertieren will, so Abu Qatadah, der wird getötet. »100 Millionen,
200 Millionen, 500 Millionen, uns ist die Anzahl egal.«

40 Ein Mann auf dem Markt von Mosul erklärt: »Jetzt werden wir mit den Gesetzen Allahs regiert. Wer kann sich da beschweren?«

41 Das Thema Fußball ist immer ein Eisbrecher. Wir zählen alle muslimischen Fußballer auf, die wir kennen.

2 In falschen Händen: Auch deutsche Waffen sind im Besitz des IS.
Man freut sich schon im Voraus über neue Waffenlieferungen an die Feinde.

3 Was man nicht auf dem Schwarzmarkt kaufen kann, wird erbeutet. Dieses
deutsche MG3 wurde von der Bundesregierung an die Peshmerga geliefert.

44 Personenkult ist im IS verboten. Cristiano Ronaldo und Lionel Messi haben aus diesem Grund ihr Gesicht verloren.

45 Freitagsgebet in Mosul. Hunderte Menschen beten vor einer überfüllten Moschee.

46 Der IS hat die alte Sykes-Picot-Grenze aufgelöst und will seine eigenen Grenzen definieren – natürlich mit den Symbolen des »Islamischen Staats«.

47 Screenshot aus einem IS-Video: die japanischen Geiseln Kenji Goto und Haruna Yukawa mit ihrem späteren Henker Jihadi John

48 Frederic und ich in Mosul, dem landestypischen Erscheinungsbild angepasst.

Das ist so, wie das damals auch gewesen ist. Es gibt gewisse Rechte, und es gibt gewisse Pflichten, die ein Sklave auszuführen hat. Natürlich bekommt er keinen Lohn, jemand besitzt diese Person nun mal. Und muss für den Unterhalt sorgen, für Verpflegung, Unterkunft, Kleidung usw. Er hat auch die Möglichkeit, seinen Sklaven freizulassen. Wenn der Besitzer gewisse Vergehen begeht, kann der Richter ihn auch dazu zwingen, dass er seine Sklavinnen oder Sklaven zur Strafe freilassen muss. Man hat mir erzählt, dass im Irak viele Sklaven zum Islam übergetreten sind. Die Besitzer, die in viele Kämpfe verwickelt sind und wenig Zeit haben, haben daraufhin fast alle freigelassen.

Und was geschieht, wenn es irgendwo zu einer Vergewaltigung kommt? Wird der Vergewaltiger bestraft?

Was verstehen Sie unter Vergewaltigung?

Eine Frau zu zwingen, Verkehr zu haben.

(Lacht.) Das ist immer relativ. Was bedeutet zwingen? Was bedeutet zwingen, wenn einem diese Person als Sklavin gehört?

Nach Ihrer Auffassung ist die Vergewaltigung einer Sklavin also keine Vergewaltigung. Und was ist, wenn Sie ein Dorf erobern und einer Ihrer Kämpfer dort eine Frau vergewaltigt? Das gibt es ja leider in Kriegen.

Wenn man den Täter dabei erwischen würde, würde das als Unzucht und Hurerei klassifiziert. Wenn er verheiratet wäre, würde er zu Tode gesteinigt. Wenn er unverheiratet ist, bekäme er 100 Peitschenhiebe. Wenn sie aber seine Sklavin wäre, wäre das natürlich eine andere Geschichte.

Wie ist denn zurzeit Ihre Politik gegenüber Deutschland. In Deutschland sprechen die einzelnen Dienste, das BKA, der BND, der Verfassungsschutz, von einer hohen Anschlagsgefahr.

Sie kennen die Rede von Adnani zu diesem Thema. Und Sie haben vielleicht verfolgt, was geschehen ist in Ländern wie Kanada, den Philippinen und auch Algerien, wo sie einen Franzosen getötet haben. Das sind alles Reaktionen auf Adnanis Aufforderung an die Bevölkerung, tätig zu werden.

Sie rechnen also auch mit Anschlägen in Deutschland?

Wir befinden uns im Krieg, und im Krieg ändert sich alles täglich. Ich dachte ursprünglich, dass in Deutschland überhaupt nichts passieren würde. Dann kam die Rede von Adnani, mit der er zu Anschlägen gegen alle aufgerufen hat, die an der Koalition beteiligt sind. Wir hoffen jetzt, dass irgendetwas Großes passieren wird, seien es Bombenanschläge oder sonst irgendetwas.

Wenn der Krieg erst mal auf der einen Seite ist, dann wird er irgendwann auch auf der anderen Seite ausgetragen.

Wer könnten denn die Ausführenden sein? Es gibt in Deutschland ja viele Salafisten, die Gewalt ablehnen. Die kämen also schon mal nicht infrage ...

An dieser Stelle brach die Verbindung wieder einmal ab. Nach mehreren, nicht sehr freundlichen E-Mails über Bedingungen und Details der Reise sprachen wir am 13. November 2014, einem Donnerstag, erneut über Skype miteinander:

Hallo? Abu Qatadah? Ja, jetzt höre ich Sie gut. Sie schreiben ja grantige E-Mails! Diesen Ton kann ich nicht akzeptieren. Ich kann doch nichts für die Probleme einer Reise in Ihr Land. Wir sprechen ja schließlich nicht über eine Vergnügungsfahrt. Außerdem

bin ich nicht allein. Manche Journalisten haben auch Wünsche und Bedingungen, und die gebe ich weiter. Ich beschreibe Ihnen jetzt einmal meine persönliche Position. Ich möchte Ihnen gerne vertrauen. Ihnen persönlich. Letztlich habe ich als einzige Garantie nur das, was wir beide persönlich abgemacht haben.

Richtig, ja.

Ich könnte mir vorstellen, in etwa eineinhalb oder zwei Wochen zu kommen. Sie sehen also: Ich vertraue Ihnen.

(Lacht.)

Jetzt dürfen Sie wirklich nicht lachen. Wahrscheinlich freut es Sie doch, dass ich Ihnen vertraue. Ich werde später gefragt werden: »Wieso sind Sie in den ›Islamischen Staat‹ gegangen? Das war doch lebensgefährlich?« Da muss ich meiner Familie, meinen Freunden klarmachen können, dass wir gründlich über die Konditionen verhandelt haben. Da sollten Sie nicht immer gleich so unfreundlich werden wie in Ihrer letzten und in Ihrer heutigen Mail. Dazu gibt es keinen Anlass. Das steht Ihnen auch nicht zu.

Okay. Das ist alles nicht meine alleinige Entscheidung. Ich bekomme auch Vorwürfe. Und Vorschriften, was ich sagen soll. Ich persönlich wünsche mir, dass Sie kommen und einen fairen Bericht machen. Und wir dadurch unser wahres Gesicht zeigen können. Sie haben schon eine gewisse Popularität bei manchen Muslimen in Deutschland und vielleicht auch in anderen Ländern. Nur, all das ist halt nicht meine alleinige Entscheidung. Ich habe einen Arbeitgeber, der mir sagt, was ich zu tun und zu lassen habe.

Ich sage nur noch einmal: Ich war immer freundlich zu Ihnen, und Sie sollten das auch sein.

Das werde ich weiterhin probieren.

Es wäre gut, wenn wir am Sonntag Details ausmachen könnten. Genaue Ankunft und solche Sachen. Und wenn Sie mir dann auch sagen könnten, was Sie definitiv auf Twitter veröffentlichen werden. Und wann. Das sollte ich ja dann auch wissen.

Ich werde das Schreiben veröffentlichen, das wir Ihnen geschickt haben, und ein, zwei Zeilen dazuschreiben.

Wenn der »Islamische Staat« diese Einladung dann nicht dementiert, gehe ich davon aus, dass sie echt und authentisch ist.

Okay!

Kennen Sie die Soufan Group?

Sagt mir nichts. Nein.

Das ist ein amerikanischer Think Tank. Der hat über den IS einen 33-seitigen Bericht veröffentlicht, den ich gelesen habe. Sehr interessant. Die müssen sehr viele Detailinformationen haben. Vieles von dem, was die geschrieben haben, deckt sich mit dem, was Sie mir gesagt haben. Am Schluss schreiben sie, dass es ein ähnliches Phänomen wie den »Islamischen Staat« in der Neuzeit noch nicht gegeben habe. Das schreibt eine Organisation, die direkt der amerikanischen Regierung berichtet. Die kriegen ihre Aufträge häufig von der US-Regierung. Das fand ich interessant.
    Eine ganz andere Frage: Lebt der Kalif noch? Sein Konvoi ist angeblich im Irak angegriffen worden. Er soll dabei schwer getroffen worden sein.

Er lebt noch.

Verletzt?

Nein, er ist auch nicht verletzt. Wenn Sie die irakischen Nachrichten verfolgen, sollten Sie wissen, die lügen immer. Es ist ja auch eine etwas dümmliche Meldung. Welcher IS-Führer fährt schon im Konvoi und dann noch durch einen irakischen Kontrollposten? Es ist seltsam, dass die amerikanische Regierung beziehungsweise die amerikanischen Medien so etwas aufgegriffen haben. Normalerweise lassen die sich auf so was nicht ein.

Und Kobane? Die Kurden sagen, sie seien auf dem Vormarsch.

Ich weiß nicht, was die mit Vormarsch meinen. Die letzten Meldungen, die ich bekommen habe, waren, dass sie vorgerückt sind, aber wieder zurückgeschlagen wurden. Und dass es ein Hin und Her ist. Ich weiß auch nicht wirklich, was die Kurden da vorhaben. Ich meine, die Amerikaner haben ganze Arbeit geleistet und die Altstadt dem Erdboden gleichgemacht. Selbst wenn wir den Kampf verlieren würden, würden die Kurden nicht mehr viel von dieser Stadt haben. Wir werden trotzdem den längeren Atem haben, wie damals im Irak, als wir uns auch mehrere Jahre zurückziehen mussten. Selbst wenn wir noch ein Jahr oder zwei oder drei Jahre warten müssten. Für uns ist das irrelevant. Es gibt kein Zurück mehr.

Sie haben gesagt, Sie erwarten von mir eine faire Berichterstattung. Aber ich kann nicht garantieren, dass Ihnen meine Berichte gefallen werden.

Das ist eine andere Sache. Solange keine Lügen darin auftauchen, ist das okay. Sie werden die Wahrheit ja sehen. Wenn jemand zum Beispiel schreibt, die Douwla Islamiyya habe in Rakka fünf Menschen getötet, weil sie Unzucht begangen haben, dann sind wir damit einverstanden. Auch wenn das im Westen ein schlechtes Bild abgibt. Wenn Sie sich aber irgendwelche Sachen ausdenken oder Lügen verbreiten, ist das was anderes.

Wir haben mehrfach darüber gesprochen, dass ich den IS sehr kritisch beurteile. Ich kann Ihnen jedoch garantieren, dass ich kein Interesse habe, Märchen über den IS zu verbreiten. Das habe ich nie gemacht. Sie wissen, dass ich bei den Taliban war. Und Sie wissen, dass ich während des Irakkriegs der Amerikaner beim irakischen Nationalen Widerstand war. Da habe ich übrigens Vorgänger von Ihnen getroffen. Die hießen damals »Islamischer Staat im Irak«, ISI.

Wer hat Ihnen damals die Einladung ausgestellt?

Niemand. Damals war mein größtes Problem, durch die amerikanischen Linien zu kommen. In Ramadi war ich bei einem irakischen Widerstandskämpfer, einem jungen Studenten. Ich habe ein Buch über ihn geschrieben. Es heißt: *Warum tötest du, Zaid?* Zaid wollte überhaupt nicht Widerstandskämpfer sein. Aber er hatte einen Bruder durch die Amerikaner verloren, und dann noch einen weiteren Bruder. Er musste die ganze Nacht hilflos durchs Küchenfenster zuschauen, wie dieser verblutete. Da wurde er zum Widerstandskämpfer. Er hat einen Schützenpanzer in die Luft gesprengt. Bei diesen Leuten war ich eine Woche.

Zu Ihnen wird wahrscheinlich mein Sohn mitkommen. Er wird filmen. Wir versuchen noch einen Dritten dazuzubekommen. Aber das ist nicht so leicht. Keiner glaubt mir, dass wir lebend zurückkommen.

Am darauffolgenden Sonntag, den 16. November 2014, sprachen wir erneut miteinander:

Hallo! Hören Sie mich?

Wir hören Sie. Frederic ist auch da.

Sehen Sie mich?

Ja! Wie ist das Wetter?

Jetzt wird es ein bisschen kalt hier.

Zielflughafen bleibt Gaziantep?

Ja, ich denke, dass wir diesen Grenzübergang nehmen und Sie dort rüberbringen werden.

Wie weit ist das vom Flughafen entfernt?

Ich habe keine Ahnung. Zwischen Gaziantep und der Grenze ist noch eine kleine Stadt, Kilis. Ich schätze, dass es bis zur Grenze eine Autostunde ist.

Würden Sie mit rüberkommen? Auf die türkische Seite?

Ich persönlich nicht, aber unsere Leute.

Sie sind nicht dabei?

Das wäre zu gefährlich. Ich werde Sie auf der anderen Seite empfangen.

Wird es möglich sein, nach Mosul zu gehen?

Rein theoretisch ist das möglich. Ich weiß nicht, wie viel Zeit Sie sich nehmen wollen.

Mosul interessiert mich, weil ich die Stadt kenne. Ich könnte also gut die Lage von damals mit der von heute vergleichen.

Grundsätzlich ist das nicht ausgeschlossen. Der Weg nach Mosul ist frei. Es sind zirka fünf Autostunden, das sollte kein Problem sein.

151

Sie wissen, dass wir in vielen Punkten unterschiedlicher Meinung sind. Ich bin Christ, und Sie sind Muslim. Ich hatte trotzdem gehofft, dass Sie gegenüber dem Konvertiten, den der IS heute hingerichtet hat, Barmherzigkeit walten lassen. Das war immerhin ein Konvertit zum Islam, ein Entwicklungshelfer. So eine Hinrichtung kann man doch mit nichts mehr begründen.

Wie war sein Name noch? Peter, glaube ich. Ich habe seinen Namen vergessen. Der Grund für seine Hinrichtung ist einfach. Um wirklich Muslim zu sein, muss man bestimmte Bedingungen erfüllen. Zum Beispiel muss man das Glaubensbekenntnis kennen: Niemand außer Allah hat das Recht, angebetet zu werden, und Mohammed ist sein Gesandter. Diese Bedingung muss man erfüllen. Dieser Peter war nie wirklich Muslim und wurde von uns von Anfang an nicht als Muslim angesehen. Es war eine Medienkampagne des Westens, immer wieder zu behaupten, der habe doch den Islam angenommen, nachdem er im Irak gedient hatte. Damit sein angeblicher Übertritt zum Islam hätte akzeptiert werden können, hätte er sich öffentlich von seinem Einsatz im Irak distanzieren müssen. Er hat es nie getan. Und deshalb haben wir ihn als Ungläubigen betrachtet.

Die französische Regierung hat für ihre Geiseln gezahlt. Die sind dann im Fernsehen aufgetreten und haben behauptet: »Während der Gefangenschaft haben wir so getan, als ob wir Muslime geworden seien. Wir haben probiert, mit ISIS zu spielen.« Was die Franzosen nicht wussten, war, dass das früh aufgeflogen war. Die Gefangenen hatten sich im Badezimmer Nachrichten zukommen lassen. Das ist rausgekommen, weil die Badezimmer kontrolliert wurden. Sie haben sich geschrieben: »Wir nehmen den Islam an, damit sie uns nichts tun.« Auf gut Deutsch gesagt, man hat versucht, uns für dumm zu verkaufen. Die Franzosen hatten insofern Glück, als ihre Regierung viel Kohle geblecht hat. Aber die anderen wurden von ihren Ländern im Stich gelassen. Daraufhin wurden ihre Staatsbürger halt hingerichtet.

Was war der Vorwurf gegen den Entwicklungshelfer?

Gegen ihn selber lag nichts vor. Aber im Islam ist es halt so, dass das Blut eines Nichtgläubigen grundsätzlich nicht geschützt ist, außer in einigen Ausnahmefällen. Der erste ist: Wenn er in einem Islamischen Staat lebt und die Jizya zahlt. Im Jahr ein paar hundert US-Dollar. Die zweite Möglichkeit ist, dass er von einem Muslim persönlichen Schutz erhält. Oder, drittens, wenn er den Islam annimmt und dadurch sein Blut und sein Besitz geschützt werden. Das haben die alle nicht erfüllt. Keiner von denen hatte einen wirksamen Schutzvertrag. Man hat zwar bei dem NGO-Mann Peter Kassig versucht, dieses Spiel zu spielen, und behauptet, dass eine islamische Spendenorganisation ihm Schutz gewährt hätte. Der Irrtum lag darin, dass damals der Islamische Staat noch gar nicht existierte und in einem Kriegsgebiet kein Schutz gewährt werden kann. Jeder Schutzvertrag, selbst wenn er von einem Muslim stammt, ist im Krieg nichtig. Weil er gar nicht in der Lage ist, Schutz zu gewähren.

Das ist eine seltsame Argumentation. Sie sagen, dass eine Schutzgarantie ungültig ist, sobald man nicht wirksam Schutz gewähren kann. Aber Sie hätten Kassig doch nach der Gründung des »Islamischen Staats« Schutz gewähren können. Was ist Ihre Schutzgarantie für Frederic und mich dann noch wert, wenn Sie so argumentieren?

Ich habe gesagt, Möglichkeiten des Schutzes sind a) wenn in einem Islamischen Staat eine Schutzsteuer gezahlt wird. Oder b) wenn ein Muslim, was in Ihrem Fall ja der Fall ist, Schutz gewährt. Sie bekommen von uns im Islamischen Staat Schutz, Schutz vom Büro des Kalifen. Und das regelt von unserer Seite alles.

Aber es ist doch gerade Krieg. Hat Ihre Zusage auch im Krieg Gültigkeit?

Definitiv. Wir sehen unser Territorium als Staatsterritorium. In diesem Sinne herrscht hier auch kein Krieg mehr. Der einzige Krieg, der auf unserem Territorium stattfindet, sind die Luftschläge von Assad und von den Amerikanern. Wir haben Ihnen gesagt: Von unserer Seite wird Ihnen zu 100 Prozent nichts passieren. Wenn eine Bombe fällt, dafür können wir nichts. Das trifft uns, kann aber auch Sie treffen. Natürlich bringen wir Sie nicht in einem Militärstützpunkt unter, der den Amerikanern bekannt ist.

Trotzdem herrscht Krieg. Bombenschläge reichen ja. Können die Amerikaner nicht recherchieren, wo ich bin?

Ich denke nicht, dass die das recherchieren können. Solange Sie keine GPS-Geräte bei sich haben. Natürlich können Sie alle technischen Geräte mitbringen, die Sie für Ihre Arbeit brauchen. Sie wissen wahrscheinlich besser als ich, wozu die Amerikaner fähig sind und wozu sie nicht fähig sind. Wir sehen das an den Anschlägen, die sie machen. Wirklich fähig zu irgendetwas sind sie nicht. Die meisten Gebäude, die sie beschossen haben, waren leer und schon seit Monaten von uns nicht mehr benutzt. Und so viele sind dabei auch nicht draufgegangen, wie die Amerikaner gerne gehabt hätten.

Frederic: Ich hätte noch eine Frage. Der englische Gefangene John Cantlie, der einmal pro Woche diese TV-Sendung für euch macht, macht der das immer weiter? Oder wird er irgendwann freigelassen? Oder exekutiert ihr ihn in seiner letzten Sendung?

(Lacht.) Ich kann dir die Frage nicht beantworten. Ich weiß nicht, was die mit ihm vorhaben. Ich denke nicht, dass er noch exekutiert wird. Fakt ist, das hat er auch in der ersten Episode erwähnt: Er ist in Gefangenschaft und zum Tode verurteilt. Mit dieser TV-Serie kann er gewisse Dinge aufdecken, das haben wir ihm angeboten. Er kann sein Leben damit verlängern. Aber ob er letztlich noch exekutiert wird oder nicht, das kann ich nicht beantworten.

Wenn Sie ihn töten würden, würden Sie alles, was Sie mit seinen Auftritten beabsichtigt haben, kaputt machen.

Vielleicht noch eine technische Frage: Sie sagen, wir sind vom Büro des Kalifen eingeladen. Sind wir damit von einer bestimmten Person eingeladen? Also zum Beispiel von Ihnen? Oder von der Person, die unterschrieben hat? Hinterher behauptet jemand, der war gar nicht zur Unterschrift berechtigt.

Da waren viele involviert. Ein wichtiger Standpunkt im Islam ist: Wir versuchen, Menschen nicht reinzulegen. Wenn etwas im Gesetz Allahs verankert ist und wir eine Zusicherung geben, dann werden wir alles tun, diese Zusage nicht zu brechen. Sie sind der Erste, der einen solchen Vertrag unter dem neuen Kalifen beziehungsweise der neuen islamischen Regierung bekommen hat. Uns liegt natürlich viel daran, dass das nicht in die Hose geht und es in den Medien irgendwann heißt: »Schau mal, die haben im Namen des Kalifen und Allahs etwas schriftlich zugesagt und dann einfach gebrochen.«

Gibt es die Möglichkeit, das Originalschreiben zu bekommen?

Sehr schwer, vor allem so kurzfristig. Wir haben leider keine funktionierende Post, die über die Grenzen hinaus Pakete ausliefert. Ich kann Ihnen das Originalschreiben geben, wenn Sie hier ankommen. Das ist kein Problem.

Ich wollte Ihnen zum Abschluss sagen, dass Sie in dem Buch, das ich schreibe, eine wichtige Rolle spielen werden. Wir haben ja viel besprochen.

155

(Lacht.) Darüber sprechen wir noch einmal, wenn wir uns persönlich sehen, was Sie so alles schreiben können.

Ich wollte es Ihnen nur noch einmal ankündigen, damit Sie gewarnt sind. Wir mailen Ihnen. Das wird jetzt alles ziemlich schnell gehen.

Am Morgen des 27. November 2014 laufen bei uns die Telefone heiß. BBC, CNN, France 2 und andere ausländische Sender rufen bei uns an. IS behauptet angeblich auf Twitter, dass ich im »Islamischen Staat« bin oder war. Mit uns war die Veröffentlichung nicht abgesprochen. Das geht ja gut los.

Freddy schaut auf Twitter nach. Tatsächlich kann er einige Einträge finden. Der erste scheint von einem RamiAlLolah zu kommen. Ein undurchschaubarer Typ. Er scheint nicht nur sehr gute Kontakte zum IS zu haben, sondern veröffentlicht auch immer wieder vertrauliche Infos von Geheimdiensten. Er behauptet, viele israelische Luftschläge »geleaked« zu haben. Kurz vor acht Uhr morgens hat er auf Twitter folgende Nachricht veröffentlicht:

»ISIS behauptet, dass sie dem deutschen Journalisten Jürgen Todenhöfer und seinem Team erlaubt haben, Reportagen aus dem Irak und Syrien zu bringen, und dass sie sie beschützen werden ...«

In einem weiteren Tweet schreibt er:

»Sehr verlässliche ISIS-Quellen haben diese Nachricht bestätigt. Es gibt jedoch noch kein offizielles Statement, weder von Todenhöfer noch von ISIS.«

Sehr schnell folgen hämische Kommentare. Viele wünschen sich, mich bald im nächsten IS-Enthauptungsvideo zu sehen. »Ich hoffe, der kommt nie zurück.« – »Ob die ihn wieder in einem Stück zurücklassen?«, fragt ein anderer. Ein klasse Trick, so der Tenor: mich einladen, verarschen und enthaupten.

RamiAlLolah und andere, die die Meldung auf Twitter veröffentlicht hatten, werden von meinen Gegnern beim IS mit meinen Artikeln zum Thema IS zugemüllt. »Hast du gesehen, was Todenhöfer noch im Januar über Assad, ISIS und Nusra geschrieben hat?« Auch viele Links zum Assad-Interview werden geschickt. »Wisst ihr wirklich, wen ihr da eingeladen habt? Todenhöfer ist ein Terroristenfeind und Assad-Freund.« Beim IS schien sich vorerst niemand um die Twitter-Kontroverse zu kümmern. Abu Qatadah aber war nicht zu erreichen.

Frederic war wütend. Er hatte mich mehrfach gewarnt, dass der IS mich hereinlegen werde. Er hielt die Idee einer Reise in den »Islamischen Staat« von Anfang an für Wahnsinn. Jetzt las er mir stündlich die krassesten Kommentare aus dem Internet vor. Parallel rief alle paar Minuten eine Fernsehanstalt an. Eine verstörende Twitter-Meldung las Frederic mir noch kurz vor unserer Einreise in den »Islamischen Staat« vor. Ein weiblicher IS-Fan aus Syrien hatte geschrieben, sie habe geträumt, dass ein westlicher VIP gefangen wurde. Nun warte sie auf die baldige Erfüllung ihres Traums.

Zornig schrieb ich Abu Qatadah eine Mail. Und tatsächlich gelang uns am 30. November 2014 ein Skype-Gespräch:

Ich dachte schon, Sie wären von einer amerikanischen Bombe erwischt worden. Oder von einer syrischen.

Nein, Gott sei Dank noch nicht.

Wird Rakka momentan stark bombardiert?

Zurzeit bombardiert Assad in Rakka sehr stark. Jeden Tag. Vor drei Tagen war es ziemlich heftig. Neun Bomben oder so. Aber an den anderen Tagen eine oder zwei. Aber momentan ist es sehr stark.

Hier ist leider auch die Hölle los. Sie haben ja nun doch ohne Absprache unsere Reise auf Twitter veröffentlicht. Das ist großer Mist. Ich habe Ihnen deswegen geschrieben. Jetzt wissen die Medien von meiner Reise, und ich kann eigentlich nicht mehr auf die Straße. Wie soll ich denn reisen, ohne dass es auffällt? Ich habe nicht nur die Medien, sondern alle westlichen Geheimdienste im Kreuz. Ich finde übrigens die Original-Twitter-Meldung nicht.

Ich habe gerade probiert, den Ersten zu finden, der darüber geschrieben hat. Ich habe Ihnen ja schon früher gesagt, dass wir keine offizielle Twitter-Seite mehr haben. Sondern nur Leute, die unsere Sachen verbreiten. Da passieren halt auch Pannen.

Die Verbindung wird unterbrochen und später, am selben Tag, fortgesetzt:

Das Interesse der Medien scheint groß zu sein. Das kann ich jetzt gar nicht gebrauchen. CNN, BBC, *Bild*, *Spiegel*, alle rufen an. Das französische Fernsehen hat nachts um drei bei meinen Kindern angerufen.

Frederic: Mein Vater hat leider auch Feinde. Wenn man in kriegerischen Konflikten mit beiden Seiten redet, was er ja immer wieder gemacht hat – in Afghanistan mit den Taliban und dem Präsidenten, in Syrien mit den Rebellen und dem Präsidenten –, ist die jeweils andere Seite gleich sauer. Jetzt gibt es jede Menge Leute, die sagen: »Was? Den Todenhöfer, diesen Arsch habt ihr eingeladen? Der war doch bei Assad und hat mit dem geredet.« Also nicht, dass ihr jetzt im Nachhinein sagt, aber das wussten wir ja gar nicht.

Quatsch. Uns ist das alles bewusst. Ich persönlich und auch meine Vorgesetzten haben sich natürlich mit deinem Vater beschäftigt. Uns ist klar, dass nicht immer das geschrieben wird, was uns gefällt. Das haben wir ja schon durchgekaut. Wir wollen einfach, dass die Wahrheit berichtet wird.

Aber der Punkt ist – wir müssen da offen miteinander reden –, ich habe den IS stark kritisiert. Das wissen Sie ja, oder? Ich frage das noch mal ausdrücklich.

Ja, natürlich, ich weiß das. Ich kenne Ihre Veröffentlichungen. Ihre kritische Seite. Aber ich denke, dass viele Muslime Sie als wahrheitsgetreuen Reporter betrachten. Und das ist auch ein Grund, warum wir Sie akzeptiert haben. Was Sie sehen, können Sie berichten. Sie haben gerade diese Twitter-Seite »Raqqa is being slaughtered silently« erwähnt. Die haben Leute, die leben in Rakka. Sie schießen Fotos und schreiben Berichte. Und obwohl sie sich vor Ort befinden, erfinden sie Lügen. Ich denke, dass Sie nicht kommen wollen, um irgendwelche Märchen zu erfinden. Das wollen wir auch nicht.

Geschichten erfinden könnten wir auch in Deutschland. Dafür müssten wir nicht extra rübergehen.

Das ist der Punkt. Wir wissen, dass Sie nicht aus unserer Sicht berichten können. Es gibt einfach Sachen, die Nichtmuslime nicht verstehen können. Warum setzt sich jemand ins Auto und sprengt sich in die Luft? Ein Nichtmuslim wird das niemals verstehen können. Und deswegen werden auch Sie solche Dinge nie so berichten können, wie wir das wollen. Aber es geht darum, die Wahrheit zu berichten. Aus Ihrer Sicht.

Ich habe das immer versucht. Als ich bei der Taliban-Führung war, haben wir über Selbstmordanschläge gesprochen. Ich habe gesagt, ich kann das nicht verstehen und bin da völlig anderer Meinung. Das haben sie akzeptiert. Und sie haben meine kritischen Anmerkungen auch so weit respektiert, dass sie mich später noch einmal eingeladen haben. Ich habe fair über sie berichtet. Die haben akzeptiert, dass ich mit so etwas wie Selbstmordanschlägen einfach nicht klarkommen kann und es auch niemals werde.

Im Hintergrund hört man laute Explosionen. Qatadah wird nervös.

Es tut mir leid, dass ich unser Gespräch jetzt schnell beenden muss, vielleicht können wir zu einem späteren Zeitpunkt oder morgen noch einmal sprechen? Wir haben hier wieder Besuch bekommen. Es gibt hier ein paar Flugzeuge, die ganz in unserer Nähe durch die Gegend fliegen.

Okay! Dann ganz kurz: Wie sieht die Planung aus? Wann könnten Sie mich abholen? Wann können wir losfahren?

Sie können starten. Normalerweise können wir Sie am selben Tag, an dem Sie in der Türkei ankommen, über die Grenze bringen.

Das könnte also ab morgen geschehen?

Ja. Sie müssten sich dann nur bei mir melden, telefonisch oder per E-Mail, dass sie angekommen sind und dass Sie bereit sind, über die Grenze zu gehen. Wir werden Sie dort abholen.

Ich muss Sie also jetzt gar nicht mehr informieren, wann ich fliege? Ich muss Sie im Grunde genommen nur nach der Landung anrufen? Wie viele Tage, meinen Sie, sollten wir einplanen?

Im Hintergrund kracht es gewaltig.

Bringen Sie sich in Sicherheit.

Okay. Auf Wiederhören.

VIII

Reise in den »Islamischen Staat«

Grobe Skizzen eines Albtraums

Die Würfel waren gefallen. Es gab kein Zurück mehr. Sieben Monate hatte ich jeden Tag mit mir gerungen. War mein Plan, den »Islamischen Staat« zu bereisen, verantwortbar? Fast täglich sah ich neue barbarische Grausamkeiten des IS oder las darüber. Vor dem Einschlafen hatte ich oft die Empfindung, jemand fahre mir mit der stumpfen Seite eines Messers über die Kehle. Meist stand ich dann auf, ging an das Fenster im Wohnzimmer und starrte in die Nacht. Würden wir zurückkehren? Was war das Wort dieser Terroristen wert? Von irakischen Freunden in Anbar wusste ich, dass es Verhandlungen mit dem IS gegeben hatte. Mit der ausdrücklichen Zusicherung freien Geleits. Niemand aus der Delegation der sunnitischen Stämme kehrte jemals zurück.

Auf der anderen Seite war meine Neugier, die Wahrheit über den IS herauszubekommen, groß. Diese Neugier nach der Wahrheit hatte mich mein ganzes Leben lang angetrieben. Durch die Skype-Gespräche und die Garantie des Kalifats war eine Situation geschaffen worden, in der unsere Gefangennahme oder unser Tod auch dem IS geschadet hätte. Er wollte als Staat ja ernst genommen werden. Außerdem, so merkwürdig es klingt: Ich vertraute Abu Qatadah. Ich vertraute der positiven Seite, die es auch bei ihm gab. Oder einmal gegeben hatte.

Am meisten bedrückte mich, dass mein 31-jähriger Sohn bei diesem Harakiri-Unternehmen dabei war. Die ganze Familie hatte mich angefleht, ihn nicht mitzunehmen. Er wäre, wenn mir etwas passiert wäre, der einzige Mann in der Familie gewesen. Die brauchte ihn. Vor allem seine jüngste Schwester Nathalie. Sie ist ein bildhübsches Mädchen. Doch unsichtbar hängt über ihr das Damoklesschwert ihrer Multiple-Sklerose-Erkrankung.

Als ich Frederic am Tag vor unserer Abreise noch einmal bat, doch bei der Familie zu bleiben, antwortete er: »Du weißt, ich bin gegen diese Reise. Total. Wenn man dich umbringt, hast du alles zerstört, wofür du jahrzehntelang gekämpft hast. Für Respekt vor der muslimischen Welt. Man wird deinen Tod als Beweis sehen, wie sehr du dich geirrt hast. Die Reise ist Wahnsinn.«

»Vielleicht«, sagte ich. »Und deshalb bitte ich dich hierzubleiben.«

Frederic schaute mich zornig an: »Ich lass dich da nicht alleine hin. Wir ziehen das jetzt gemeinsam durch. Wenn du heimlich abreist, kappe ich alle deine Internet- und Skype-Verbindungen. Du wirst nichts und niemanden mehr finden. Ich lösche all deine Kontakte.«

Ich war chancenlos. Frederic ließ sich nicht umstimmen.

Natürlich hatte ich für den Fall, dass der IS sein Wort brach, Vorkehrungen getroffen. Ich kenne einige einflussreiche Politiker und Intellektuelle der muslimischen Welt. Schon lange vor unserer Abreise hatte ich Kontakt zu ihnen aufgenommen. Sie hatten mir versprochen, sich im Notfall mit ihren Regierungen in Verbindung zu setzen, die sich dann über ihre Kontakte zum IS, zum Beispiel über irakische Stämme, für uns eingesetzt hätten. Zumindest vielleicht. Auch das Kanzleramt in Berlin würde, sobald ich im »Islamischen Staat« war, schriftlich informiert werden.

Außerdem wusste ich von Einzelkämpfern, dass sie bei gefährlichen Sondereinsätzen oft ein tödliches Medikament bei sich tragen. Bei Gefangennahme und drohender Folter oder qualvoller Hinrichtung setzen sie es ein, um nicht zum Spielzeug sadistischer Mörder zu werden. Im Hinterzimmer einer Apotheke im kurdischen Erbil hatte ich mir im Sommer vier Einheiten eines Medikaments besorgt, das in Überdosis tödlich wirkt. Neben Aspirin und Imodium sahen sie in meinem Medikamentenkasten recht unauffällig aus. Ich bin ein Gegner der Selbsttötung. Aber darum ging es hier nicht. Es ging darum, im Falle eines sicher bevorstehenden Todes die Chance zu haben, Folter und eine demütigende öffentliche Hinrichtung zu verhindern. Wenn ich schon sterben musste, wollte ich das Drehbuch meines Todes nicht vom IS schreiben lassen.

Am Tag vor unserer Abreise erzählte ich Frederic von den Medikamenten. Er starrte mich überrascht an, doch er nickte. Fast erschien er erleichtert. Wir waren plötzlich nicht mehr ganz so hilflos dem willkürlichen Goodwill des IS ausgeliefert. Wir hatten eine Gegenwaffe. Leider war sie tödlich.

Dann schrieben wir Abu Qatadah, dass wir uns am nächsten Tag auf den Weg machen würden. Und begannen mit dem Kofferpacken. Das Wichtigste neben dem Medikamentenkasten waren die Schlafsäcke.

Bis kurz vor der Grenze

DIENSTAG, 2. DEZEMBER 2014

Um 7:00 Uhr klingelt mein Wecker. Gut geschlafen habe ich nicht. Aber von jetzt an ist alles Routine. Aufstehen, fertig machen, alle Unterlagen, alles Gepäck noch mal überprüfen und los. Aber dennoch ist alles anders. Ich habe nicht das Gefühl, eine Reise anzutreten, sondern mich auf eine schwere Operation im Krankenhaus vorzubereiten. Unter Vollnarkose. Ich habe den Geruch von Desinfektionsmitteln in der Nase. Ein seltsames Gefühl vor einer langen Reise.

Kurz vor 10:00 Uhr steht Frederic mit seinem alten Schulfreund Malcolm* in meiner Wohnung. Er hat kurzfristig beschlossen, Malcolm, der ihn seit Wochen bedrängte, mitzunehmen. Er wird Protokoll führen, Frederic wird filmen. Meine älteste Tochter Valerie ist auch schon da. Sie hat uns Kopien der Sicherheitsgarantie des Kalifats mitgebracht. Jeder erhält eine. Wir falten sie zweimal und stecken sie in unsere inneren Jackentaschen. Dieses Papier ist also unsere einzige Garantie, aus dem »Islamischen Staat« wieder lebend herauszukommen! Falls es nicht nur ein Trick war, um uns gefangen zu nehmen.

Ich bitte Malcolm, in einem kleinen Laden nebenan frische Lebkuchen zu kaufen. Als Gastgeschenk. Valerie hat außerdem Gummibärchen, Schoko-Bons und Milka-Schokolade eingepackt. Frederic nimmt die Tüte an sich. Er fragt, ob man Terroristen überhaupt etwas schenken dürfe oder ob das strafbar sei. Unterstützung einer terroristischen Vereinigung. Ich antworte, Höflichkeit sei nie strafbar. Nur die Gummibärchen werden entsorgt. Sie werden aus Gelatine gemacht, und die besteht meist aus Bestandteilen von Schweinen. Dann erfolgt eine lange, innige Umarmung. Valerie ist sehr tapfer.

Auf dem Weg zum Flughafen meldet sich auf meinem Handy ein Vertreter des Bundeskriminalamts. Man habe erfahren, dass ich vorhätte, den IS zu besuchen. Man rate mir dringend davon ab. Immerhin gebe es eine Reisewarnung des Auswärtigen Amts. Ein paar Beamte würden mich gerne besuchen und zu der Sache befragen. Ich teile meinem Gesprächspartner mit, dass ich leider keine Zeit habe. Ich bedanke mich und verabschiede mich höflich.

Am Flughafen verläuft alles erfreulich problemlos. Wir wollen mit Turkish Airlines nach Istanbul und von dort nach einem kurzen Zwischenaufenthalt nach Gaziantep. Wir werden weder an der Ausreise gehindert noch von irgendwelchen Sicherheitsleuten befragt. *Business as usual.* Malcolm und Fre-

---

* Name geändert

deric witzeln, dass sich der deutsche Staat hüten werde, meine Reise in den IS zu verhindern. Leichter könne man mich ja gar nicht loswerden. Auch die Türken scheinen sich nicht für uns zu interessieren.

Unsere Maschine nach Istanbul hat leider etwas Verspätung. Den Gaziantep-Flug können wir also vergessen. In Istanbul hasten wir trotzdem zu den Abflugschaltern. Aber der Flug ist wegen schlechter Wetterbedingungen in Gaziantep ohnehin gestrichen. Allerdings gäbe es um Mitternacht noch einen verspäteten Flug nach Adana, das nur zwei Autostunden von Gaziantep entfernt liegt. Realistisch wären wir dann um vier Uhr morgens im Bett. Das ist mir zu spät. Also ziehen wir für heute Abend in ein Flughafenhotel.

MITTWOCH, 3. DEZEMBER 2014

Am nächsten Tag beim Mittagessen bringt Malcolm die Frage von möglichen Lösegeldforderungen ins Gespräch. Wer würde eigentlich sein Lösegeld zahlen? Seine Familie könne sich so etwas nicht leisten. Er geht davon aus, dass ich das übernehmen würde. Ich erkläre ihm, dass ich selber nicht wüsste, woher mein etwaiges Lösegeld kommen solle. Ich sage ihm, dass er jetzt noch immer zurückreisen könne. Malcolm wird nachdenklich. Er schwankt. Dann schöpft er wieder etwas Hoffnung. Vielleicht würde ihn ja der deutsche Staat rausholen. »Träum weiter!«, sage ich. Doch Malcolm will nichts mehr von einem Rückflug hören. Dann kauft er sich ein großes Notizbuch, das fortan sein Protokollbuch sein wird.

Auch der heutige 18-Uhr-Flug nach Gaziantep wird wegen schlechten Wetters gestrichen. Ich sprinte zum Schalter für den Flug nach Adana, der gerade schließen will. Mit viel Mühe kann ich noch umbuchen. Frederic und Malcolm hatten schon Pläne für eine Besichtigung Istanbuls geschmiedet. Aber Adana ist auch okay.

Im Flieger sitzt eine ganze Schulklasse. Die Stimmung ist heiter. Obwohl Adana eigentlich recht nahe der syrischen Grenze liegt. Und dort Krieg herrscht. Doch die Jungs und Mädels scheinen glücklich zu sein. Aufgeregt erzählen mir zwei etwa 18-jährige Mädchen, wie schön ihre Stadt sei. Man muss nur auf der richtigen Seite der Grenze leben. Sie strahlen, als wir in Adana das Rollfeld betreten. Es ist neblig und riecht nach verbranntem Holz, Diesel, nach Generatoren. Eine Stadt im Smog.

Bei einem Autovermieter miete ich ein Auto und einen Fahrer, der uns nach Gaziantep bringen soll. Für weniger als 100 US-Dollar. Unser Fahrer heißt Erdogan. Er erzählt uns während der Fahrt, dass die meisten ausländischen IS-Kämpfer über Hatay, Urfa oder Gaziantep nach Syrien gelangen. Von Gaziantep aus müsse man bei Kilis über die Grenze gehen.

Weiter nördlich bei Kahramanmaraş sind die deutschen »Patriot«-Abwehrraketen stationiert. Was sie abwehren sollen, weiß keiner so recht. Syrien kämpft nicht in der Gewichtsklasse des NATO-Staats Türkei. Und so überqueren die zukünftigen IS-Terroristen die türkische Grenze quasi im Schutz deutscher Abwehrraketen. Die Piloten der völlig veralteten syrischen Luftwaffe werden sich hüten, in dieser Gegend IS-Kämpfer anzugreifen. Eine schlecht geflogene Kurve – und sie wären im Fadenkreuz deutscher Raketen. Im Grunde schützen unsere »Patriots« den ungestörten Zustrom von angehenden Terroristen des »Islamischen Staats«.

Als wir gegen 23:00 Uhr endlich im Hotel in Gaziantep ankommen, schmunzeln wir über die pompös-kitschige Eingangshalle. In der Lobby sitzen wie Mafiosi aussehende, offenbar gut betuchte Männer, die uns misstrauische Blicke zuwerfen. Wie viele der Gäste hier, eine Stunde von der Grenze entfernt, mit dem IS zu tun haben, können wir nur mutmaßen. Trotzdem schlafen wir ruhig. Erst morgen geht es richtig los.

Abu Qatadah hat sich immer noch nicht gemeldet. Wie so oft. Wir stellen uns auf eine längere Wartezeit ein. Nachmittags beschließen wir, in die Altstadt zu fahren. Ein bisschen über den Markt zu schlendern, etwas Leckeres zu essen. Wir überlegen uns auch schon mal ein Alternativprogramm, falls sich Abu Qatadah in den nächsten Tagen nicht melden sollte. Die türkische Grenzstadt Kilis kommt in Betracht, aber von dort sind schon einige Ausländer verschleppt worden. Darauf haben wir nicht unbedingt Lust. Wir könnten allerdings einen seriösen Sicherheitsdienst engagieren. Aber gibt es hier so etwas?

Wir gehen in eine romantische, versteckte Moschee, um zu beten. Ich liebe die oft mystische Atmosphäre türkischer Moscheen. Später laufen wir über den Markt, kaufen ein paar Rosinen, Pistazien und Bananen. In vielen der kleinen Werkstätten wird gearbeitet, hart gearbeitet. Große Metallschalen werden kunstvoll beklopft und behämmert.

Frederic sieht plötzlich auf seinem Handy, dass Abu Qatadah online ist. Er schreibt, dass er gleich mit uns skypen könne. Eine halbe Stunde später sprechen wir mit ihm. Laut Abu Qatadah ist die Sicherheitslage in Rakka momentan stabil. Assad habe die Stadt in den letzten Tagen nicht mehr bombardieren lassen. Das habe mit dem schlechten Wetter zu tun. Da könnten Assads Piloten keine Bomben abwerfen. Sie müssten mit ihren alten Maschinen unter der Wolkendecke fliegen und gerieten so selbst in Abschussgefahr. Außerdem seien sie nicht in der Lage, ihre Ziele präzise zu treffen. Daher die vielen toten Zivilisten. Bei den Amerikanern sei das anders. Die seien gefährlicher, aber auch sie würden nicht sehen, ob sich Kämpfer oder Zivilisten in bestimmten Gebäuden aufhielten.

Wir wollen unsere Unterbringung und den Zeitpunkt unserer Abholung besprechen. Doch auf die meisten unserer Fragen hat Abu Qatadah noch keine genauen Antworten. Wir vereinbaren, am nächsten Nachmittag um 15:00 Uhr wieder miteinander zu sprechen. Der Übergang nach Syrien würde sowieso erst spätabends oder nachts stattfinden. Wir sollten uns jedoch schon mal darauf vorbereiten, dass es morgen Abend losgehen werde. Oder übermorgen. Zeit spielt für den IS erkennbar keine Rolle.

Wir sprechen mit Abu Qatadah über die sich häufenden Twitter-Kommentare, in denen meine Kritik am IS in bemerkenswerter Ausführlichkeit wiedergegeben wird. Abu Qatadah wiederholt, dass sie damit kein Problem hätten. Unsere Sicherheitsgarantie habe Gültigkeit, und nichts könne daran etwas ändern. Es sei denn, einer von uns würde auf die Idee kommen, im »Islamischen Staat« den Propheten oder Gott zu beleidigen. Dann würde uns auch die Sicherheitsgarantie nicht vor der Todesstrafe retten können. Ab wann bei ihm Gotteslästerung beginnt, sagt er nicht. »Ziemlich früh«, meint Frederic später. Ihm graust schon vor meiner undiplomatischen Gesprächsführung mit Extremisten – auch in Afghanistan hatte ich nie ein Blatt vor den Mund genommen.

Nach dem Gespräch fahren wir wieder in die Altstadt, um wenigstens noch einmal gut türkisch zu essen. Wir finden ein altes, traditionelles Kebab-Haus. Wir bestellen alles, was wir kennen: verschiedene Lamm-Kebabs, Huhn-Kebabs und noch ein paar Vorspeisen, Lahmacun, Salate usw. Während wir uns über das Essen hermachen, besprechen wir, ob wir vor dem Grenzübertritt die Reise auf Facebook ankündigen sollen oder nicht. Mit einer Kopie der Garantie des Kalifats. Einiges spricht dafür, einiges dagegen. Dagegen spricht vor allem, dass ich mich in den darauffolgenden Tagen nicht einer eventuellen öffentlichen Kritik stellen kann. So entscheiden wir letztendlich, die Reise erst nach unserer Rückkehr zu bestätigen. Würden wir gefangen genommen, würde Valerie die Garantie des Kalifats veröffentlichen.

Vor dem Schlafengehen wollen wir noch etwas Fernsehen schauen. Doch die Berichte auf Al Jazeera über 50 Tote im

Irak, über Gefechte des IS in Syrien sowie über weitere Entführungen stimmen uns nicht wirklich enthusiastisch. Wir schalten das Gerät aus.

FREITAG, 5. DEZEMBER 2014

Am nächsten Tag warten wir um 15:00 Uhr vergeblich auf einen Anruf. Mich erinnert das an Somalia. Dort hatte ich einmal vor vielen Jahren eine Woche mit einem Fernsehteam und einem *FAZ*-Journalisten auf einen Termin beim damaligen Präsidenten Siad Barre gewartet. Als der Termin dann eines Tages spätabends stattfand, war das TV-Team unauffindbar in irgendwelchen Nachtklubs verschwunden. Nur der *FAZ*-Journalist Günter Krabbe hatte tapfer ausgeharrt. Frederic und Malcolm waren ähnlich geduldig. Sie hatten auch nicht wirklich Eile, in den »Islamischen Staat« zu kommen.

Warten, warten, warten. Und wieder zum Essen in die Altstadt. Aber dann meldet sich Abu Qatadah doch. Er gibt uns eine Nummer, die wir anrufen sollen. Es wird Ernst. Ich wähle. Auf der anderen Leitung meldet sich jemand, der gut Deutsch spricht. Ich sage ihm, dass wir bereit seien. Er verspricht, sich in 15 Minuten wieder zu melden. Und tatsächlich ruft er nach einer Viertelstunde zurück, um mir zu sagen, dass die Grenze heute Abend nicht passierbar sei. Das Ganze würde sich auf morgen früh 9:00 Uhr verschieben. Wir sollten uns dann noch mal bei ihm melden. Ich beginne, ungeduldig zu werden. Warum ist das alles so kompliziert? Gibt es Probleme?

Zehn Tage im IS

ERSTER TAG
SAMSTAG, 6. DEZEMBER 2014

Es ist 8:55 Uhr. Mein Wecker klingelt. Ich schaue auf das Papier neben meinem Bett und gebe die Nummer in mein Handy ein. Es klingelt ein-, zweimal, dann antwortet jemand. »Haben Sie gut geschlafen, Herr Todenhöfer?« Ich bejahe die Frage und erkundige mich nach dem Termin der Abreise. »Ich werde Sie in fünf Minuten zurückrufen. Dann gebe ich Ihnen genaue Anweisungen«, sagt die Stimme am anderen Ende der Leitung.

Ein paar Minuten später klingelt mein Telefon erneut. Wir sollen in ein bis zwei Stunden in ein Taxi steigen und eine bestimmte Telefonnummer anrufen, wird mir mitgeteilt. Dann müsse ich der angerufenen Person ein Passwort (»Ali«) nennen und das Telefon dem Fahrer reichen. Dem würde dann mitgeteilt, wo genau er hinzufahren habe. Dort würden wir abgeholt. Unser Kontaktmann sagt das alles mit äußerster Höflichkeit und in sehr freundlichem Ton. Irgendwie unerwartet. Aber sie können ja auch nicht alle brüllend durch die Gegend rennen, als wären sie aus einer anderen Zeit.

Ich informiere Frederic und Malcolm, dass es innerhalb der nächsten Stunde losgeht. Endlich. Noch kurz frühstücken, die Sachen runterbringen, auschecken. Wir steigen ins nächstbeste Taxi. Ich wähle auf meinem Handy die angegebene Nummer. Keine Antwort. Ich wähle noch mal. Wieder keine Antwort. Noch mal. »Ja? Hallo?« Jemand meldet sich auf Türkisch. Ich schirme mit der Hand meinen Mund ab und sage mehrmals leise, aber deutlich das Passwort: »Ali!« Dann sage ich: »*I will pass the phone to the driver now*« und drücke unserem Fahrer das Handy in die Hand. Der nickt ein paarmal, gibt mir das Handy zurück und fährt los. Es ist 10:44 Uhr. Wir fahren etwa fünf Minuten. Dann halten wir in einer Seitenstraße, neben einer kleinen Moschee.

Kurze Zeit später erscheint ein weißer Minivan. Im Bus sitzen drei Jungs. Sie scheinen aus Osteuropa zu sein. Wir werden also mit neuen Kämpfern reingeschmuggelt. Wir kommen mit den Jungs ins Gespräch. Sie wollen wissen, woher wir sind. Einer von ihnen ist aus Aserbaidschan, die anderen stammen aus Turkmenistan. Sie sind 22, 24 und 28 Jahre alt und scheinen auf den ersten Blick nicht die Hellsten zu sein. Einer von ihnen spricht immer wieder Nachrichten in sein Handy oder hört welche ab. Irgendwann finden die drei es seltsam, dass Malcolm ständig in sein Notizbuch schreibt. Sie werden nervös.

Malcolm versucht zu erklären, dass er Tagebuch schreibe. Irgendwie glaubt ihm keiner. Die drei fangen an, hektisch zu telefonieren. Die Stimmung in dem Auto ist plötzlich ausgesprochen gereizt. Fast aggressiv.

Ich wähle die Nummer unseres Kontaktmanns und bitte ihn, das Ganze aufzuklären. Danach reiche ich das Telefon an einen der Jungs. Nach weniger als einer Minute dreht sich die Stimmung im Bus völlig. Alles okay, alle lächeln uns nur noch an. Daumen hoch von jedem der Jungs.

Nach etwa zehn Minuten Fahrt halten wir an. Ein weiterer Junge und eine große junge Frau mit blauen Augen und hellem Teint steigen ins Auto. Sie ist Deutsche. Sie trägt einen schwarzen Umhang, eine Abaya. Sie hat leicht geschwollene Handgelenke. Wir fahren ein paar hundert Meter und bleiben wieder stehen. Vor uns haben zwei alte Taxis geparkt. Ein weiterer Junge und zwei ältere Herren stehen wartend daneben.

Wir steigen in eines der beiden Taxis. Frederic sitzt vorne, um filmen zu können, wenn wir über die Grenze fahren. Doch der Fahrer schaut ihn an, zeigt auf Frederics kurzen Bart und bittet ihn, sich nach hinten zu setzen. Das sei unauffälliger. Hinten wird es jetzt sehr eng.

Zusammengequetscht fahren wir los. Doch ein paar Minuten später halten wir schon wieder an einer unscheinbaren

Kreuzung an. Der andere Wagen wurde von der Polizei angehalten, sagt uns der Fahrer nervös.

Dann fährt er plötzlich los. Ohne mit uns zu reden. Frederic ruft geistesgegenwärtig unseren Kontaktmann an. Der klärt
das Problem. Unser Fahrer wollte uns zur offiziellen Grenze
bringen. Doch jetzt hat er verstanden, dass es zum Schmugg-
lerübergang geht. Zur grünen Grenze. Das zweite Taxi hat uns
inzwischen eingeholt.

Richtung Kilis herrscht fast kein Verkehr. Nach ein paar
Minuten Schnellstraße geht es urplötzlich über holprige Feldwege. Unsere zwei Taxis rasen nun auf die Grenze zu! Man
muss sich das mal von oben vorstellen! Auffälliger geht es
nicht. Auf einem Hügel vor uns weht die türkische Fahne ... Ist
das schon die Grenze?!

Wir biegen plötzlich rechts ab und fahren auf einen Bauern-
hof. Alle müssen ganz schnell umsteigen. In einem Minivan
ohne Sitze, auf dem Boden liegend oder in der Hocke, geht es
nun über Stock und Stein. Wir fahren inzwischen nicht mehr
über Feldwege, sondern direkt über die Felder. Es holpert
so stark, dass alle durcheinanderfallen. Die Frau schaut uns
immer häufiger an. Ob sie mich nicht von irgendwoher kenne?
Mein Gesicht komme ihr bekannt vor. Keine Ahnung, sage ich
freundlich.

Einer der Männer vorn im Van dreht sich um. In gebrochenem Englisch erklärt er uns, dass wir gleich auf sein Kommando mit all unserem Gepäck losrennen sollen. Kurz danach
hält der Minivan. Die Schiebetür geht auf, alle stürzen sich
nach draußen und rennen los.

Hundert Meter vor uns steht ein Mann am Grenzzaun. Er hebt
aufgeregt den Stacheldraht hoch, sodass alle durchkommen. Jeder rennt, so schnell er kann, weiter. Aber es ist schwer, mit Gepäck querfeldein zu laufen. Frederic trägt meinen Koffer, ich
schleppe meinen Rucksack und den Rucksack der Deutschen.
Einige hundert Meter weiter stehen fünf Autos versteckt hinter Bäumen. Fünf maskierte Männer nehmen uns in Empfang.

Die verschleierte Frau stammt aus Berlin. Sie dürfte Mitte dreißig sein. Sie erzählt, sie sei zum Islam übergetreten und nach Mekka gereist. Danach sei sie ins Fadenkreuz der Sicherheitsdienste geraten. Am Schluss habe man ihr ihr sechsjähriges Kind weggenommen. Seit Mekka habe man ihr keine Chance mehr gegeben. Jetzt setzt sie ihre ganze Hoffnung auf den »Islamischen Staat«. Nach Deutschland will sie nie mehr zurück.

Ich sage, etwas ratlos, das bedeute doch den endgültigen Verlust ihres Kindes. »Ich habe schon alles verloren«, antwortet sie. »Ich kann nichts mehr verlieren.«

Unser Gespräch wird unterbrochen. Aus irgendwelchen Gründen sollen Malcolm, Freddy und ich sofort in Sicherheit gebracht werden. Wir steigen in einen weißen Pritschenwagen. Zwei bewaffnete IS-Männer sitzen vorne. Der Fahrer hat einen langen schwarzen Bart. Über die Schultern trägt er eine Kalaschnikow und ein Gewehr. Wir stemmen unser Gepäck auf die Ladefläche und steigen ein. Der Fahrer braust los. Wir fahren durch eine karge Landschaft. Gelegentlich kommen wir durch ländliche Dörfer. Wir unterhalten uns mit den beiden IS-Männern. Eisbrecher ist wie üblich der Fußball. Wir zählen alle muslimischen Fußballer auf, die wir kennen.

Als wir vor einem Haus kurz anhalten, fragt ein grimmiger Mann mit Kalaschnikow, ob wir von der BBC seien. Frederic verneint und zeigt zum ersten Mal unsere Sicherheitsgarantie. Staunend liest der Mann sie durch. Dann gibt er sie zurück und meint fast ehrfürchtig, alles sei in Ordnung. Die Frauen in dem Ort sind voll verschleiert. Wie überall auf der Welt spielen Kinder auf der Straße Fußball. Bevor wir weiterfahren, gibt der Fahrer jedem von uns einen Apfel – eine Geste der Gastfreundschaft.

Vor einem alten Haus steigen wir aus. Wir werden durch einen Raum geführt, in dem Leute beten. Im Zimmer dahinter sollen wir warten. Es riecht nach Dieselöl. Eine dunkelgrüne

Tafel an der Wand lässt darauf schließen, dass hier vorher wohl eine Schule war. Auf einem Regal liegen kleine Handgranaten. Hinter dem Schreibtisch mehrere Kalaschnikows. Auf dem Schreibtisch ein PlayStation-Controller.

Die Leute hier sind sehr freundlich zu uns. Einer unserer Gesprächspartner ist Marokkaner. Mit ihm unterhalten wir uns auf Französisch. Der freundliche IS-Kämpfer erzählt, dass es inzwischen über 50 000 ausländische Kämpfer im »Islamischen Staat« gebe. Er kennt die genaue Zahl nicht, aber es seien bestimmt mehr als 50 000, sagt er. Aus aller Welt. Sein Job sei es, die neu ankommenden Kämpfer zu registrieren.

Ihm ist wichtig, dass wir nichts verdrehen. Über den Islam werde bei uns im Westen schon genug Müll erzählt. Wir könnten morgen alle Städte besuchen, die wir sehen wollen, und uns ein eigenes Bild machen. Der Koran sei schwierig zu verstehen. Auch viele Muslime verstünden ihn nicht wirklich. Man brauche einen Lehrer. Douwla Islamiyya (IS) sei der echte Islam in der Praxis – gelebter Islam. Der Westen führe einen Krieg gegen den Islam. »Unsere Religion ist friedlich«, sagt er.

Die Propagandavideos des IS seien bewusst schockierend. Sie sollten den Feinden Angst machen. Sie seien eine Antwort auf die genauso brutalen Kriege des Westens gegen den Islam. Der ganze Luxus des Westens sei nur möglich, weil dieser die Rohstoffe der Dritten Welt ausbeute. Araber müssten ihr Öl zu viel billigeren Preisen verkaufen als die Russen, behauptet er. »Wir sind keine Wilden. Wir wollen nur leben. Im Krieg des Westens gegen den Islam ist Amerika der Metzger, und die Muslime sind die Schafe. Über 50 Länder haben sich gegen uns verschworen. Aber sie können uns nicht schlagen. Unsere Stärke sind nicht unsere Waffen, Geld oder unsere Kämpfer, sondern die Tatsache, dass wir auf dem richtigen Weg sind.« Hier im Ort gebe es nur gelegentliche Luftangriffe. Wir müssten uns also keine allzu großen Sorgen machen.

Die Präsidenten der arabischen Welt seien nicht die Präsidenten der Muslime, sondern des Westens. Sie hätten zwar viel Geld, seien aber auf dem falschen Weg. Ich könne den arabischen Widerstand in gewissem Sinn verstehen, erwidere ich. Aber die Gräueltaten des IS machten es schwer, unterdrückte muslimische Völker zu verteidigen. Weil das inzwischen wie eine Verteidigung des IS klinge. Ich sei entschieden gegen Gewalt, daher verabscheute ich das zelebrierte Töten des IS. Gandhi hätte in der arabischen Welt mit Sicherheit erfolgreichere Strategien gefunden. Ohne Gewalt. Wo stehe denn geschrieben, dass man seine berechtigten Ziele im Leben nur mit Gewalt erreichen könne?

Der freundliche Marokkaner antwortet, sie würden sich stets an die göttlichen Gesetze halten. Wir im Westen seien moralisch korrupt und auf dem falschen Weg. Mit Drogen, Huren, Krieg und Geldgeilheit.

Ich erzähle von der Güte und Milde des kurdisch-arabischen Helden Salah-ud-Din, mit der dieser nach der Eroberung Jerusalems den Christen begegnet sei. Unser marokkanischer Gesprächspartner erklärt, dass auch sie milde und gütig wären, wenn sie den Krieg erst mal gewonnen hätten. Sie lebten nach der Shariah und dem Koran. Daher seien sie gerecht.

Er wiederholt, dass wir hier sicher seien, und zwar nur, weil sie nach der Shariah lebten und niemals Gesetze oder Verträge brächen. Man habe uns Schutz versprochen, und dieses Versprechen werde eingehalten. In Rakka und wohl auch in Mosul würden Christen leben. Die könnten ein ganz normales Leben ohne Einschränkungen führen. Unser Gesprächspartner wird nie wieder nach Marokko zurückkehren. Dort käme er sofort ins Gefängnis.

Ein Junge mit weißen Tüten in den Händen kommt ins Zimmer. Gegrilltes Hühnchen, Pommes, syrisches Fladenbrot, Knoblauchjoghurt, Pepsi und das Joghurtgetränk Ayran. Alles schmeckt vorzüglich. Während wir essen, sitzen wir auf dem Boden. Auf dünnen Matratzen. Die Brathähnchen schmecken unheimlich lecker. Von den Pepsi-Flaschen wurden vor dem Essen die Etiketten entfernt.

Unsere Situation ist nun etwas klarer. Wir werden bisher gut behandelt. Nach einer Entführung sieht das alles vorerst nicht aus. Im Gegenteil, alle scheinen um unser Wohlbefinden besorgt und bieten uns dauernd irgendetwas an. Decken, Kissen. »Sollen wir im Ofen Feuer machen, noch etwas zu essen vielleicht?«

Im Nebenraum beten IS-Kämpfer. Sechs IS-Kämpfer in einer Reihe. Einer steht vor ihnen und betet vor. Alle haben sich in Richtung Mekka aufgestellt, wie im Koran vorgeschrieben. Nach dem Gebet kommen wir mit drei von ihnen ins Gespräch. Sie sind Mitte zwanzig und aus Frankfurt. »Was macht ihr denn hier?«, wollen sie wissen. Sie sind überrascht, freuen sich aber irgendwie. Vor allem, dass wir nicht als Kämpfer hier sind, sondern als Journalisten. Dass wir mit Genehmigung von ganz oben reisen, imponiert ihnen. Bisher kannten sie das aus den Propagandavideos des IS ganz anders.

Ein etwas korpulenter IS-Kämpfer kommt ins Zimmer. Er hat eine Pistole und eine Kalaschnikow umhängen. Um die Taille trägt er einen Sprengstoffgürtel. Der junge Marokkaner zeigt uns, wie der Sprengstoffgürtel gehandhabt wird. Weniger Sportliche, sie vor feindlichen Soldaten nicht rechtzeitig fliehen können, würden ihn wohl beim Einsatz immer tragen. So können sie sich in letzter Sekunde in die Luft sprengen und noch viele Feinde mit in den Tod reißen. Der Gürtel tötet, nach Aussagen der Deutschen, jeden, der sich im Umkreis von 30 Metern befindet. Auch »besonders mutige Kämpfer von Spezialeinheiten« erhalten den tödlichen Gürtel. Wenn sie von Feinden umstellt seien, sei er ihre letzte Waffe.

Ich lege den braunen Gürtel an. Und bin überrascht, wie leicht und unscheinbar er ist. Er wiegt nur ein paar Kilo und schmiegt sich perfekt dem Körper an. Unter einem Pulli wäre er nicht zu erkennen. Ich hatte mir das Ding viel klobiger vorgestellt. Frederic wird ziemlich nervös, als ich vorsichtig an einem kurzen schwarzen Kabel herumnestle und wissen will, wo der Abzug sei. Auch die IS-Kämpfer sind leicht beunruhigt. Als ich den Gürtel wieder ausziehe, sind alle spürbar erleichtert.

Wir machen uns für die Abfahrt bereit. Wir glauben, dass wir jetzt nach Rakka fahren, um Abu Qatadah zu treffen. Zwei junge Männer holen uns ab. Doch sie fahren nicht nach Rakka, sondern erst einmal zu einem etwa 40 Minuten entfernt liegenden Haus. Dort sollen wir übernachten, um morgen abgeholt zu werden. Mann, haben diese Leute Zeit! Seit fast einer Woche sind wir schon unterwegs.

Wir nehmen unsere Koffer und gehen mit unseren zwei neuen Aufpassern zu einem schwarzen SUV und steigen ein. Hier ist auf jeden Fall mehr Platz als auf der letzten Fahrt. Die beiden IS-Kämpfer sitzen vorne, wir hinten. Es ist richtig gemütlich. Das Radio wird angemacht. Es laufen sogenannte Nasheeds. Das sind religiöse und teils sehr kriegerische A-capella-Gesänge. Sie klingen keineswegs brutal, sondern durch ihre vielen Harmonien eigentlich recht schön, teilweise fast hypnotisch.

Freddy und ich unterhalten uns jetzt auf Deutsch. Aber sowohl der IS-Kämpfer, der aussieht wie ein junger bin Laden, als auch der etwas korpulentere, ganz vermummte Fahrer können nicht nur Englisch und Französisch, sondern auch etwas Deutsch. Der IS ist eben eine multinationale Truppe, meint Frederic. Aber vielleicht hat man unsere Begleiter einfach nur clever ausgewählt. Woher die Jungs wirklich kommen, wollen sie uns nicht sagen. Wo sie die Sprachen gelernt haben, auch nicht.

Es ist inzwischen dunkel, und so wissen wir nicht, wohin wir fahren. Ab und zu ist vage ein Verkehrsschild oder ein kleines Ortsschild zu erkennen. Aber wirklich lesen können wir nichts.

Irgendwann halten wir an. Rechts von uns sehen wir eine etwa zwei Meter hohe Grundstücksmauer. Ein Tor öffnet sich. Ein junger Mann kommt heraus und gibt unseren Aufpassern ein Zeichen. Wir steigen aus, nehmen unser Gepäck und gehen in den Innenhof, der nicht größer als acht mal acht Meter ist. Das mächtige Haus, das wir neugierig betreten, ist ein nicht mehr ganz fertig gewordener Rohbau.

Außer einem Dieselofen und ein paar dünnen schwarzen Gummimatratzen ist in unserem Zimmer nichts drin. Hier werden wir also heute Nacht schlafen. Der schlaksige, junge »bin Laden« zeigt uns nebenan das Plumpsklo, das Badezimmer und eine Art Küche. Gegenüber unserem Zimmer ist ein weiteres, welches wir aber nicht betreten sollen. Dort schlafen die IS-Kämpfer, die hier wohnen. Alles ist sehr spartanisch und gewöhnungsbedürftig. Über die Toilette will ich nicht sprechen. Aber das war uns im Grunde gleichgültig. Es gibt Situationen, in denen Komfort keine Rolle mehr spielt.

Nachdem wir in unserem Zimmer auf dem Boden Platz genommen haben, erklärt uns der junge OBL, dass jetzt erst wir selbst durchsucht würden und dann unser Gepäck. Das sei eine reine Routinesicherheitsüberprüfung. Ich denke an mein Spezialmedikament und halte kurz die Luft an.

Ich unterhalte mich mit dem jungen IS-Kontrolleur über Gott und die Welt. Sehr kontrovers. Frederic raunt mir etwas nervös zu, ich solle die Warnungen von Abu Qatadah vor Gotteslästerungen nicht vergessen. Niemand wisse genau, wo beim IS die Gotteslästerung anfange. Für den IS-Kämpfer ist nicht Amerika eine Supermacht, sondern Gott. Und an dessen Seite kämpfe er. Daher habe er keine Angst zu sterben. Gott bestimme den Zeitpunkt seines Todes.

Irgendwann bittet mich der andere, korpulentere Kämpfer aufzustehen, und wir gehen ein paar Schritte ans andere Ende des Zimmers. Ich hebe meine Arme hoch wie bei der Flughafenkontrolle und lasse mich abtasten. So gründlich abgetastet wurde ich noch nie. Aber ich weiß, er wird nichts finden.

Ich muss meine Taschen leeren. Jedes Papier wird aufgemacht, jede Kaugummischachtel untersucht, jeder Stift geöffnet. Jeder Millimeter des Koffers und seines Inhalts wird abgetastet, abgeklopft und untersucht. Der Medikamentenkasten erweckt kein Misstrauen.

»Sucht ihr nach etwas Bestimmtem?«, frage ich.

»Spying devices, GPS and stuff like that.«

Okay! Ein Glück, dass Frederic vor unserer Abreise in München keine GPS-Geräte gefunden hatte, die klein genug gewesen wären, um sie zu verstecken. Wir wollten sie für den Fall mitnehmen, dass man uns entführen würde. Dann hätte man uns stets orten können. Wie gut, dass wir keine solchen Minigeräte gefunden haben! Wir wären jetzt in Erklärungsnot.

Während wir und unser Gepäck durchsucht werden, gehen die Gespräche weiter. Hier ein paar Statements der Kämpfer:

Über Unglauben

»Alle Ungläubigen sind auf dem Weg zur Hölle. Unsere Pflicht ist es, euch aufzuwecken. Denn Unglaube ist die größte aller Sünden. Wir tun also eine gute Tat. Es ist, wie wenn jemand von einer Klippe herunterspringen will. Wir wollen ihn retten.«

Über Freiheit

»Der Westen weiß nicht, was Freiheit wirklich bedeutet. Da herrscht zwischen uns und euch ein großes Missverständnis. Freiheit im Westen bedeutet, das machen zu können, was man will. Ohne auf irgendjemanden zu hören. Für uns bedeutet Freiheit, frei von weltlichem Verlangen zu sein. Deswegen können wir auch so einfach leben. Denn wir sind frei vom Verlangen nach materiellen Dingen.«

Über die Zukunft des Westens

»Die größten Zivilisationen sind nach einiger Zeit wieder untergegangen. Genauso wird es jetzt den Westen treffen.«

Über IS-Strafen
»Die Bestrafungen des IS sind gleichzeitig eine Gnade, denn sie verhindern weitere Strafen in der Hölle.«

Über Schiiten
»Schiiten sind keine Muslime. Sie sind keine Monotheisten, da sie ihre Imame um Hilfe anbeten und Ali und andere als Heilige ansehen. Die erste Regel im Koran aber ist: ›Du sollst keinen anderen Gott anbeten.‹ Götzendienst ist ein Verbrechen, auf das die Todesstrafe steht.«

Über die Syrer
»Die syrische Bevölkerung war dem Islamischen Staat gegenüber anfangs nicht positiv gestimmt. Aber wegen der westlichen und syrischen Bomben ändern sie gerade ihre Meinung.«

Über die täglichen Neuankömmlinge
»Menschen, die in ihrer Heimat keine Hoffnung mehr hatten. Für sie gab es keine andere Lösung mehr.«

Über die Türkei
»Sie wird als Nächstes zerfallen.«

Über die eigene Uhrzeit
»Wir haben einfach die Sommerzeit behalten. Wir folgen nicht. Wir führen.«

Nach über einer Stunde penibler Durchsuchungen bringt einer der IS-Kämpfer mehrere Tüten ins Zimmer. Süßigkeiten, Pepsi und frisch gepressten Fruchtsaft aus Kiwi, Bananen und Orangen. Der Junge könnte Amerikaner sein. Er spricht jedenfalls mit amerikanischem Akzent. Zwar nur wenige Worte, aber genug, um zu verstehen, woher der Akzent kommt. Passenderweise hat er auch noch eine amerikanische Militärhose und Army-Boots an. Dazu einen dunkelblauen Kapuzenpulli und eine schwarze Skimaske über dem Gesicht. Er legt die Tüten ab und verschwindet aus dem Zimmer. Ein Französisch sprechender, gut gelaunter IS-Kämpfer bringt zwei weitere Tüten ins Zimmer. Brot und Lamm-Kebab. Obwohl wir eigentlich keinen Hunger mehr haben – schließlich gab es vorher IS-Brathähnchen –, nimmt jeder ein Stück Fladenbrot. Wir legen ein oder zwei Kebab-Stücke drauf, etwas Petersilie und Zwiebeln. Das Ganze rollen wir dann ein. Es schmeckt lecker. Wenn das so weitergeht, werden wir auf der Reise kräftig zunehmen.

Der IS-Kämpfer mit dem französischen Akzent erklärt uns, dass ein solches Essen zwar gut schmecke, aber nur ganz selten serviert werde. Sonst könne man ja nicht mehr richtig kämpfen. Gutes Essen mache müde. Malcolm zieht ein langes Gesicht. Die Reise hatte gerade angefangen, ihm etwas Spaß zu bereiten.

Ich komme auf die Brutalität und Gnadenlosigkeit des IS zu sprechen und nenne das unter den kritischen Blicken Frederics auch so. Ich frage, wie das zum Koran passe, dessen Suren in der Regel mit den Worten beginnen: »Im Namen Allahs des Allerbarmers, des Barmherzigen.« Wo sei beim IS denn die Barmherzigkeit? Wie könne der IS bei all seiner Grausamkeit behaupten, er verrichte Gottes Werk? Diese Frage wird unsere Reise wie ein roter Faden durchziehen. Der junge OBL hat eine einfache Antwort: »Man kann nur gnädig sein, wenn man mächtig ist. Der Schwache muss ein Wolf sein.«

Der etwas korpulente IS-Kämpfer unterhält sich mit mir über die Arbeit meiner Stiftungen für Afghanistan, Syrien, Irak und den Kongo. Er sagt, er sei traurig darüber, dass wir zwar gute Taten verrichteten, für diese im Jenseits aber nicht belohnt würden. Wenn wir nicht als Muslime sterben würden, gebe es für uns keine Rettung. Auch gute Taten im Diesseits zählten dann nicht. Für gute Taten würden wir von Gott nur im Diesseits belohnt. Mit Gesundheit, Glück und so weiter. Aber danach halt nicht mehr. Ich erkläre ihm, dass wir gar keine Belohnung wollten und dass das Spenden von Geld selbstverständlich sei, wenn man welches habe. Viel wichtiger sei, wie man Menschen behandle. Wir kommen zu keinem Ergebnis.

Dann berichtet er uns, dass inzwischen nicht mehr nur einzelne Kämpfer in den »Islamischen Staat« kämen, sondern ganze Familien. Jeder Kämpfer, der eine Familie habe, könne sie mitbringen und bekomme ein Haus zur Verfügung gestellt. Es gebe dann auch ein festes Gehalt. Für Krankenhausbesuche zahlten Kämpfer und Staatsbeamte gar nichts. Vieles sei besser, als es in den westlichen Medien dargestellt werde. Es gebe viel Normalität, teilweise fast schon heile Welt. Einige Familien kämen nur während der Ferien hierher, um Verwandte zu besuchen. Danach kehrten sie wieder in ihre Heimat zurück.

Wenn es nach dem jungen OBL ginge, würde der IS an die große Zeit Andalusiens anknüpfen und eine Hochburg der Wissenschaft und Religion werden. Das sei zwar nicht seine Entscheidung. Aber er glaube, dass es so kommen werde. Irgendwie ist dieser OBL einer der untypischsten IS-Kämpfer, die man sich vorstellen kann. Er war früher oft in Österreich zum Skifahren, ist großer Fußballfan, kennt sich im Sport gut aus. Eigentlich hat er viele Gemeinsamkeiten mit uns. Mit dem großen Unterschied, dass er für eine gnadenlose Terrororganisation arbeitet.

Gegen Mitternacht verabschieden sich unsere Gastgeber. Wir haben die Wahl, entweder unsere Laptops und Handys abzugeben oder einen der Kämpfer aus Sicherheitsgründen bei uns schlafen zu lassen. Der IS will sichergehen, dass wir niemanden kontaktieren. Wir geben unsere elektronischen Geräte ab. Wir wissen noch nicht, dass das Schlafen in Gemeinschaftsräumen ab jetzt ganz normal werden wird. Und dass man sich sehr schnell daran gewöhnt.

ZWEITER TAG
SONNTAG, 7. DEZEMBER 2014

Es ist 4:00 Uhr morgens. Die Kämpfer machen sich für das Morgengebet bereit. Ich höre Schritte und Stimmen. Später bereiten sie in der Küche ihr Frühstück vor. Für mich ist das viel zu früh. Ich bleibe liegen und schlafe weiter. Fünf Stunden später stehen wir dann auf. Der IS-Kämpfer mit amerikanischem Akzent klopft so laut an die Tür, dass Malcolm denkt, die GSG 9 sei da. Völlig entsetzt sitzt er senkrecht im Bett. Die Tür geht auf, und der amerikanische IS-Kämpfer fragt: »*You guys need anything? Some eggs? Tea?* – Braucht ihr Jungs irgendwas? Ein paar Eier? Tee?« Roomservice beim IS. Klar, warum nicht?

Als er schließlich zehn Minuten später wirklich mit Rührei, Dosenthunfisch, Marmelade, Fladenbrot und Tee wiederkommt, sind wir doch einigermaßen überrascht. »*There you go. Typical IS breakfast*«, sagt er und will gleich wieder gehen, nachdem er uns das typische IS-Frühstück gebracht hat.

Frederic fragt ihn: »*Are you from New Jersey?*« Der Akzent erinnert Freddy an seine Freunde in Franklin Lakes, New Jersey. Er war sich daher fast sicher. »*What makes you think that?* – Wie kommst du da drauf?« – »*You sound like you're from Paterson, Jersey* – Du hörst dich an, als wärst du aus Paterson, Jersey.« – »*Close* – Fast.« Mehr sagt er nicht. Er lacht nur und geht wieder raus zu den anderen Kämpfern.

Auf dem Weg ins Bad sehe ich fünf IS-Leute im Hof in der Sonne sitzen und miteinander reden. Drei scheinen Anfang, Mitte zwanzig zu sein, die anderen zwei vielleicht Ende dreißig. Irgendwie ist das alles gerade sehr überraschend. Wir sind beim IS und werden richtig gut behandelt. Und das mitten im Kriegsgebiet. Keiner von uns hätte das vor ein paar Tagen für möglich gehalten. Kommt das bittere Ende noch?

Während wir den Vormittag wartend im Hof verbringen und die Sonne genießen, sind in der Ferne Bombeneinschläge zu hören. Doch das scheint hier niemanden zu interessieren. Die Kämpfer setzen sich zu uns und wollen wissen, was wir vorhaben. Wir hingegen wollen das Gleiche von ihnen erfahren. Doch die IS-Jungs sind verschlossen und wollen ihre wahre Identität unter keinen Umständen preisgeben. Nur zaghaft bekommen wir etwas über ihr früheres Leben heraus. Über die Zukunft reden sie gerne, über ihre Vergangenheit weniger. Der Frühstücksamerikaner gibt dann aber doch zu, dass er aus New Jersey stammt. Er hat in Hawthorne gearbeitet, 20 Minuten von Paterson entfernt. Frederic kennt die Gegend wie seine Westentasche.

Von dem jungen Mann aus New Jersey hören wir Sätze wie: »Wenn die Amerikaner nach Douwla Islamiyya kommen, dann werden sie ihr zweites Falludscha erleben.« Oder: »Über hundert Jahre wurden die Muslime unterdrückt. Deswegen werden wir jetzt bis zum Schluss weiterkämpfen, um die Schwachen zu schützen. Wir werden auch die Christen schützen, wenn sie bei uns leben wollen.« Immer wieder versucht er uns zu erklären, dass die Christen bei ihnen keine Probleme hätten. Sie müssten nur eine kleine Schutzsteuer zahlen. Und das sei die einzige Steuer, die es im »Islamischen Staat« gebe. Von Juden hält er persönlich nicht viel. Aber das sei etwas ganz Persönliches, entschuldigt er sich. Das Ressentiment habe er noch aus seiner Zeit in den USA. Er sagt: »*It's like the accent. It's difficult to lose it* – Es ist wie der Akkzent. Schwer abzugewöhnen.« Frederic erzählt von seinen jüdischen Freunden in New York. Doch er kann ihn nicht umstimmen.

Der amerikanische IS-Kämpfer ist begeistert über die Aussicht, wieder mit Amerika in direkten Kontakt zu kommen. Er wünscht sich, dass die USA endlich Bodentruppen schicken. Gegen die zu kämpfen, das sei das Höchste. Die würden sich bestimmt schon beim Abseilen aus ihren Hubschraubern in die Hosen machen, meint er lachend. Sein Freund, von dem wir inzwischen herausgefunden haben, dass er aus dem Libanon ist, stimmt ihm lachend zu. »Einen Teil ihrer Ausrüstung haben wir ja schon. Den Rest und ihre übrigen Waffen hätten wir auch noch gerne.«

Malcolm bleibt bei den Jungs im Garten. Ich gehe mit Frederic aufs Dach. Und spreche mit zwei Kämpfern über den Irak zu Zeiten Saddam Husseins. Ich erzähle vom Nationalen Widerstand, den ich 2007 in Ramadi besucht hatte. Einer der beiden IS-Männer kämpft offenbar schon sehr lange im Irak. Er sagt, er sei damals auch beim Nationalen Widerstand gewesen. Inzwischen sei jedoch der IS die einzig richtige Antwort.

Wir würden gerne das Grundstück verlassen und das etwa 500 Meter entfernt liegende Dorf besuchen. Doch unsere IS-Kämpfer sagen, sie hätten den Befehl, uns vorerst nicht aus dem Anwesen herauszulassen. Auch auf dem Dach sollten wir nicht alle gleichzeitig sein. Man wolle keine unnötige Aufmerksamkeit auf sich ziehen. Im Hintergrund hört man Geschützlärm und das Einschlagen von Bomben.

Um 15:00 Uhr öffnet sich das Hoftor. Der junge OBL hat endlich die Nachricht, auf die wir warten. Es gehe weiter. Wir sollten unsere Koffer bringen. Fünf Minuten später gehen wir mit unseren Koffern nach draußen.

Und da steht er! Abu Qatadah! Er ist mindestens 150 Kilo schwer, fast so breit wie hoch. Mit einem dichten rotbraunen Bart. Christian E. alias Abu Qatadah. Er trägt ein blaues arabisches Gewand und auf dem Kopf ein rotes Tuch.

Zur Begrüßung breitet er die Arme aus und heißt uns, wie in der arabischen Welt üblich, mit einer Umarmung willkommen. »Da bist du ja endlich!«, sagt Frederic, ironisch feierlich. Abu Qatadah spielt das Spiel mit und lacht: »Ja, da bin ich.«

Wir laden unsere Koffer auf die Ladefläche des weißen Pickups, mit dem Abu Qatadah und sein Fahrer gekommen sind. Endlich geht es nach Rakka. Der Fahrer hat seinen Kopf und sein Gesicht mit einem großen schwarz-grauen Schal so verhüllt, dass nur seine Augen und die Konturen seiner Nase zu sehen sind. Er murmelt eine englische Begrüßungsformel mit auffällig rhythmischem Akzent.

Aus Sicherheitsgründen können wir die Hauptstraße nicht benutzen und müssen große Umwege fahren. Die Fahrt dauert über drei Stunden. Abu Qatadah behauptet, dass die Wirtschaft im IS boome. Die Geschäfte seien fast alle offen, es werde viel gekauft, vor allem auf den Märkten. Das Leben sei inzwischen fast normal. Uns fällt auf, dass es viele neue Bauprojekte gibt. »Wo keine Bomben fallen, geht das Leben normal weiter. Auch in Rakka«, sagt Abu Qatadah.

Er erklärt uns, dass wir »am Arsch der Welt«, in Al Rai, untergebracht gewesen seien. Am fest westlichsten Punkt des »Islamischen Staats«. In der Provinz Aleppo, zirka 200 Kilometer von Rakka entfernt. Die Gegend hätten sie erst seit Mai letzten Jahres in ihrer Gewalt. Dann hält er uns einen teilweise recht zynischen Kurzvortrag über die Shariah des »Islamischen Staats«.

Bei Diebstahl werde, wenn der Wert des gestohlenen Gegenstands über 40 US-Dollar liege, die Hand abgehackt. 40 US-Dollar sei der Preis für ein Gramm Gold.

Christen müssten die Jizya zahlen, eine Schutzsteuer. Sie betrage ungefähr 300 US-Dollar pro Jahr für Arme und 600 US-Dollar für Reiche. Sie sei dann aber auch die einzige Steuer. Christen zählten zu den wohlhabenderen Menschen im Land. Sie müssten nur ein paar Schafe verkaufen, und schon hätten sie das Geld für die Schutzsteuer beisammen.

Muslime zahlten eine Zakat-Steuer, die sich am Vermögen ausrichtet. Reiche Muslime zahlten daher mehr Steuern als Christen. Arme weniger. Das Geld werde für soziale Zwecke ausgegeben. In Rakka etwa unterhalte der IS drei Krankenhäuser.

Der IS finanziere sich zurzeit vor allem aus Kriegsbeute, Ölverkäufen und der Zakat-Steuer.

Die Kämpfer des IS würden an ihrer Kriegsbeute zu vier Fünfteln beteiligt, ein Fünftel bekomme der Staat. Daher erhielten die Kämpfer nur ein kleines Fixgehalt. Abu Qatadah erhält vom IS für seine Arbeit in der Medienabteilung 50 US-Dollar im Monat. Plus Wohnung. Das reiche ihm.

In Wirklichkeit gebe es keinen Sklavenmarkt, so wie wir ihn uns vorstellen. Sklaven seien Kriegsbeute und gingen daher entweder an die Kämpfer oder würden verkauft. Eine Jesidin koste momentan 1500 US-Dollar. So viel wie eine Kalaschnikow.

Wir fahren durch Landschaften, die an die Toskana erinnern. Nur ist alles viel karger. Auf manchen Gebäuden sind riesige IS-Fahnen aufgemalt. Auch sonst tauchen sie immer wieder auf. Selbst auf einem abgestürzten, schräg in der Erde steckenden syrischen Kampfjet wurde die IS-Flagge gehisst.

50 Kilometer vor Rakka werden wir an einem Checkpoint angehalten. Ein zirka 15-jähriger Junge winkt uns mit seiner Kalaschnikow durch.

Unser tief vermummter Fahrer spricht kein Wort. Nur einmal beschwert er sich, als Frederic ein Foto von einem Obststand schießt. Wir hatten angehalten, um Getränke und eine Kleinigkeit zu essen zu kaufen. Sprite, Mirinda, Pepsi und Snickers – das war der Reiseproviant, den Abu Qatadah für sich und uns aussuchte.

Als wir in Rakka ankommen, ist es schon dunkel. Doch auf den Straßen ist noch einiges los. Wir fahren an einem kreisrunden Platz vorbei, den wir schon oft in den Medien gesehen haben. Ein eiserner Zaun umgibt ihn. Hier wurden die Köpfe enthaupteter Feinde aufgespießt. Ich hatte mir den gespenstischen Platz viel größer vorgestellt. Frederic darf keine Fotos machen. Entscheidung des vermummten Fahrers, der offenbar viel zu sagen hat. Abu Qatadah murmelt verlegen, das werde später, mit den anderen Details der Reise, noch besprochen.

Laut Abu Qatadah ist Rakka gar nicht die Hauptstadt des IS. Das werde nur in den Medien so aufgebauscht. Für den IS habe diese Stadt keine herausragende Bedeutung. Mosul als Millionenstadt sei für den IS viel wichtiger.

Wir halten an einer Kebab-Bude, um etwas Essen zu besorgen. Wir schauen uns um. Es sieht so aus, als wäre das Leben in Rakka ganz normal. Man kann sich nicht richtig vorstellen, dass hier eine Terrororganisation regiert. Dass wir uns im Zentrum des Terrors befinden. Wir waren ja auch nicht hier, als die Köpfe aufgespießt und die Menschen gekreuzigt wurden.

Frederic fragt, was eigentlich mit den Leichen der getöteten Geiseln geschehe. Mit James Foley und all den anderen. »Die wurden einzeln begraben beziehungsweise verscharrt. Irgendwo«, antwortet Abu Qatadah ungerührt. Das Kopfabschneiden als Todesstrafe sei übrigens eine politische Entscheidung des IS gewesen. Von ganz oben.

Ich spreche Abu Qatadah nochmals auf den Begriff der Gnade im Koran an. Und beginne auch ihm von Salah-ud-Din zu erzählen. Doch Abu Qatadah bezweifelt die Wahrheit der Geschichte. Das liege möglicherweise an der Übersetzung, an der einiges verfälscht wurde. Oft seien in der Geschichtsschreibung Berichte über den Jihad und über die Shariah weggelassen oder zensiert worden. Aus politischen Gründen. Von den Zeiten des Propheten bis heute.

Ich will Zweifel anmelden, da fährt hupend eine Autokolonne an uns vorbei. Winkend lehnt sich im ersten Wagen ein Junge aus dem Fenster. Im Wagen dahinter sehen wir einen Kameramann, der das nachfolgende Auto filmt, in dem ein Hochzeitspaar sitzt. Eine Hochzeit! In Deutschland wird mir das wahrscheinlich keiner glauben. Aber bei 200 000 Einwohnern gibt es eben von Zeit zu Zeit auch Hochzeiten.

Wir fahren weiter. Wir halten vor einem unscheinbaren mehrstöckigen Wohnhaus. In dieser Gegend stehen fast nur solche Häuser. Unsere Wohnung ist im zweiten Obergeschoss. Es gibt keinen Strom. Also geht unser Fahrer noch einmal los, um Taschenlampen oder Kerzen zu besorgen. Außerdem brauchen wir noch Decken. So wie es aussieht, werden wir wieder alle auf dem Boden schlafen. In kalten kleinen Schlafräumen. Die Wohnung hat sogar ein »Wohnzimmer« direkt am Eingang, eine kleine Küche, ein Bad ohne fließendes Wasser und wieder ein ziemlich schmutziges Klo. Alles ist sehr einfach. Aber mit einem guten Schlafsack ist jede Nacht eine gute Nacht. Und gute Schlafsäcke haben wir.

Wir setzen uns ins Wohnzimmer, um ein paar Dinge zu besprechen und die Sandwiches zu essen. Die Wohnung ist stockdunkel. Es wird immer kälter. Die Fenster lassen sich nicht richtig schließen. Abu Qatadah findet seinen Sessel viel zu eng, wie den in seinem Büro. Dort werde er demnächst einen neuen erhalten. Er habe ihn sich aus dem US-Konsulat in Mosul besorgen lassen. Kriegsbeute. Dann schaut er an sich herab und lacht kräftig über seine beeindruckende Leibesfülle.

Abu Qatadah erzählt, dass ich eingeladen worden sei, weil einige meiner Bücher auf Arabisch erschienen sind. Das habe mir einen gewissen Vertrauensvorschuss verschafft. Außerdem hätte ich halt sehr früh mit dem IS Kontakt aufgenommen.

Dann gehen wir meine »Wunschliste« durch. Bekannte Jihadisten wie Deso Dogg und ähnliche »Terrorstars« könnten wir nicht sehen. Der IS findet den teilweise entstandenen Personenkult nicht gut und will versuchen, die Kämpfer in Zukunft aus den Medien herauszuhalten. Damit ihre persönliche Geschichte und ihr Schicksal nicht mit dem des IS gleichgesetzt werden. Der IS sieht es nicht mehr gerne, wenn seine Kämpfer auf eigene Initiative Bilder und Videos von sich hochladen. Dann beginnt Abu Qatadah zu erzählen. Malcolm, der sich meist diskret im Hintergrund hält, schreibt mit, so schnell er kann:

Kalif Abu Bakr Al Baghdadi werde möglicherweise nie wieder in der Öffentlichkeit auftauchen. Dafür gebe es einige Gründe. Einer davon sei das Sicherheitsrisiko. Wenn ich ihn interviewen würde, wisse die CIA, wo Al Baghdadi sich zumindest zeitweise aufhalte. Außerdem wolle der IS auch um Al Baghdadi keinen Personenkult.

Der öffentliche Auftritt des Kalifen in der Moschee sei drei Monate lang geplant und vorbereitet worden. Das sei einfach zu aufwendig. Es herrsche schließlich Krieg gegen 60 Nationen.

Die »Lügenkampagne« des Westens erstaune alle stets aufs Neue. So seien die Exfrau Al Baghdadis und ihr Sohn nie im Libanon festgenommen worden, wie westliche Medien berichtet hätten. Auch der angebliche Anschlag auf Al Baghdadis Autokolonne sei reine Propaganda gewesen, erklärt er mir zum dritten Mal. »Glauben die echt, Al Baghdadi sei so dumm, dass er in einer Autokolonne herumfahre, um möglichst viel Aufmerksamkeit zu erregen?«

Das Büro des Kalifen sei befugt, alles zu organisieren. Alle großen Entscheidungen gingen aber über den Kalifen persönlich. Auch die Entscheidung, uns in den »Islamischen Staat« zu lassen und unsere Sicherheit zu garantieren, habe er getroffen.

In Rakka gebe es nur noch wenige Christen. Ihre Kirchen seien umfunktioniert worden. Nicht vom IS, sondern von den anderen Rebellengruppen, die vor dem IS Rakka beherrschten.

Assads Luftwaffe bombardiere nur tagsüber, nie nachts. Seine Maschinen seien überaltert. Bei schlechtem Wetter könne Assad gar nicht bombardieren lassen. Die Amerikaner bombten auch nachts.

Jabhat Al Nusra und die FSA seien Abtrünnige. Wenn sie sich allerdings öffentlich für ihre Taten entschuldigten, könnten Sie zum IS übertreten.

Es werde nun wohl auch in Deutschland Anschläge geben. Dazu habe Al Adnani, der Sprecher des IS, bekanntlich aufgerufen. Die deutsche Politik sei raffiniert. Sie mache viel über ihre Geheimdienste, damit das deutsche Volk nichts mitbekomme. Zum Beispiel soll der deutsche Geheimdienst in Saudi-Arabien beim Bau einer Grenzmauer mitgeholfen haben. Von der Ausbildung des saudischen Geheimdienstes, der saudischen Polizei und von den massiven Waffenlieferungen ganz zu schweigen. Die Unterstützung der Kurden und die Unterstützung des amerikanischen Krieges gegen den IS seien weitere Gründe dafür, dass der IS Deutschland nun definitiv als Feind des Islam ansehe. Dazu kämen noch die Auszeichnung des Karikaturisten Westergaard durch Merkel, die Waffenlieferungen an Israel und vieles mehr. »Es gibt Länder, die sich aus all diesen Kriegen heraushalten, die sich an diesen Morden nicht beteiligen. Bei denen wird es nie Anschläge geben.«

Wir kommen auf das geplante umfassende Interview mit einem Kämpfer des IS zu sprechen. Wir haben darüber nachgedacht und sagen Abu Qatadah, dass wir das Interview mit Rücksicht auf seine Familie nicht mit ihm führen wollten. Für seine Mutter wäre das ein zu harter Schlag. Abu Qatadah werde in dem Interview ja nicht nur zum Koran, sondern zum Töten befragt. Doch das ist ihm egal. »Das wird sie überleben. Das ist jetzt halt so.« Wir schauen ihn schweigend an. »Was soll ich Ihnen sagen?«, sagt Abu Qatadah genervt. »Machen Sie sich über meine Mutter mal keine Sorgen. Hier kann nicht jeder einfach ein Interview geben. Das ist vorbei. Die Person, die das macht, muss schon kompetent sein und genau wissen, was richtig ist und was nicht.«

Morgen soll es – wie von mir ausdrücklich gewünscht – nach Mosul gehen. Weil ich Mosul noch aus den Zeiten von Saddam Hussein kenne. Und Vergleiche ziehen will. Unsere Handys, die Abu Qatadah inzwischen in Verwahrung genommen hat, bekommen wir erst mal nicht zurück. In Rakka gibt es ohnehin kein Netz, da Assad es abgestellt hat. In Mosul gibt es kein Netz, weil der IS es abgestellt hat. Da unsere iPhones GPS-Systeme haben, die man nicht ausbauen kann, wären sie in Mosul ein Sicherheitsrisiko. Wir sollen unter keinen Umständen geortet werden können. Daher bleiben die Geräte vorerst hier. Spätestens bei unserer Abreise sollen wir sie wiederbekommen.

Abu Qatadah erklärt uns, dass am Ende unserer Reise unser gesamtes Video- und Fotomaterial kontrolliert werde. Das sei in Kriegen normal. Wir machen eine grimmige Miene. So sei das nicht abgemacht gewesen. Wir versuchen, eine Kom-

promisslösung zu finden. Doch unser noch immer voll vermummter Fahrer, der offenbar deutlich mehr Autorität hat, als
wir zunächst dachten, spricht die Bedingung noch einmal aus,
schroff, klar und deutlich. Mit schneidender Kälte. Und mit
seinem merkwürdigen britischen Akzent, den ich nie vergessen
werde. Dabei schaut er uns mit nach vorne gebeugtem Kopf
tief in die Augen und fragt, ob wir das nun endlich verstanden hätten. Sein rechtes Oberlid scheint ein wenig zu hängen.
Aber vielleicht will er auch nur besonders lässig-entschlossen
aussehen.

Es herrscht eisige Stille. Ton und Stimmung haben umge-
schlagen. Von der Herzlichkeit des Empfangs im IS-Rekrutie-
rungslager ist nichts mehr übrig geblieben. Ich weiß, ab jetzt
ist alles sehr ernst. Für den Fahrer sind wir Feinde. Todfeinde.
Die Reise steht auf der Kippe. Aber wir haben im Augenblick
nicht viele Alternativen. Also beantworte ich die ruppige Frage
des Vermummten erst mal nicht. Abu Qatadah scheint das
Ganze ziemlich unangenehm zu sein.

Frederic darf nach heftigem Drängen eine letzte E-Mail aus
Rakka verschicken. Vom Internetcafé. In Begleitung von Abu
Qatadah. Das Internetcafé ist um die Ecke. Abu Qatadah geht
kurz hinein, gibt Frederic einen Code, den dieser in ein Handy
eintippt, und schon ist er online. »Du hast jetzt zwei Minuten«, sagt Abu Qatadah. Freddy schickt seiner Mutter, seinen
Schwestern, der Familie Malcolms und den wenigen Einge-
weihten eine kurze Nachricht. Er kündigt an, sich in Zukunft
regelmäßig zu melden.

Auf dem Rückweg erzählt Abu Qatadah, dass die Araber
sehr faul seien und es mit ihnen viele Probleme gebe. Er hält
nicht viel von den Arabern. »Seid ihr hier beliebt?«, fragt Frederic ihn. »Nicht wirklich«, antwortet Abu Qatadah lachend. »Wir
sind hier halt Ausländer. Viele mögen uns nicht. Aber die werden sich schon noch an uns gewöhnen.«

In unserer zugigen Wohnung stößt kurz danach ein etwa

25-jähriger, drahtiger Kämpfer zu uns. Er trägt einen kurzen Bart und Brille und hat lange, dunkle Haare. Mit seiner schwarzen Pluderhose, seinem blauen Kapuzenpulli und seiner schwarzen Zipfelmütze erinnert er mich an einen mittelalterlichen Spielmann oder an Bänkelsänger. Sein Kampfname ist Abu Loth. »Woher kommt der Name?«, frage ich. »Loth hat gegen die Homosexuellen gekämpft. Ich weiß nicht, ob Sie ihn kennen. Ich finde gut, was er so gemacht hat, wofür er stand. Er war gegen die Versautheit, gegen die Homosexualität, und deshalb habe ich mir diesen Namen ausgesucht.«

Malcolm und Freddy müssen sich anstrengen, nicht zu lachen. Ob der sich immer so vorstellt? Loth, sage ich, ist eine berühmte Gestalt des Alten Testaments und des Koran. Er floh aus Sodom und Gomorrha, kurz bevor die beiden Städte von Gott bestraft wurden. Nur seine Frau konnte sich nicht retten, weil sie sich bei der Flucht noch einmal umdrehte, obwohl Gott das ausdrücklich verboten hatte.

Abu Loth ist Deutscher mit marokkanischen Wurzeln. Momentan lebt er in Rakka. Vorher war Abu Loth lange in Aleppo gewesen. Das sei sehr heftig gewesen. Er erzählt uns, dass hier auch ab und zu PlayStation gespielt werde oder Billard. Jihadisten aus dem Maghreb spielten bevorzugt Fußball. Besonders im Sommer werde an einigen Orten viel gespielt. Er scherzt, dass sie vielleicht bald Katar einnehmen werden, um dann auch die Weltmeisterschaft auszutragen. Trotzdem habe der IS immer noch keine eigene Fußballnationalmannschaft. »Aber das kommt auch noch.«

DRITTER TAG
MONTAG, 8. DEZEMBER 2014

Gegen 8:00 Uhr stehen wir auf. Abu Loth und Abu Qatadah haben im Wohnzimmer geschlafen, wir in den Zimmern daneben. Nachts begegneten wir uns gelegentlich auf dem Weg zur Toilette. Einige hatten offensichtlich zu viel frisch gepressten Obstsaft getrunken. Zum Frühstück hat Abu Qatadah verschiedene Pizzen und Fladenbrote geholt.

Wir müssten jetzt noch mal die Planung der nächsten Tage durchgehen, sagt er. Er scheint angespannt zu sein. Unsere Bitte nach einer völlig freien Berichterstattung ohne jede Zensur wurde von seinen Vorgesetzten inzwischen kategorisch abgelehnt. Das Sicherheitsrisiko ist ihnen offenbar zu groß. Eine Drohne benötige nur ein einziges Foto einer Person, um diese töten zu können.

Ich sage, dass ich eine Zensur nicht akzeptieren könne. Die westlichen Medien würden mir das um die Ohren schlagen. Natürlich weiß ich, dass die Forderung des IS in Kriegsgebieten nicht unüblich ist. Aber ich denke: Wehret den Anfängen. Wenn ich jetzt nicht hart protestiere, wird der IS mit immer neuen Bedingungen kommen. Ich sage daher, wenn sich die Zensur nicht auf wenige nachvollziehbare Ausnahmefälle beschränke, sei es besser, wieder abzureisen.

Der Streit eskaliert. Abu Qatadah eröffnet uns, wir dürften heute auch nicht mehr durch Rakka gehen. Wir müssten bis zur Abfahrt nach Mosul in der Wohnung bleiben. Jetzt dürften wir halt nur Mosul sehen, sonst nichts. Das sei ja auch mein Wunsch gewesen, dorthin zu kommen. Ich frage, ob wir vor unserer Abfahrt wenigstens die englische Geisel, den Journalisten John Cantlie, oder den berüchtigten Kopfabschneider »Jihadi John« sehen dürften. Die Antwort Abu Qatadahs lautet: »Nein.« Was ist denn jetzt bloß los?

Die Tür geht auf. Abu Loth und unser »Fahrer«, der sein Gesicht immer noch hinter einem großen Schal versteckt, erscheinen. Der Vermummte mit dem englischen Akzent übernimmt sogleich das Gespräch. »*You are free to leave!* – Sie sind frei zu gehen«, fährt er uns an. Er vertraue Journalisten grundsätzlich nicht, und wenn wir das nicht akzeptieren wollten, dann könnten wir gehen. »*Do you think it is smart to let somebody come, that* *you don't know, to invite him to your state, the state that everybody is fighting against. And then you don't control him?«*[*]

Er schlägt uns einen Kompromiss vor. Er wird uns auf dieser Reise ein paar Sachen zeigen, die wir sehen wollen. Wenn wir uns dann als vertrauenswürdig erweisen, könnten wir ja ein andermal wiederkommen. Dann würden alle Einschränkungen aufgehoben sein. Wir hätten sowieso schon viel erreicht und könnten uns glücklich schätzen. Wir seien die ersten nichtmuslimischen Journalisten, die hierhergekommen seien, ohne geköpft zu werden. *»We even tell you, you can come again* – Wir sagen Ihnen sogar, dass Sie wiederkommen können.«

Ich antworte zunehmend zornig: »Das ist nicht, was wir ausgemacht haben. Ich habe mich nie zensieren lassen und werde das auch jetzt nicht zulassen. Ich sage immer, was ich denke, und freie Reportage bedeutet nun mal freie Reportage.«

Warum wir so an diesem *»Jihadi John, as you call him«* und an John Cantlie interessiert seien, will der Vermummte wissen. Warum wir uns nicht für die leidenden Muslime im Land interessierten? Warum wir uns auf diese zwei Personen konzentrieren, wo es doch so viel Wichtigeres gebe?

Doch das Thema John Cantlie scheint ihn trotzdem sehr zu interessieren. Er macht einen verblüffenden Vorschlag. Einen Besuch bei John Cantlie könne er sich unter folgenden Bedingungen vorstellen: John Cantlie habe einen Brief an seine Mutter und einen an David Cameron geschrieben. Diese Briefe würde John Cantlie mir übergeben. Wir könnten bei dieser Gelegenheit auch mit ihm selbst sprechen. Wir dürften aber keine Fotos machen und auch nicht filmen. Das Treffen und die Übergabe der Briefe würden vom IS gefilmt und veröffentlicht.

Ich weiß, dass ich diesem Vorschlag nicht zustimmen darf. Ich werde nicht in einer IS-Propagandashow auftreten. Das würde mir jede Glaubwürdigkeit nehmen. So gern ich John

---

[*] »Glauben Sie, dass es schlau ist, jemanden kommen zu lassen, jemanden, den Sie nicht kennen. Ihn in Ihren Staat einzuladen und ihn dann nicht zu kontrollieren?«

Cantlie treffen und ihm helfen würde. Ich schlage daher vor, dass beide Seiten auf das Filmen verzichten.

Aus irgendeinem Grund scheint der vermummte Fahrer im Fall Cantlie überraschend flexibel zu sein. Er will noch mal mit seinem Vorgesetzten sprechen, um herauszufinden, ob wir nicht doch Rakka besichtigen dürften und ob das Treffen mit John Cantlie nicht auch ohne Kameras möglich wäre. Abu Qatadah folgt ihm. Er scheint optimistisch zu sein. Er flüstert mir zu, er glaube, dass man eine vernünftige Lösung finden könne.

Abu Loth meint, das Verhalten der beiden sei im Grunde normal. Unser Besuch sei ein Experiment für den IS, bei dem viel schiefgehen könne. Die Internetreportage mit dem muslimischen Reporter von Vice News sei von der lokalen IS-Medienabteilung in Rakka arrangiert worden, unser Besuch hingegen von der zentralen Medienabteilung und vom Büro des Kalifen. Da wolle keiner ein Risiko eingehen.

Dann erzählt Abu Loth, warum er in den Jihad gezogen ist und jetzt im IS lebt und arbeitet. Hier einige seiner zentralen Argumente:

»Ein Muslim braucht die Shariah wie die Luft zum Atmen.«

»Die Lebensweisen des Propheten und der ersten vier Kalifen sind ein Vorbild für unsere Lebensweise.«

»Sie im Westen haben eine falsche Vorstellung von Freiheit. Bei Ihnen bedeutet sie: Freiheit ohne Grenzen, ohne Prinzipien. Das ist nicht gut. So kann ein Muslim nicht leben.«

»Das Wertesystem im Westen zerfällt ... die Verharmlosung der Homosexualität ... dieses exzessive Leben ... Das bringt einen Muslim in ständige Schwierigkeiten.«

»Auch die Demokratie steht mit dem Islam in Konflikt. Man darf die Gesetze von Menschen nicht über die Gesetze Gottes stellen.«

»Theoretisch ist es zwar überall möglich, ein gottgerechtes Leben zu führen. Aber jeder Mensch braucht eine Gemeinschaft. In diesem Kalifat zu leben, ist für mich ein Lebenstraum.«

»Die meisten Aggressionen auf unserer Welt geschehen gegen Muslime, in muslimischen Ländern. Jede muslimische Frau ist meine Schwester. Ich muss sie verteidigen. Jeder Muslim ist verpflichtet, zu Hilfe zu kommen, wenn muslimisches Blut vergossen wird.«

»Wir leben in einer Zeit des islamischen Erwachens… Abkehr von Demokratie… Rückkehr zum Ursprung.«

»Egal, wie wenig Kämpfer wir sind, wir wissen, dass wir am Ende gewinnen.«

»Wir werden in ein bis zwei Jahren einen Friedensvertrag mit dem Westen abschließen. Den wird der Westen dann brechen. Das hat der Prophet Mohammed vorausgesagt.«

Beim Stichwort »Prophet Mohammed« wende ich ein, dass Mohammed heute ein großer Reformer wäre, der Fortschritt predigen würde. Genauso wie damals. Abu Loth versucht zu erklären, dass die Gesetze Allahs vor 1400 Jahren für alle Zeit Gültigkeit hätten. Daher gebe es keinen Reformbedarf. Man solle sich endlich an Gottes Gesetze halten.

Abu Qatadah und der »Fahrer« kommen wieder durch die Tür. Beide schauen äußerst mürrisch drein. Haben sie eine Abfuhr erhalten? Der »Fahrer« setzt sich wieder auf den Sessel mir gegenüber. »*Mosul or Turkey. That's it!* – Mosul oder Türkei, nichts anderes«, blafft er mich unfreundlich an. Auch in Sachen John Cantlie bleibe es bei dem, was er gesagt habe. Ich bin über die Aussage und den Ton völlig verblüfft. Ist das sein Ernst? So kann er nicht mit mir reden. Ich stehe auf und sage ihm das sehr deutlich. Schließlich haben wir keine Säue zusammen gehütet. Was bildet der Kerl sich ein?

Aber der vermummte Fahrer sagt nur noch autoritärer, dass er nicht mehr mit sich reden lasse. Und dass wir entweder morgen nach Mosul fahren oder jetzt zurück in die Türkei. Er ist sehr angespannt. Abu Qatadah auch. Die beiden müssen einen fürchterlichen Anpfiff von oben bekommen haben. Bisher schnitt man im »Islamischen Staat« Journalisten den Kopf ab. Jetzt lässt man einen rein, und der stellt auch noch Bedingungen. Der Vermummte legt nach. Auch in Mosul werde es Einschränkungen geben. Er spricht wieder sehr aggressiv.

Mir reicht es. Ich sage ihm ruhig, aber sehr bestimmt, dass das Verbot, die Wohnung zu verlassen, eine Unverschämtheit sei. Das sei mir noch nie passiert, nicht einmal bei den Taliban. »Wir sind keine Taliban«, faucht der Vermummte zurück, von dem man jetzt nur noch das Auge mit dem halb geschlossenen Oberlid sieht. Frederic starrt den Engländer inzwischen völlig entgeistert an.

Ich hole die Einladung des Kalifats aus meiner Tasche und sage: »Sie haben uns mit großen Worten feierlich eingeladen. Stattdessen haben Sie uns zu Ihren Gefangenen gemacht. Wenn wir diesen Raum nicht verlassen dürfen, sind wir Ihre Gefangenen.« – »Sie sind keine Gefangenen«, bellt der Vermummte in seinem rhythmischen Dialekt mich an. »Gefangene können sich ihr Frühstück nicht aussuchen.«

Irgendwann reicht es mir. Ich darf mir von dem Mann nicht alles gefallen lassen. »Sie ändern jetzt sofort Ihren Ton«, brülle ich ihn so laut an, dass er leicht zusammenzuckt.

Aber es hat keinen Sinn, mit diesem plötzlich so wütenden Mann weiterzudiskutieren. So wie der uns anschaut, würde er uns ohnehin am liebsten den Kopf abschneiden. Wo stammt diese plötzliche Aggressivität her? Gilt die Garantie des Kalifats überhaupt noch?

Wir müssen versuchen, aus diesem Streit ohne allzu großen Gesichtsverlust herauszukommen und vor allem das Gesetz des Handelns wieder mitzubestimmen. Ich sage dem Engländer daher so ruhig wie möglich, wir würden uns jetzt in unser Zimmer zurückziehen, um zu entscheiden, ob wir nach Mosul fahren oder umkehren wollen. Wir würden ihnen unsere Entscheidung zu gegebener Zeit mitteilen. Frederic starrt den Vermummten weiter fassungslos an. Irgendwas ist ihm aufgefallen. Dann gehen wir.

Malcolm meint, wenn wir die Reise jetzt beendeten, könne es gut sein, dass der IS seine Meinung ändere und in einer Entführung oder Enthauptung einen größeren Nutzen sehe. Das sei für sie auch kein schlimmerer Gesichtsverlust, als wenn wir nach unserer Rückkehr schilderten, dass IS-Zusagen nichts wert seien. Mir ist das alles zu kompliziert. Ich will die Reise nicht wegen Höflichkeitsfragen abbrechen. Außerdem wird in Kriegsgebieten von westlichen Staaten Film- und Fotomaterial aus Sicherheitsgründen ebenfalls kontrolliert. Wir beschließen daher weiterzufahren, aber auf einem anderen Umgangston zu bestehen.

Irgendwann tritt Abu Qatadah zu uns ins Zimmer und fragt, ob er uns irgendetwas bringen kann. Er will erkennbar gut Wetter machen. Ich finde das okay. Er wolle kurz einkaufen und könne uns etwas zu essen mitbringen. Mitgehen könnten wir leider nicht. Manche Entscheidungen seiner Vorgesetzten könne er nicht immer verstehen, sagt er. »Aber es ist nun mal, wie es ist.«

Als er zusammen mit Malcolm das Zimmer verlässt, setzt sich Frederic kreidebleich neben mich und flüstert fast lautlos: »Ich bin mir nicht ganz sicher, weil ich ohne PC hier nichts nachprüfen kann. Aber ich glaube, der vermummte Engländer ist Jihadi John. Die halb geschlossenen Augen, die kühn geschwungene Adlernase, der rhythmisch raue britische Dialekt. Ich habe mir seine Stimme in München ein halbes Dutzend Mal angehört. Ich werde sie nie vergessen. Was sollen wir jetzt tun?«

Mir bleibt fast das Herz stehen: Der Henker, der James Foley und wohl auch andere enthauptet hat, soll unser Aufpasser sein? »Sag Malcolm nichts. Ob deine Vermutung stimmt, können wir erst zu Hause überprüfen. Da müssen wir jetzt durch.« Ich lasse mir mein Entsetzen nicht anmerken. Aber ich habe wieder das Gefühl, in einen nach Desinfektionsmitteln riechenden Operationssaal geschoben zu werden. In den ich nicht hineinwill, sondern aus dem ich rauswill. Alles war bisher doch so glatt verlaufen. Lange sitzen wir schweigend zusammen und starren uns an.

Als wir ins Wohnzimmer zurückkehren, teilen wir unserer IS-Truppe mit, dass wir weiterfahren würden. Allerdings erwarteten wir einen anderen Umgangsstil. Schweigend nehmen die drei unsere Entscheidung zur Kenntnis. Abu Qatadah und Abu Loth versuchen, die schlechte Stimmung durch Berichte über den »Islamischen Staat« aufzulockern. Folgende Punkte sind berichtenswert:

Rauchen ist im »Islamischen Staat« verboten. Angeblich wurde das Verbot nicht von heute auf morgen durchgesetzt, sondern schrittweise. Zuerst wurde der Verkauf von Zigaretten verboten, dann, ein paar Wochen später, das Rauchen in der Öffentlichkeit. Schließlich wurde es komplett verboten. Was jemand in seinen eigenen vier Wänden mache, könne der IS allerdings nicht kontrollieren, so Abu Qatadah. »Wenn Sie also zu Hause rauchen wollen, dann ist das Ihr Ding. Der IS kontrolliert das nicht. Wer beim öffentlichen Zigarettenrauchen erwischt werde, bekommt als Strafe 30 Peitschenhiebe.«

Musik ist auch verboten. Abu Qatadah versucht uns zu erklären, dass es Studien gebe, die beweisen, dass bestimmte Musik Einfluss auf das Gemüt habe und Depression und Traurigkeit erzeugen könne. Er selbst versteht das Gesetz, obwohl er früher natürlich auch Musik gehört hat. Am liebsten Hip-Hop und Deutsch-Rap von Gruppen wie Deichkind oder Fettes Brot.

Das syrische Volk sei ein nationalistisches Volk. Der IS sei jetzt schon seit einem Jahr in Rakka. Trotzdem werden sie als Ausländer noch immer kritisch gesehen. Manche sehen den IS sogar als Besatzer.

Schleuser verlangten von Syrern für eine Ausreise nach Europa mindestens 600 US-Dollar.

Generell sei wichtig, dass der IS für die Bevölkerung gut

sorge. Er erlaube Studentinnen aus Rakka sogar, Universitäten in von Assad beherrschten Gebieten zu besuchen. Davon machten zahlreiche Mädchen Gebrauch. Der IS müsse der Bevölkerung ein normales Leben ermöglichen. Der finanzielle Aspekt sei dabei enorm wichtig. Geld öffne alle Türen.

Die größte Geldeinnahmequelle für den IS sei momentan das Ölgeschäft. Ein Barrel verkaufe der IS für zwölf US-Dollar. Auch Gasfelder seien vorhanden. Das meiste Gas werde aber für die eigene Bevölkerung genutzt.

Die zukünftige Währung des IS werde nicht an den US-Dollar gebunden sein, sondern an Gold. Eine eigene Goldwährung sei in Vorbereitung. Angeblich gebe es schon erste Goldmünzen.

Der IS bestehe seit 2006 im Irak. Er habe bei der Bevölkerung der irakischen Gebiete inzwischen Akzeptanz gefunden. »Die Leute wissen, dass sie ungestört leben können, solange sie nicht gegen die Gesetze Allahs verstoßen.«

In Syrien bestehe der IS aus 70 Prozent Ausländern und 30 Prozent Syrern. Im Irak bestehe er aus 30 Prozent Ausländern und 70 Prozent Irakern.

Jeder IS-Neuling müsse zuerst in ein Trainingslager. Das Training bestehe aus zwei Teilen. Im ersten Teil lerne man die Shariah, die Grundzüge des Islam. Der Kurs dauere zwei bis vier Wochen. Dort werde den Neulingen beigebracht, was gut und böse sei und wie sie sich an die Gesetze Allahs zu halten hätten. Der zweite Teil umfasse die militärische Ausbildung. Hier würden sie zu Kämpfern ausgebildet. Das Kämpfen und Bedienen der Waffen werde von den Neulingen schnell gelernt. So schwer sei das ja auch nicht. Ein großer Vorteil sei die Entschlossenheit der neuen IS-Kämpfer. Jeder wolle lernen, und jeder wolle dem IS so gut wie möglich helfen. Jeder wolle kämpfen. »Eine Stunde in der ersten Reihe zu kämpfen, ist wie 60 Jahre Gottesdienst.«

Es dürfe aber nicht jeder sterben. Wenn zum Bespiel ein gut ausgebildeter Spezialist sich unbedingt im Kampf in die Luft sprengen wolle, würde der Kalif das nicht zulassen. Der Mann müsse weiter seine wichtigen Aufgaben erfüllen.

Im »Islamischen Staat« arbeiteten im Staatsdienst auch viele Frauen. Aber nicht als Kämpferinnen wie bei den Kurden. Die Peschmerga seien – anders als die PKK – solche »Flaschen«, dass sogar Frauen an die Front müssten.

Der IS bringe den Kindern in der Schule vor allem drei Dinge bei: Koran, Recht und Kämpfen. Das seien die drei Hauptzweige seines Schulsystems.

Die PKK sei momentan der stärkste Feind mit den besten Bodentruppen. Aber ohne die Luftangriffe der Amerikaner hätte der IS auch Kobane eingenommen. Die USA hätten Kobane derart zerstört, dass es für die Kämpfer des IS keine Verstecke mehr gegeben habe. Die Stadt sehe aus wie Nagasaki nach dem Atombombenabwurf. Wenn das die Anti-IS-Strategie der Amerikaner sei, stünden der arabischen Welt schlimme Zeiten bevor. Abu Qatadah schätzt, dass in Kobane etwa 500 IS-Kämpfer getötet wurden. Und zahllose Zivilisten. Die meisten durch Luftschläge.

Die Jesiden müssten den Islam annehmen, oder sie würden getötet, da sie, so Abu Qatadah, an den Teufel glaubten und diesen sogar anbeteten. Viele Jesiden in Sinjar seien zum Islam übergetreten. Ein Großteil ihrer Frauen sei versklavt worden.

Abu Qatadah war bis Ende 2001 »totaler USA-Fan«. Nach den Anschlägen vom 11. September habe er sich sogar in ein Kondolenzbuch eingetragen. Doch kurze Zeit später fing er an, alles zu hinterfragen. Warum wurde Amerika angegriffen? Malcolm will wissen, was er von den Verschwörungstheorien über 9/11 hält. Abu Qatadah schmunzelt und sagt: »Ja, wir bezweifeln das auch. Aber total.«

Ich schüttle den Kopf. Die Welt liebe Verschwörungstheorien. Es gebe sogar einige Menschen, sage ich zu Abu Qatadah, die behaupten, dass die IS-Enthauptungsvideos gefälscht seien. Er entgegnet, dass die Videos bewusst so geschnitten werden, dass Platz für Spekulationen bleibe. Das wirkliche Kopfabschneiden wolle der IS dem Westen ersparen. Im Übrigen hätte laut Abu Qatadah auch Mohammed James Foley geköpft. Vor Mohammed sei es nämlich nicht Brauch gewesen, richtig zu köpfen. Erst Mohammed habe entschieden, dass der Kopf ganz abgetrennt werden müsse.

Der Prophet, der sich seit fast 1400 Jahren nicht mehr wehren kann, muss beim IS für alles herhalten. Wenn der IS eines Tages Frankreich erobern sollte, wird man bestimmt behaupten, die Guillotine sei ebenfalls eine Erfindung Mohammeds. »Der Grund, dass wir enthaupten«, sagt Abu Qatadah, »ist Abschreckung.«

Abu Qatadah fährt fort: Mohammad Al Julani, der Anführer der Terrortruppe Jabhat Al Nusra, habe zehn Millionen US-Dollar veruntreut. Das sei aber nur einer der Gründe gewesen, dass man sich von ihm getrennt habe. Das jugendliche Bild, das in den Medien kursiert, zeige wirklich Al Julani.

In Pakistan findet Abu Qatadah die radikalen pakistanischen Tehreek-e-Taliban gut. Die afghanischen Taliban bezeichnet er hingegen als ein »Desaster«. Mullah Omar sei »eine richtige Pfeife«. Außerdem könne er gar nicht Emir eines Kalifats sein, da er nicht vom Stamm der Quraish abstamme. »Der hat überhaupt keinen islamischen Maßstab.« Trotzdem habe er Geschichte geschrieben, weil er Osama bin Laden nicht ausgewiesen habe.

IS-Rückkehrer nach Deutschland würden von ihnen als Abtrünnige angesehen. Wenn sie keine Reue zeigten, erwarte sie das Todesurteil. Als ich ihn wiederholt nach möglichen Anschlägen von Rückkehrern in Deutschland frage, lacht er nur. »Wer weiß? Aber eigentlich haben sie schon hier nichts Richtiges zustande gebracht.«

Abu Qatadah behauptet, dass die 44 UN-Blauhelmsoldaten von den Fidschi-Inseln, die diesen Sommer angeblich von Jabhat Al Nusra entführt wurden, in Wirklichkeit von der FSA gekidnappt worden seien. Die FSA habe aber aus Rücksicht auf ihre westlichen Sponsoren schlecht bei der UN Lösegeld fordern können. Also hätten sie die Geiseln an Jabhat Al Nusra weitergegeben und sich die Kohle geteilt.

Zum Abendessen hat Abu Loth eine große Reisplatte mit Huhn besorgt. Dazu gibt es etwas Joghurt und Pepsi. Malcolm wollte unbedingt wieder frischen Fruchtsaft. Freddy und ich haben versucht, ihm das auszureden. Es gab schließlich nur eine Toilette. Doch er wollte sich da nicht reinreden lassen. Er habe einen eisernen Magen.

Weil unser »Hausarrest« morgen vorüber ist, ist die Stimmung etwas lockerer. Abu Qatadah und Abu Loth geben sich große Mühe, den Zwischenfall mit dem vermummten Fahrer zu überspielen. Und protestieren nicht, wenn wir trotz Verbots immer wieder auf den kleinen Balkon treten, um etwas vom Straßenleben mitzubekommen.

Ich ziehe mich heute früh zurück und zwänge mich in meinen Schlafsack. Frederic bleibt bei Abu Loth und Abu Qatadah. Der arme Malcolm hingegen schleppt sich immer wieder Richtung Toilette. Gegen manche frische arabische Fruchtsäfte sind selbst eiserne Mägen chancenlos.

Gegen Mitternacht hören wir extrem lautes Geknatter. Schüsse. Sehr nahe. Abu Qatadah, der erst ziemlich nervös war, ist sich nach einigen bangen Minuten sicher, dass es Freudenschüsse sind. Irgendetwas wird da draußen gefeiert. Abu Loth geht nach draußen, um sich zu erkundigen. Nach ein paar Minuten kommt er strahlend zurück und erzählt, dass der IS eine wichtige Zone nahe dem Flughafen Deir-ez-Zour eingenommen habe und die »Brüder« jetzt feierten.

Schießen und Freudenfeuer sind allerdings beim IS auch bei derartigen Ereignissen nicht erlaubt. Besonders in Gegenden, wo Familien mit Kindern leben. Als Abu Loth später ebenfalls in die Luft schießt, nimmt ihm ein IS-Polizist seine Kalaschnikow ab. In einer Woche könne er sie wieder abholen.

Um 8:20 Uhr sitzen wir vor unserem Haus in einem kleinen Minibus. Es geht nach Mosul. Freddy, Malcolm und ich sind ziemlich verschlafen. Aber das ist wohl normal. Keiner von uns dreien kann hier wirklich gut schlafen. Unser wieder total vermummter Fahrer ermahnt Frederic, dass er auch aus dem Auto heraus in Rakka keine Fotos machen dürfe. Erst in Mosul könnten wir filmen und fotografieren.

Wir fahren wieder an dem Platz vorbei, an dem der IS manchmal abgeschlagene Köpfe zur Schau stellt. Douwar Naeem heißt er. Irgendwie ist alles wie in einem Albtraum. Kommen wir aus diesem Land wirklich lebend heraus? Nur ein Stück Papier schützt uns vor dem tödlichen Damoklesschwert, das trotz aller Versprechen über uns schwebt. Der schneidende Auftritt des Vermummten gestern, den Zusagen überhaupt nicht zu interessieren scheinen, steckt Frederic und mir noch immer in den Knochen. Bisher haben kein westlicher Journalist und sein Team den »Islamischen Staat« lebend verlassen. Warum sollte es bei uns anders sein? Der gestrige Streit hat erstmals auch bei mir erhebliche Zweifel an unserer Sicherheit geweckt. Der Fahrer scheint eine eiskalte Wut auf uns zu haben.

Auf den Straßen ist wenig los. Da die Menschen Assads Bomber fürchten, haben sie inzwischen ihr Leben nach deren Flugzeiten gerichtet. Bei gutem Wetter gehen die Leute nur selten aus dem Haus. Erst wenn es dunkel wird, fühlen sie sich sicher. Obwohl dann die Amerikaner bombardieren. Die Schulen sind angeblich offen. Es gebe eine Mädchenschule mit 8000 Schülerinnen. Was für eine große Mädchenschule. Und mehrere Privatschulen. Viele Kinder müssen jedoch ihre Familien unterstützen. Sie arbeiten, statt zur Schule zu gehen.

Erstaunlich, wie viele Bauprojekte es in Rakka gibt! Die meisten wurden sicherlich noch unter Assad gestartet. Ob sie jemals zu Ende gebaut werden? Wir sehen viele Villen. Wer hier wohl jetzt wohnt?

Der Fahrer fragt, ob wir noch irgendwelche iPads, Tablets oder Handys bei uns hätten. Ich habe noch ein iPad. Ausschließlich zum Schreiben. »Abgeben«, raunt der Vermummte. Frederic schaut mich bittend an. Keine Auseinandersetzung mit dem Fahrer, sagt sein fast flehender Blick. Wir halten kurz an und übergeben das Gerät einem jungen IS-Kämpfer.

Während wir uns bei dieser Gelegenheit ein wenig die Beine vertreten, kommt eine alte Frau und breitet auf dem staubigen Boden ihr frisch gebackenes Fladenbrot aus, um es abzukühlen. Ihre Tochter hilft ihr. Jedes Brot wird einzeln in den Staub gelegt und dann gewendet. Abu Qatadah fragt, ob wir etwas von dem Brot haben wollten. Doch wir haben an diesem Morgen wenig Appetit auf staubiges Brot und fahren weiter.

Zwischen den Obst- und Gemüseständen sind überall Zerstörungen durch Bomben zu sehen. Einige Gebäude sind total zertrümmert. An anderen fehlt nur das obere Stockwerk. »Das ist von Assads Bomben. Wenn die Amerikaner bombardieren, ist das ganze Haus weg.« Wir kommen an einer schiitischen Moschee vorbei. Die wurde weder von den Amerikanern noch von den Syrern bombardiert. Der IS hat sie zerstört. Und ist sehr stolz darauf. Nur eine Front mit Fresken ist stehen geblieben.

Obwohl es in Rakka angeblich eine funktionierende Müllabfuhr gibt, liegen Müllhaufen herum. Einige von ihnen brennen. Laut Abu Qatadah hat das nichts mit der IS-Müllabfuhr zu tun, sondern mit der Undiszipliniertheit der lokalen Bevölkerung.

An einem Checkpoint mit bewaffneten IS-Kämpfern werden wir angehalten. Unser Fahrer zeigt ein Papier, und wir werden durchgelassen. Dann geht es durch die Wüste in Richtung der sogenannten Sykes-Picot-Linie, mit der Engländer und Franzosen nach dem Ersten Weltkrieg den Irak und Syrien unter sich aufteilten. Nach ein paar Kilometern Wüste taucht ein zweiter Checkpoint auf. Hier wehen besonders viele IS-Flaggen. Auch hier kommen wir problemlos durch.

Wir befinden uns auf der Straße nach Al-Hasakah. Zu sehen gibt es in der Wüste nichts. Außer ein paar Hirten mit ihren Schafen und hier und da einer kleinen Lehmhütte. Nach etwa einer Stunde biegen wir rechts auf eine andere Wüstenstraße ab. Der IS hat hier bereits eigene Straßenschilder aufgestellt. Es geht weiter nach Al-Shadadi, wo wir kurz austreten wollen. Doch man lässt uns nicht. *»For security reasons«*, murmelt der Fahrer, »aus Sicherheitsgründen«, und holt Getränke. Abu Loth versteht das jetzt auch nicht mehr. Doch er meint, es sei besser, den Anweisungen zu folgen. Frederic meint, dass der Fahrer wenigstens freundlich sein könne. Wir hätten ihm ja nichts getan. Abu Loth erwidert, der Fahrer sei nur schlecht drauf. Wir sollten das nicht persönlich nehmen.

Aber Austreten ist nun mal etwas ganz Persönliches. Mir wird das jetzt zu dumm. Ich steige aus und verschwinde hinter einer alten Baracke. Soll der Fahrer toben, wenn er will. Frederic und Abu Loth folgen mir. Nach dem Wasserlassen steigen wir wieder in den Wagen. Ich bedanke mich herzlich bei unserem vermummten Fahrer für die frischen Getränke. Verdutzt schaut er uns an. Offensichtlich wollte er gerade loslegen.

In Al-Shadadi scheint es einen tüchtigen Motorradverkäufer zu geben. Die Straßen sind voll mit Motorrädern. Hier ist richtig was los. Es ist der lebhafteste Teil des »Islamischen Staats«, den wir bisher gesehen haben.

Außer Abu Loth spricht keiner im Auto mit uns. Unser vermummter Fahrer sowieso nicht. Sein Beifahrer, der seinen Kopf unter einer schwarzen Skimaske versteckt, auch nicht. Und Abu Qatadah ist entweder müde oder in Gedanken woanders. Die Fahrt ist holprig und geht stark aufs Kreuz. Wir kommen an einer großen, total zerstörten Autowerkstatt vorbei. Sie wurde angeblich von amerikanischen Flugzeugen bombardiert: »Damit der IS seine Fahrzeuge nicht mehr so leicht reparieren kann.«

Immer wieder sehen wir verrostete Metallfässer, aus denen schwarzer Rauch aufsteigt. Daneben steht in einer ölig-dunklen Pfütze ein schwarz verdreckter Mann. Alle paar hundert Meter. Ein-Mann-Ölraffinerien, meint Abu Loth.

Während Abu Qatadah in Gedanken versunken zu sein scheint, berichtet Abu Loth, wer so alles zum IS kommt: Der jüngste deutsche IS-Kämpfer war 16 Jahre alt. Er ist inzwischen tot. Er war Deutscher mit bosnischen Wurzeln. Er war noch Schüler. An einem Checkpoint wurde er von der FSA erschossen.

Burak, ein anderer deutscher IS-Kämpfer, war Jugendnationalspieler des DFB. Auch der Sohn eines bekannten englischen Bankers kämpft für den IS. Ein »Bruder aus Texas« ist auch da. Sein Vater ist beim amerikanischen Militär. Auch eine Handvoll israelischer Staatsbürger kämpft für den IS. Arabische Israelis mit israelischem Pass.

Unser Fahrer übergibt das Steuer seinem Beifahrer. 15 Minuten später macht es »wrumms«. Wir sind einem Lkw draufgefahren. »*He just went on his fucking brakes* – Der hat gerade voll auf seine verdammte Bremse getreten«, flucht dieser unter seiner Skimaske mit einem noch stärkeren englischen Akzent als unser mürrischer Hauptfahrer. »*You are British?* – Bist du Brite?«, frage ich ihn. Er antwortet erst nicht, sagt dann auf Arabisch, er sei aus New York – wo er nie und nimmer herkommt –, und steigt aus, um sich den Schaden zu besehen. Der rechte Kotflügel unseres Wagens hängt herunter. Alle packen an, und unter großen Mühen können wir das Teil entfernen. Bis Mosul wird es gehen. Dort muss der Wagen repariert oder ausgetauscht werden. Bevor sich eine zu große Menschenmenge um den Unfallort bildet, fahren wir weiter.

Nach einer halben Stunde erreichen wir die Sykes-Picot-Grenze. Es gibt nicht mehr viel zu sehen. Die stolzen Grenzgebäude von einst sind völlig zerstört, alles liegt in Trümmern.

Auf einem Mast weht die Flagge des IS. Eine auf Stein gemalte Irak-Fahne ist schwarz mit den Symbolen des IS übermalt.

Eine Zeit lang fahren wir am Sinjar-Gebirge entlang, in das während des Sommers die Jesiden geflüchtet waren. Die Landschaft ist immer gleich: karg, fast leer, nur ab und zu kleine Dörfer. Plötzlich sehen wir viele ausgebrannte, zerschossene Autos, die am Straßenrand oder einige Meter im Feld liegen. Als wäre hier das Propagandavideo des IS gedreht worden, in dem der IS ein Auto nach dem anderen beschießt, bis alle Insassen tot sind. Später bestimmen mehr und mehr zerstörte Gebäude die Landschaft. Frederic darf noch immer keine Fotos machen. »Erst in Mosul«, heißt es stets.

Abu Loth, so erfahren wir jetzt, ist zusammen mit Abu Qatadah und acht anderen Jungs aus Solingen ausgewandert. Zwei sind inzwischen tot. Einer davon war Robert B. Mit ihm saß Abu Qatadah schon im Gefängnis. Abu Loth und Abu Qatadah hielten viel von Robert B. Er sei mutig und vollkommen überzeugt gewesen. Er wollte unbedingt eine »Märtyrer-Operation« machen. Er musste sich mehrere Monate gedulden, bis er endlich drankam. 160 andere Märtyrer waren vor ihm auf der Warteliste. So groß ist, laut Abu Loth, der Andrang. Mit seiner »Märtyrer-Operation« habe B. über 50 Menschen in den Tod gerissen.

Die Listen seien auch schon länger gewesen. Damals in Aleppo, erzählt Abu Loth, hätten schon mal über 600 Namen auf der Warteliste gestanden. Er fragt mich, ob wir vor einigen Monaten nicht mit Philip B. gesprochen hätten. Der habe sich ebenfalls inzwischen in die Luft gesprengt. Irgendwann diesen Sommer soll das gewesen sein.

Noch 60 Kilometer bis Mosul. Wieder ein Checkpoint. Wieder kein Problem. Wir werden durchgewunken. Die ersten Vororte sind zu sehen. Wir fahren an einem großen Gefängnis vorbei. Eine der Mauern ist zerstört. Der IS hat hier eine »Märtyrer-

Operation gemacht und alle Gefangenen befreit«, erklärt uns Abu Qatadah stolz. Er und Abu Loth kommen zum ersten Mal nach Mosul. Dementsprechend groß ist ihre Vorfreude, auch wenn sie das uns gegenüber nicht wirklich zeigen wollen.

Wir kommen an einer Ölraffinerie vorbei. Sie scheint in Betrieb zu sein. Sicherheitspersonal steht am Eingangstor, Menschen sind auf dem Grundstück zu sehen. Die Gegend ist voller Ölfelder. Man kann sie nicht nur sehen, sondern auch riechen.

Auch an einem Flüchtlingslager fahren wir vorbei. Unzählige Menschen leben hier in Zelten. Woher sie wohl kommen, warum sie zum IS geflüchtet sind? Uns wird gesagt, sie kämen aus umkämpften oder zerstörten Gebieten.

Zwei weitere Checkpoints, dann ist es endlich so weit. Mosul! Ein großer dunkler Torbogen spannt sich über die mehrspurige Straße. Der Torbogen ist IS-getreu gestaltet: schwarz mit weißem Schriftzug und der IS-Flagge. Ab hier darf Frederic endlich filmen.

Jetzt also sind wir in der Millionenstadt Mosul. Im Herzen des »Islamischen Staats«. 5000 IS-Kämpfer kontrollieren diese Stadt mit schätzungsweise zwei Millionen Einwohnern. Weniger als 400 Mann waren nötig, um über 20 000 irakische Soldaten, zwei Divisionen, in die Flucht zu schlagen. Abu Qatadah meint sogar, es seien nur 183 Mann gewesen.

Mosul macht einen verdammt normalen Eindruck. Wie andere Großstädte im Nahen Osten. Nichts sieht nach »IS-Steinzeit« aus. Im Gegenteil. Mosul ist eine vibrierende, lebendige Großstadt, mit viel Verkehr und unzähligen Menschen auf den Straßen. Sind wir gerade an einem IS-Verkehrspolizisten vorbeigefahren? Ich bin mir nicht sicher, es sah aber so aus.

Natürlich vergesse ich in diesem Moment nicht, dass hier unzählige Schiiten und Jesiden ermordet oder vertrieben wurden und Zigtausende Christen geflohen sind. Mosul ist jetzt eine rein sunnitische Stadt. Das Leid der Ermordeten und Vertriebenen sieht man nicht.

Wir biegen in eine Seitenstraße, um jemanden von der Medienabteilung zu treffen, der uns den weiteren Verlauf unserer Reise erklären soll. Durch eine Glastür werden wir in einen kleinen Laden geführt. Hier befindet sich der Vertrieb des »IS-Verlags«. Was hier stapelweise an Büchern und Broschüren lagert, wird bald in den Moscheen des ganzen IS-Gebiets verteilt werden. In einer Vitrine liegen die neuesten Flyer und Infobroschüren. Zum Beispiel:

Wie man seine Sklaven behandeln soll
Wie man dem Kalifen die Treue schwört
Wie man sich als Frau zu benehmen und anzuziehen hat
Wie man sich um die Armen kümmern soll
Wie man ein guter IS-Kämpfer wird

Ausgestellt ist auch das erste Buch, das der IS offiziell verlegt hat: *Al Fiqh al Jihad*. Das Verständnis des Jihad. Der Verfasser ist Abu Abdullah Al Muhajir, der spirituelle Mentor von Zarkawi. Er hat Zarkawi davon überzeugt, dass Selbstmordattentate nicht nur akzeptabel, sondern der richtige Weg seien. Abu Qatadah meint, wenn dieses Buch in Deutschland bei mir gefunden werde, würde ich mindestens sieben Jahre ins Gefängnis kommen.

Wir lassen uns die einzelnen Broschüren, so gut es geht, erklären. Auch das Buch. Auf meine Bitte erhalte ich von jedem ein Exemplar. IS-Flaggen werden mir auch angeboten. Es gibt sie in verschiedenen Größen.

Frederic und Malcolm sind hungrig. Wir beschließen, später noch einmal zu kommen, und fahren weiter Richtung Stadtzentrum, um etwas zu essen. In Mosul gibt es sogar noch Hotels. Die besseren sind seit der Eroberung Mosuls allerdings geschlossen, es gibt nicht genug Strom. Wir dürfen natürlich nicht ins Hotel. Der IS will uns nicht aus den Augen lassen und ganz nahe bei sich haben. Nach mehreren erfolglosen Überredungsversuchen fügen wir uns.

Das Restaurant, das wir besuchen, sieht von außen wie die glamouröse Version einer amerikanischen Fast-Food-Kette aus. Doch nur zwei Tische sind besetzt. Wir, Abu Qatadah, Abu Loth, ein irakischer Fahrer aus Mosul, Freddy, Malcolm und ich, gehen in den ersten Stock. Abu Qatadah bestellt erst einmal querbeet die halbe Karte des Restaurants. Als Vorspeisen werden verschiedene kleine Salate aufgetischt. Als Hauptgang: frittiertes Hühnchen, gegrilltes Hühnchen, Lamm-Kebab, Lammkoteletts, Pizza, Pommes und Brot. Zu trinken gibt es standesgemäß, wie fast immer, Pepsi, Sprite und Wasser. Angeblich soll das Essen in Mosul viel besser sein als das Essen in Rakka. Abu Qatadah lässt sich das nicht entgehen.

Abu Loth erzählt uns, was seine Motivation war, Deutschland zu verlassen und in den »Islamischen Staat« zu ziehen. Er war in Solingen, wie Abu Qatadah, oft in der Millatu-Ibrahim-Moschee gewesen. Alle waren von ihrem damaligen Imam begeistert. Von Mohamed Mahmoud alias Abu Usama Al Gharib. Nach den Predigten saßen sie zusammen und diskutierten. War er ein Salafist? Abu Loth mag den Begriff »Salafist« nicht. Auf einmal gab es großen Medienrummel um diesen Imam und seine Predigten. Viele bezeichneten ihn als Hassprediger. Abu Loth mied daraufhin eine Zeit lang die Moschee, da er Angst vor dem Verfassungsschutz hatte. Doch bald erkannte er, dass das, »was dieser Imam predigte, der richtige Weg war«! Er ging mit seinen Freunden wieder oft in die Moschee. Sie verbrachten viel Zeit miteinander, diskutierten, spielten Fußball, grillten.

Dann, 2012, zogen sie alle zusammen als Gruppe in den Jihad. Sie sahen das jetzt als ihre göttliche Pflicht an. Trainiert wurden sie in Libyen. Fast zwei Monate lang. Größtenteils gab es zwar Religionsunterricht, doch auch Training mit der Waffe und taktische Übungen. Abu Loth meint, im Westen gebe es keine klaren Werte und keine Orientierung. Jeden Tag werde das schlimmer. Wie es im Westen zugehe, könne nicht von unserem Schöpfer gewollt sein. »Das ganze Leben ist ohnehin nur ein Test, und dazu braucht man einen klaren Leitfaden.«

Eine hitzige Diskussion entsteht, als ich frage, was denn der Prophet Mohammed heutzutage predigen würde. Ob er nicht, wie damals, seiner Zeit weit voraus wäre und sich für fortschrittliche Reformen einsetzen würde. Einer der größten Reformer der Geschichte würde sich mit Sicherheit nicht für die Sitten und Bräuche von vor fast 1400 Jahren einsetzen. Für den zornigen Abu Qatadah ist die Antwort klar: »Mohammed würde heute genauso leben wie damals. Weil Allah nach dem Koran nichts mehr offenbart hat. Und Mohammed nur getan hat, was Allah ihm gesagt hatte. Es geht nicht um Reformen, sondern um den richtigen Weg. Den Weg der Propheten. Mohammed hat uns das richtige Leben vorgelebt.« – »Das richtige Leben in seiner Zeit, vor über tausend Jahren«, antworte ich. »Wenn wir heute noch nach dem Alten Testament leben würden, müssten wir ja auch jeden Tag töten«, sage ich. »Das tut ihr doch auch«, antwortet Abu Qatadah kühl.

Die wichtigste Botschaft sei, dass man nur an einen Gott glauben dürfe. Alles andere lasse sich davon ableiten. Auch Hinrichtungen und Sklaverei. Gott jemanden »beizugesellen«, sei die größte Sünde. Daher seien auch alle, die Demokratie und ihre Gesetze akzeptierten, auf dem falschen Weg. Sie stellten von Menschen gemachte Gesetze über die Gesetze Gottes. Die »gemäßigten« demokratischen Muslime, von denen ich so gerne spreche, gebe es in Wirklichkeit nicht. Das seien keine Muslime, sondern Abtrünnige. Für einen Muslim gebe es niemanden neben Allah. Das Recht, Gesetze zu erlassen, gebühre nicht irgendwelchen Parlamenten, »sondern nur Allah«.

Ich frage Abu Qatadah, warum Gott, wenn er so groß, barmherzig und mächtig ist, wie auch ich glaube, von uns Winzlingen vor allem angebetet werden will. Wäre es ihm nicht viel wichtiger, dass wir nach seinen Vorgaben gute Taten vollbringen? Für mich sei Gott viel größer und großzügiger. Gott könne nicht so kleinlich sein, wie sie ihn sich vorstellten.

Mir ist klar, dass ich mich hier ganz nahe an der Grenze dessen befinde, was Abu Qatadah vor unserer Reise als tödliche

Gotteslästerung bezeichnet hatte. Aber kann es Gotteslästerung sein, wenn ich feststellte, dass Gott größer ist, als sie alle denken? Abu Qatadah schaut mich verächtlich an. In seinen Augen habe ich die Idee des Monotheismus einfach nicht verstanden. »Sie irren«, sagt er. »Ein schlechter Muslim, der lügt, betrügt und tötet, ist Allah lieber als ein Nichtmuslim, der den ganzen Tag Gutes tut.«

Hier endet die Diskussion. Der Fahrer aus Mosul teilt Abu Loth und Abu Qatadah über Funk mit, dass wir jetzt fahren könnten. Die anderen seien jetzt da. Welche anderen? Unsere beiden Fahrer aus Rakka?

Wir fahren zurück zu dem Geschäft mit den Propagandabroschüren. Da unsere Gastgeber gemeinsam ihr Gebet verrichten, warten wir im Eingangsbereich. Neben uns sitzt ein junger Kämpfer und schaut Al Jazeera-Nachrichten. Ein IS-Mann betritt den Laden und begrüßt uns freundlich. Er ist etwa ein Meter fünfzig groß und sieht aus, als wäre er nicht älter als 13 Jahre. Er sagt, er sei 21 und stamme aus Saudi-Arabien. Bei den irakischen IS-Kämpfern, die nach und nach vom Gebet zurückkommen, scheint er sehr beliebt zu sein. Jeder freut sich, ihn zu sehen.

Ich überrede Abu Loth, mit uns auf die Straße zu gehen. »Aber nur kurz«, sagt er. Er scheint großen Respekt vor dem englischen Fahrer zu haben. Ich will eine Uhr kaufen, da man uns unsere Handys abgenommen hat. Wenn ich aufwache, will ich wenigstens wissen, wie viel Uhr es ist. Draußen ist es schon dunkel. Die gut beleuchtete Universitätsstraße, die wir entlanglaufen, ist sehr belebt. Fast jeder Laden hat geöffnet. Nüsse, Rosinen, Trockenfrüchte, Eis, Kaffee, Tee und allen möglichen Krimskrams gibt es zu kaufen. Sogar ein Stand mit Zuckerwatte steht hier. Nicht gerade das Bild einer Terrorstadt, wie wir sie uns vorstellten. Ich finde eine Armbanduhr. Die billigste im Angebot. Abu Loth besteht darauf, dass er sie bezahlt. Sie kostet umgerechnet zehn Euro. Es komme nicht infrage, dass wir als Gäste für irgendwas bezahlten. »Ich werde Ihnen die Uhr am Ende der Reise wiedergeben«, sage ich. »Machen Sie sich da keine Sorgen. Sie können sie gerne behalten«, lacht Abu Loth.

Auf der gegenüberliegenden Straßenseite hat sich eine Menschentraube gebildet. Schätzungsweise 50 Leute drängen sich vor einem Stand, an dem eine große IS-Flagge hängt. Wir gehen rüber, um nachzusehen, was dort los ist. Über ein mittelgroßes Fernsehgerät werden die neusten Propagandavideos des IS gezeigt. Kampfszenen, aufgenommen mit Nachtsichtgeräten. Auch Kinder befinden sich unter den Zuschauern. Frederic filmt. Eigentlich erstaunlich, dass sich Menschen mitten in einem Krisengebiet freiwillig auch noch solche Videos anschauen. Einer der vielen bärtigen Männer, die in der Menge stehen, schaut Frederic kritisch an. Irgendwann geht er zornig auf ihn zu: Warum er hier filme, will er wissen. Er stößt Frederic vor sich her. Innerhalb von Sekunden ist Frederic von einem Rudel aufgeregter Männer umstellt. Er ruft immer wieder »no problem« und sucht Abu Loth. Der steht auf der anderen Straßenseite. »Loth!«, brüllt er mehrfach wütend. Die ganze Zeit stehen uns die IS-Leute auf den Füßen, aber jetzt, wo wir sie brauchen, haben sie uns aus den Augen verloren.

Ich wühle mich mit Malcolm durch das Rudel. Wir versuchen die Männer, die Frederic erkennbar an den Kragen wollen, zu beruhigen und wegzudrängen. Malcolm wirft sich geradezu todesmutig dazwischen. Zum Glück ist auch Abu Loth schnell zur Stelle und klärt die Leute auf. Wir seien vom »Chef« persönlich eingeladen, um zu berichten, wie es im »Islamischen Staat« wirklich sei. Wir hätten die Erlaubnis zu filmen, was wir wollten.

Die finsteren Blicke verwandeln sich in freundliches Lächeln. »Sorry, my friend! Welcome...« Keiner will jetzt einen schlechten Eindruck hinterlassen. Der grantige Mann hat angeblich Familie in Bagdad und will daher nicht gefilmt werden. Seine Angehörigen würden Probleme bekommen, wenn er erkannt würde. Wir versichern ihm, dass er sich keine Sorgen machen müsse. Frederic werde die Aufnahmen von ihm löschen. Vorsichtshalber gehen wir jedoch wieder auf die andere Straßenseite. Volksaufläufe sind stets gefährlich.

Wir begegnen drei jungen Kämpfern. Sie sind nicht zu übersehen. Denn zwei von ihnen sind blond. Ein Finne und ein Schwede mit einem Kurden in Mosul. Das ist nicht der Anfang eines Witzes, sondern IS-Realität. Der Schwede nennt Mosul »mein Paradies auf Erden. Die beste Zeit meines Lebens«.

Als Frederic meine Unterhaltung mit ihnen filmen will, ziehen sich alle drei ihre Masken über den Kopf. Sie wollen nicht erkannt werden. Aber sie sind äußerst interessiert, warum wir hier sind. Als wir ihnen den Grund nennen, werden wir noch interessanter für sie. Sie reden noch mehr als zuvor. Sie wollen erklären, wie großartig das alles hier ist. Sie wollen ihre Botschaft verkünden. Von einem Teeverkäufer wird uns Tee angeboten. Sehr süß, aber sehr lecker.

Es ist schon recht spät, als wir bei unserer Unterkunft ankommen. Unser Billigbungalow liegt in einer Ferienanlage, die auch von IS-Kämpfern genutzt wird. Wie ein kleines Dorf sieht es hier aus. Ferien beim IS. Allerdings ist die Inneneinrichtung bescheiden und ziemlich heruntergekommen. Zwei Schlafzimmer, ein Wohnzimmer, eine Küche und ein Bad, diesmal mit Kloschüssel.

Bevor wir schlafen gehen, will Abu Qatadah noch etwas Überraschendes loswerden. Er meint, es werde zu Verhandlungen zwischen dem IS und dem Westen kommen. Es könne sogar sein, dass dem Westen angeboten werde, dass der IS seine Expansion für eine gewisse Zeit einstelle. Das sei in einem Hadith, einem Ausspruch Mohammeds, prophezeit worden. Die Prophezeiungen dieses Hadith seien bisher alle eingetreten. Man werde sich mit dem Westen gegen einen gemeinsamen Feind verbünden und hierzu einen Friedensvertrag schließen. Der natürlich zeitlich begrenzt sei. Doch wer soll dieser gemeinsame Feind sein? Russland? Iran? Die Zeit werde es zeigen. Ich antworte, dass man im Westen mit einem solchen Verhandlungsangebot ausgelacht würde. Keine westliche Regierung werde mit dem IS sprechen, keine einzige. Abu Qatadah lächelt wissend. »Es wird ein Angebot des IS geben. Sie werden sehen.«

FÜNFTER TAG

MITTWOCH, 10. DEZEMBER 2014

Gegen 9:00 Uhr werden wir von Abu Qatadah geweckt. Es ist sehr kalt, besonders im Bad. Warmes Wasser gibt es nicht. Wir waschen uns mit eiskaltem Wasser. Angenehm ist das nicht, aber es hilft beim Aufwachen. Zum Frühstück gibt es Fladenbrot, Kiri-Käse und Tee. Nur Abu Loth frühstückt mit uns. Abu Qatadah ist in einen anderen Bungalow gegangen, in dem IS-Kämpfer untergebracht sind. Er scheint von unseren Diskussionen ziemlich genervt zu sein.

Draußen ist es nicht nur kalt, es regnet auch noch leicht. Neben unserem Grundstück gibt es einen Spielpark für Kinder. Den hatten wir gestern Abend in der Dunkelheit nicht gesehen. Im Sommer soll hier einiges los sein. Mit drei Autos und inzwischen sechs bewaffneten Begleitern, einschließlich Abu Qatadah und Abu Loth, machen wir uns auf den Weg in ein Krankenhaus, das wir besuchen wollen. Frederic sitzt vorne auf dem Beifahrersitz, damit er besser filmen kann. Ob er das Schiebedach öffnen dürfe, um von oben aus dem Auto heraus zu filmen? Er darf. Er stellt sich auf den Beifahrersitz und sitzt irgendwann sogar auf dem Autodach. Auf den Straßen herrscht reger Verkehr. Wir fahren durch Viertel, die äußerst belebt sind. Viele schauen uns verblüfft an. Ein IS-Straßenpolizist ruft Frederic aufgeregt etwas hinterher.

Am Eingang des Krankenhauses werden wir von IS-Kämpfern in Empfang genommen. Das Gebäude ist mit vielen IS-

Fahnen bemalt. Am Eingang hängt eine große IS-Flagge. Die Wartesäle des Krankenhauses sind voller Menschen. Auf TV-Geräten werden Propagandavideos von karitativen Aktivitäten des IS gezeigt: IS-Kämpfer beim Verteilen von Spielzeug und Schulsachen an Mädchen, von Essen an Arme. Diese Art von IS-Videos kannten wir bisher nicht. Ich hätte nicht gedacht, dass es sie gibt. Aber hier will man ja auch nicht Furcht und Schrecken verbreiten.

Der erste Arzt, mit dem ich spreche, der aber leider nicht gefilmt werden will, beklagt, dass es einen großen Medikamentenmangel gebe. Das Hauptproblem sei der Medikamentenboykott aus Bagdad. Besonders seit die Regierung in Bagdad keine Medikamentenlieferungen mehr nach Mosul zulasse. Schon vor der Machtübernahme durch den IS sei die Versorgung schlecht gewesen. Jetzt aber sei sie fast so schlimm wie während der Sanktionen des Westens gegen Saddam Hussein. Außerdem habe sich die Wasserversorgung verschlechtert. Das Leitungswasser ist nicht mehr trinkbar. Mit dem IS habe er kein Problem, die Zusammenarbeit sei okay. Was soll er auch sonst sagen.

Auf der Suche nach einem Arzt, der bereit ist, mit uns vor laufender Kamera zu sprechen, finden wir einen verletzten IS-Kämpfer. Er hat eine frische Schusswunde am Arm. Ein junger Arzt mit langen Haaren kümmert sich um ihn. Zu unserer Überraschung spricht der Arzt Deutsch. Auch er will nicht gefilmt werden. Er ist aus Europa, mehr will er nicht sagen. Ich bitte ihn trotzdem um eine kurze Beschreibung der Lage. Er überlegt und zieht sich plötzlich schmunzelnd die Skimaske eines unserer Begleiter über. So ist er bereit, mit uns zu sprechen. Ein weiterer verletzter Kämpfer wird auf einer Liege an uns vorbeigerollt. Er will uns unbedingt die Hand schütteln. Ein kleiner Junge ist bei ihm. Im AC-Milan-Pulli. Auf der Mütze die IS-Flagge. Ein skurriles Bild.

Der Arzt führt uns durch das Krankenhaus und stellt uns

mehrere Patienten vor. Einer von ihnen heißt Ahmed und kommt aus Ramadi. Er wurde durch Panzerbeschuss der irakischen Armee verletzt. Vom linken Bein ist nur noch der Oberschenkel übrig. Das rechte Bein ist so oft gebrochen und so von Splittern durchsiebt, dass es nie mehr richtig funktionieren wird. Ahmed scheint das nichts auszumachen. Er ist als Kämpfer verletzt worden und will als Kämpfer zurück aufs Schlachtfeld. Dazu braucht er Beinprothesen. Auf die wartet er jetzt. Sie werden aus Holz sein. Ich bin ziemlich verblüfft: »Sie werden wieder kämpfen? Ohne Beine?« »*Inschallah!* Wenn ich wieder laufen kann, werde ich bis zum letzten Atemzug kämpfen; sobald ich laufen kann, *inschallah*!«

Auch Abu Mariam ist IS-Kämpfer. Er hat ebenfalls schwere Beinverletzungen. Er ist 32 Jahre alt und wurde bei einem Bombenangriff der irakischen Luftwaffe verletzt. Er war früher Händler auf dem Markt. Jetzt kämpfe er für den IS, um seine Religion zu verteidigen, sagt er. Während wir mit den Verletzten sprechen, stehen sicherlich zehn Mann um uns herum. Das macht es nicht leicht, eine Gesprächsatmosphäre aufzubauen. Aber die Neugierde der Schaulustigen ist wie immer groß. Nach dem Motto: Wo gefilmt wird, muss es etwas Interessantes geben. Ich hätte mich gerne ausführlicher mit den Verwundeten unterhalten.

Der letzte Patient, mit dem wir sprechen, ist ein etwas älterer Herr. Er ist von Beruf Lastwagenfahrer. Er wurde letzten Samstag bei einem Drohnenangriff schwer verletzt. Überall am Körper hat er Schnitte und Wunden. Auch sein Gesicht ist mit Verletzungen übersät, seine Augen sind aufgequollen. An Oberkörper, Bauch und an den Beinen hat er mehrere Raketensplitter abbekommen. Zwanzig Leute seien bei dem Angriff getötet worden. Laut ihm waren sie alle Zivilisten. Auch er habe mit dem IS nichts zu tun, sagt er bitter.

Ein tunesischer IS-Kämpfer, mit dem wir sprechen wollen, möchte sich nicht mit uns unterhalten. Eine für den IS kämpfende Holländerin, die bei einem Angriff verletzt wurde, dürfen wir nicht filmen. Ansonsten sind hier alle recht kooperativ. Zwei Fotos, die Frederic von einer Bettlerin am Eingang des Krankenhauses gemacht hat, muss er allerdings löschen.

Bevor wir das Krankenhaus verlassen, erzählt uns der Arzt eine Geschichte, die sich vor knapp zwei Wochen in Mosul ereignet haben soll. Eine US-Drohne habe am 27. November auf zwei Krankenwagen des Krankenhauses geschossen. Als die Notärzte fliehen wollten, wurden sie durch »Geschützfeuer der Drohne« erschossen. Alle sechs wurden getötet. Sie waren keine Kämpfer, sondern Krankenhauspersonal auf dem Weg, Verletzte abzuholen.

Als wir wieder in unsere Autos steigen wollen, hält ein großer schwarzgrauer Mercedes der E-Klasse vor dem Eingangsbereich des Krankenhauses. Auf dem schwarzen Nummernschild prangt das IS-Logo: »Kalifat des Islamischen Staats«. Jetzt hat der IS sogar schon eigene Nummernschilder! Aus dem Wagen steigt ein bewaffneter junger Mann. Er bittet Frederic, die Kamera in eine andere Richtung zu halten, während er drei Frauen aus dem Mercedes aussteigen lässt. Dann geht er mit ihnen ins Krankenhaus. Als er zurückkommt, bedankt er sich für die Diskretion.

Inzwischen hat es aufgehört zu regnen. Langsam kommt die Sonne zwischen den Wolken hervor. Vom Krankenhaus geht es in die Innenstadt, zu jener Moschee, in der Abu Bakr Al Baghdadi vor ein paar Monaten seine Predigt gehalten hat. Die Moschee mit dem schiefen Minarett, neben dem der Turm von Pisa fast senkrecht aussähe, ist recht klein. Trotz ihrer grünen Verzierungen ist sie bei Weitem nicht so schön wie andere Moscheen der muslimischen Welt. Ihre Bedeutung jedoch ist enorm. Hier wurde Geschichte geschrieben, wenn auch keine schöne. Auf dem Minarett weht die schwarze Flagge des IS mit dem Siegel des Propheten sowie dem ersten Satz des islamischen Glaubensbekenntnisses: »Es gibt keinen Gott außer Gott.« Was Gott wohl über die Taten des IS denkt?

Zu unserer Überraschung dürfen wir die Moschee nicht betreten. Ich bin ohne Strümpfe schon ein paar Meter hineingelaufen, als man mich auffordert umzukehren. Bisher wurde ich in über 50 Jahren noch nie vom Betreten einer Moschee abgehalten. Nicht einmal in der Al Aqsa-Moschee in Jerusalem. Aber der äußerst erregte Qatadah lässt nicht mit sich reden. »Das mag wohl sein, dass irgendwelche Abtrünnige Ihnen das anderswo mal erlaubt haben. Aber ein richtiger Muslim würde Sie hier nie reinlassen.« Was für ein Schwachsinn!

Wir bleiben also am Eingang stehen, knien uns nieder und beten demonstrativ von dort aus. Sehr lange, ganz in Ruhe, jeder für sich. Einer unserer Begleiter läuft währenddessen mit Frederics Kamera durch die Moschee und filmt für uns. Während unserer »Besichtigung« der Moschee sind wir drei die einzigen Personen, die beten. Unsere IS-Männer beten wohl nur zu vorgeschriebenen Zeiten.

Danach sehen wir uns in der Gegend ein wenig um. Wir beobachten die Menschen in ihrem Alltagsleben. Alles wirkt normal. Wenn nicht überall IS-Fahnen und IS-Wandbemalungen wären, könnte man nicht erkennen, dass wir uns in einer vom IS besetzten und regierten Stadt befinden. Aber ist das nicht in allen totalitären Staaten so? Herrscht nicht auch dort bleierne Normalität?

Abu Loth erklärt: »Solange die Leute sich an die Gesetze Gottes halten, können sie tun und lassen, was sie wollen. Die Menschen hier haben ein einfaches, normales Leben.« Der freundliche und oft auch nachdenkliche Abu Loth ist inzwischen unser Hauptansprechpartner, nachdem die anderen uns gegenüber immer schweigsamer geworden sind.

Viele Leute betrachten uns verblüfft. Wie Wesen von einem anderen Stern. Besonders wenn Frederic filmt. Journalisten wird doch sonst der Kopf abgeschnitten. Wieso dürfen wir filmen? Unser IS-Kommando ist erfreulicherweise wieder mal weit weg. Ich sehe am Straßenrand einen kleinen, vielleicht vier Jahre alten Jungen stehen. Er schaut mich mit großen Augen an. Ich laufe auf ihn zu, gehe vor ihm in die Hocke und tue so, als würde ich ihm die Nase klauen. Als der Junge seine »Nase« zwischen meinen Fingern sieht, fasst er sich erstaunt ins Gesicht. Zum Glück ist sie noch da. Bewohner von Mosul, die das mitbekommen haben, freuen sich diebisch.

Die Einkaufsstraße, durch die wir gehen, füllt sich. Wir sehen einen jungen Mann im roten FC-Bayern-Trikot. Er versteht nicht, warum wir uns freuen, ihn zu sehen. Bis er erfährt, dass wir aus München kommen. Auf seinem Rücken steht die Nummer 7 und »Ribéry«. Bayern-Fans im »Islamischen Staat«!

Wir sprechen mit zwei jungen Verkehrspolizisten des IS. Der eine ist 24 Jahre alt, sein Kollege erst 15. Der ältere erklärt uns ihre Aufgabe. Er behauptet, dass die Verkehrspolizei sehr angesehen und beliebt sei, da sie einen guten Job mache. Und was ist ihre Aufgabe? Den Verkehr so gut wie möglich zu regeln. »Wir sind hier, um zu helfen.«

Ein paar Schritte weiter an einem Fischstand liegen Dutzende lebendige Karpfen, die immer wieder nass gespritzt werden, damit sie am Leben bleiben. Die Szene lässt mich an das irakische Volk denken, dass seit G.W. Bushs Einmarsch im Irak bis heute so viel Not und Leid durchleben musste. Einige nehmen sich ihren Fisch lebendig mit, andere lassen ihn gleich ausnehmen.

Masgouf, dieser im Feuerofen gegrillte Karpfen, ist eine berühmte Spezialität Bagdads. Frederic und ich sind 2002 am Tigrisufer zum ersten Mal in den Genuss dieser Köstlichkeit gekommen. Damals, in der Zeit der Sanktionen, hatte sich der Restaurantbesitzer so über unseren Besuch gefreut, dass er uns das ganze Abendessen schenkte. Außer Karpfen und kleineren Fischen wird hier noch ein Fisch angeboten, den ich noch nie gesehen habe. Er sieht aus wie ein dicker, grauer Aal. Abu Loth erklärt uns lachend, dass die Schiiten diesen Fisch hassen, da er Ali beim Gebet an einem Fluss gestört habe. »Sie hassen ihn. Die Sunniten aber lieben ihn. Jetzt sind die

Schiiten weg, und der Fisch ist wieder da.« Mir bleibt das Lachen im Hals stecken, da ich an die vielen in Mosul ermordeten Schiiten denke.

Da wir hungrig sind, schlage ich vor, in eines der kleinen Fischrestaurants zu gehen und Masgouf zu essen. »Sind Sie sich da sicher?«, fragt Abu Qatadah ungläubig. »Die schmecken einmalig«, sage ich. Die Einheimischen unter unseren Begleitern finden die Idee super und zeigen uns, wo es ihrer Meinung nach den besten und frischesten Karpfen gibt.

Wir gehen nach oben in den ersten Stock des vorgeschlagenen Restaurants. Es ist zwar nicht gerade der sauberste Ort der Stadt. Aber solange es gut schmeckt, ist uns das egal. Zu trinken gibt es Wasser und natürlich Pepsi. Allen schmeckt der unbeschreiblich knusprige und innen sehr saftige Fisch. Außer Abu Qatadah. Der bestellt sich einen anderen Fisch, der ihm aber auch nicht wirklich schmeckt. Obwohl er recht viel davon isst. »Das war ja 'ne ganz tolle Idee von Ihnen«, sagt er, während er sich den Mund abwischt und mich verständnislos anschaut. So hart und aufopferungsvoll hatte er sich die Reise mit uns wohl nicht vorgestellt.

Als ich auf dem Weg zur Toilette durch einen Nebenraum muss, sehe ich unsere beiden Fahrer aus Rakka unvermummt mit zwei einheimischen Begleitern. Ich entschuldige mich und gehe weiter. Die kühn geschwungene Nase unseres strengen Cheffahrers bleibt mir im Gedächtnis. Ebenso seine langen schwarzen Locken, die bis in den Nacken fallen.

Auf der ältesten Brücke der Stadt überqueren wir den Tigris. Auf der anderen Seite gab es vor Kurzem einen Luftangriff der Amerikaner. Ein paar Überreste der Explosion sind noch zu erkennen. Auch ein ausgebranntes Polizeiauto ist noch da.

Wir nähern uns einer Polizeistation. Mindestens ein Dutzend schwarz gekleideter IS-Kämpfer steht auf dem Platz davor. Iraker, aber auch einige Ausländer. Sie machen einen ruhigen, disziplinierten Eindruck. Wie Männer, die ihren Beruf sehr ernst nehmen und ihn mit Stolz und Würde ausüben. Ist das der neue Staat?

Wir werden zum Polizeichef gebracht, der nicht älter als Anfang vierzig zu sein scheint. Er trägt eine neue, olivgrüne Uniform, darüber eine beigefarbene amerikanische Schutzweste, einen Munitionsgurt mit Waffe und amerikanische Army-Boots. Auf dem Kopf eine schwarze Mütze. Mit seinem Bart sieht er aus wie ein junger Jamaikaner in US-Uniform. Er hat sich bereit erklärt, unsere Fragen zu beantworten. Frederic filmt das Gespräch. Abu Loth übersetzt. Hinter uns stehen während des gesamten Gesprächs elf weitere IS-Männer. Die Atmosphäre ist ziemlich gespannt. Für IS-Leute ist das alles neu. Warum können wir uns so frei bewegen? Bisher kannten sie Westler nur in Gefangenenuniform oder tot. Einer der IS-Leute starrt mich ausgesprochen grimmig an. Er sieht aus, wie ich mir immer die Märchenfigur Ali Baba vorgestellt habe. Von imposanter Gestalt, ein Muskelpaket mit ausgeprägtem Bart und tiefen, schwarzen Augenringen. Quer über seinen Oberkörper trägt er zwei schwarze Gürtel. In ihnen stecken mehrere Handfeuerwaffen und jede Menge Magazine. Er schaut mich an, als wollte er mich in Stücke reißen.

Der Polizeichef erklärt uns in blumigen Worten, die Lage in der Provinz Niniveh und ihrer Hauptstadt Mosul sei durch die Präsenz der IS-Kämpfer und der IS-Polizei ruhig, sicher und stabil. Die Provinz habe in ihrer langen Geschichte noch nie so viel Frieden erlebt. Nach Jahren der Anarchie könnten die Menschen endlich wieder beruhigt aus ihren Häusern gehen. Ohne Angst vor Überfällen oder vor dem Tod.

Zwar gebe es hin und wieder noch Diebstähle. Aber die gebe es auf der ganzen Welt. Ihre Zahl sei drastisch zurückgegangen. Manchmal vergehe eine ganze Woche ohne eine einzige Strafanzeige. Dank Allah und der islamischen Polizei.

Das mit den Diebstählen will ich genauer wissen. Ich frage: »Angenommen, Sie schnappen einen Dieb, der etwas gestohlen hat, was mehr als 40 US-Dollar wert ist. Wird der dann vor ein islamisches Gericht gestellt? Und wie lange dauert es, bis ihm die Hand abgeschnitten wird?

Der Polizeichef antwortet auf »Beamtenarabisch«: »Nachdem ein Haftbefehl gegen die entsprechende Person ausgestellt wurde, muss sie zu einer Station der islamischen Polizei der Provinz Niniveh gebracht werden. Dort bleibt die Person ein, zwei Tage. Nicht länger. Dann wird sie zum islamischen Gericht gebracht, wo ihr Fall registriert wird, damit das Verfahren beginnen kann. Wenn der Wert des gestohlenen Gegenstands über dem Mindestbetrag für Handamputationen liegt, wird die Hand amputiert. So wie es das islamische Gesetz vorschreibt.« In den nächsten Tagen sei keine Handamputation vorgesehen. Die durchgeführten Amputationen seien sehr abschreckend, Diebstahl lohne sich nicht mehr.

Ich frage ihn nach der Meinung der Bevölkerung zur Polizei. Der Polizeichef meint, nach den Jahren der Anarchie akzeptiere das Volk von Niniveh die Polizei nicht nur, es liebe sie. An Tagen, an denen sie nicht auf den Straßen präsent sei, vermissten die Menschen sie regelrecht. Die Leute hätten keine Lust mehr auf die Anarchie der letzten zehn Jahre. Ich erlaube mir, Zweifel anzumelden, aber die Begeisterung des Polizeichefs über seine Truppe ist nicht zu bremsen.

Außerdem arbeiteten Söhne aus sehr vielen Familien bei der Polizei. Das führe zu einer starken Verbundenheit mit der Bevölkerung. Unter dem alten Regime hätten diese jungen Leute alle keine Chance bekommen. Die frühere Polizei sei eben nicht islamisch gewesen. Sie habe die Menschen schlecht behandelt, abgekanzelt, beschimpft und sogar geschlagen. Diese Zeiten seien nun vorbei.

Als wir sein Büro verlassen, kommen wir an zwei Zellen vorbei. Ich bleibe stehen, um mit den Gefangenen zu sprechen. Der Polizeichef hatte es mir ausdrücklich gestattet. In einer der Zellen sitzt ein junger Mann, Mitte zwanzig. Er ist peinlich berührt. Sein »Vergehen«: Er wurde mit seiner Freundin beim

Rendezvous erwischt. Jetzt muss er dafür einen Tag im Gefängnis absitzen. Ich frage ihn, ob sie denn wenigstens hübsch sei. Der junge Mann lächelt und nickt. Frederic unterbricht mich. »Papa, hör auf, sonst bekommt er noch mehr Probleme!« Ich folge meinem weisen Sohn. Ob der junge Mann die neue Polizei wirklich so liebt, wie der Polizeichef meint?

In der anderen Zelle sitzt ein alter Mann. Sein Vergehen ist der Besitz einer größeren Menge von Schlaftabletten und Antidepressiva. Einer ganzen Plastiktüte voll. Man zeigt sie uns, als ob man uns damit überzeugen könnte. »Und Zigaretten hatte er auch«, sagt mir ein Wärter. Ein paar Tage wird er hier verbringen müssen, dann kommt er wieder frei. Er tut Frederic und mir schrecklich leid. Man sieht ihm an, dass er seine Tabletten braucht. Er scheint sehr depressiv zu sein.

Leider können wir keine Christen treffen. Sie seien alle aus Mosul geflohen. Sie hätten angeblich nur den Schutzvertrag unterschreiben und die Jizya zahlen müssen. Dann hätten sie bleiben können. Doch die drei christlichen Führer sollen sich dagegen entschieden haben. Sie seien von Al Baghdadi zu einem Treffen eingeladen worden und einfach nicht erschienen. Innerhalb der nächsten drei Tage seien sie dann mit den anderen Christen aus Mosul geflohen. Angeblich 130 000 Christen hätten so Mosul verlassen. Sie wollten nicht im »Islamischen Staat« leben. In den Flüchtlingslagern von Erbil sind wir im August einigen von ihnen begegnet.

Als wir das Gebäude verlassen, nimmt Abu Loth Frederic auf die Seite. Etwas verlegen fragt er, ob Frederic mich nicht daran hindern könne, immer nachzufassen. Einige wichtige Persönlichkeiten des »Islamischen Staats« – wie etwa der Polizeichef – seien das nicht gewohnt. Sie würden mein ständiges Nachfragen als unhöflich auffassen. Frederic reagiert abweisend. Daran müsse Abu Loth sich gewöhnen. Wir seien hierhergereist, um zu recherchieren und um Antworten zu bekommen. Nicht um Höflichkeiten auszutauschen und Tee zu trinken. Weiter vertieft Frederic die Kontroverse nicht.

Wir werden auf eine Patrouillenfahrt mitgenommen. Doch wir kommen nur bis zu einer großen Kreuzung, wenige Kilometer von der Polizeistation entfernt. Dort ist gerade eine größere Einheit der Polizei im Sondereinsatz. Dutzende Verkehrspolizisten mit Kalaschnikows kontrollieren Autos und Passanten. Die meisten werden durchgewunken. »Es geht darum, von Zeit zu Zeit demonstrativ Präsenz zu zeigen. Wir wollen, dass die Leute sehen, dass hier jetzt Recht und Ordnung herrschen«, erklärt Abu Loth. Der Polizeichef betont, dass seine Männer auch bei derartigen Einsätzen respektvoll auftreten müssten. Sie täten das auch.

Auf einem der Pritschenwagen entdecken wir ein deutsches MG3. Es ist mit einem Schutzschild auf der Ladefläche des Fahrzeugs montiert. Das MG3 stammt, nach Aussagen des stolzen Kämpfers, der es bedient, aus den deutschen Waffenlieferungen an die Peschmerga. Er hat es persönlich erbeutet. So landen die deutschen Waffenlieferungen am Ende eben doch in den falschen Händen. Oft bei dem, der am meisten zahlt. Die Kämpfer fragen lachend, ob wir den Kurden nicht noch mehr Waffen schicken könnten. Was sie nicht erbeuteten, müssten sie später auf dem Schwarzmarkt kaufen.

Auf der Rückfahrt zu unseren Bungalows merken wir, dass mit unserem »Fahrer« etwas nicht stimmt. Irgendetwas muss ihm total missfallen haben. Seine Haltung uns gegenüber ist wieder ausgesprochen erbost und auf einem neuen Tiefpunkt angelangt. Angeblich, weil ich ihn ohne Maske beim Essen gesehen habe. Aber der Weg zur Toilette führte nun mal an ihm vorbei. Außerdem hatte ich ihn nur flüchtig angeschaut. Und warum ist das so ein großes Problem? Hatte Freddy mit seiner dunklen Vermutung doch recht?

Nachdem wir geparkt haben, gibt der vermummte »Fahrer« Frederic mit dem Kopf ein unfreundliches Zeichen, ihm zu folgen. Sie gehen ein paar Schritte, dann bleiben sie stehen. Leicht nach vorne gebeugt, den Kopf etwas schräg, mit seinem halb geschlossenen Oberlid schaut der »Fahrer« Frederic streng und gebieterisch an: *»I'm going to tell you something now and you will do as I say. Do you understand me?«* – *»Yes!«* – *»Alright. I am not going to discuss this. You're gonna do as I tell you«*, sagt er bedrohlich. *»You will go and get your cameras now, including all your memory cards. You will give them to me. I will look at everything. Make a copy for you and I give you your cameras back tomorrow morning. Are we clear?«**

Frederic versucht ihm zu erklären, dass er damit gar nicht einverstanden sei und dass er die Original-Memory-Cards wieder brauche. Es sei auch nicht verabredet, dass der IS Kopien seines Materials mache. Das gehe so unter keinen Umständen.

Unser »Fahrer« ist kurz davor zu explodieren. Er bebt vor Wut. Wir haben keine Ahnung, warum. Frederic sieht, dass die Lage jederzeit eskalieren kann, und zuckt die Schultern. Dann holt er die Kameras und gibt sie unserem giftigen Cheffahrer, bevor es zum totalen Bruch kommt.

Ziemlich verwirrt gehen wir zu unserem Bungalow. Kurz vor dem Eingang entfacht sich dann ein Streit zwischen Abu Qatadah und mir, weil ich mich über das Verhalten des »Fahrers« beschwere. Auf einmal fängt Abu Qatadah an, laut zu werden. »Das ist uns scheißegal, wie Sie in anderen Ländern der muslimischen Welt empfangen und behandelt wurden. Die kriechen Ihnen doch alle nur in den Arsch. Wir kriechen Ihnen nicht in den Arsch!«, schimpft er und hält mir die Faust vors Gesicht, während er mit seiner anderen Hand demonstrativ beleidigend auf seine Armbeuge schlägt. »Sie sind nie zufrieden. Stellen immer wieder Fragen. Hinterfragen uns die ganze Zeit, alles, was wir tun. Sie gehen hier einigen Leuten mächtig auf den Sack, wenn ich Ihnen das so sagen darf. Das akzeptieren

---

* »Ich werde dir jetzt was sagen, und du machst genau das, was ich dir sage: Verstehst du mich?« – »Ja.« – »Okay, ich werde darüber jetzt nicht mit dir diskutieren. Du machst das, was ich dir sage… Du wirst jetzt deine Kameras holen, inklusive all deiner Speicherkarten. Du wirst sie mir dann geben. Ich werde mir alles anschauen. Dir eine Kopie davon machen und dir deine Kameras morgen früh wieder zurückgeben? Haben wir uns verstanden?«

wir nicht.« Die Nerven unseres IS-Kommandos liegen blank. Unsere eigentlich auch.

Anstatt mit uns in die Wohnung zu kommen, geht Abu Qatadah demonstrativ zu den anderen IS-Kämpfern und lässt Frederic, Malcolm und mich die nächsten Stunden allein im Bungalow. Der andere Bungalow füllt sich mit unserem Begleitkommando und weiteren IS-Kämpfern. Was die wohl jetzt besprechen? War's das jetzt mit der Sicherheitsgarantie? Wo kommt diese ständig wachsende Aggression her? Wir haben ein sehr unangenehmes Gefühl.

Einige lange Stunden später kommt Abu Loth zu uns. Der »Fahrer« sei tatsächlich sauer und kaum noch ansprechbar, weil ich ihn beim Essen ohne Vollmaskierung gesehen habe. Aber warum soll das so ein großes Problem sein? Ich habe ihn ja nicht fotografiert. Eine so überzogene Reaktion habe ich noch nie erlebt.

»Manche Menschen wollen eben nicht erkannt werden. Ihr müsst das respektieren«, sagt Abu Loth. Außerdem sei ich in ihren Augen nun mal extrem kritisch und würde bei jeder Gelegenheit die Vereinbarkeit ihres Handelns mit dem Koran bestreiten. Damit kämen viele Leute hier nicht klar. Niemand wage es im »Islamischen Staat«, so mit ihnen zu sprechen.

Die Stimmung sei zurzeit eben gereizt. Sorgen müssten wir uns trotzdem keine machen. Die würden sich schon wieder beruhigen, und morgen sei ein neuer Tag. So denke ich eigentlich auch meist. Wenn mir Frederics Verdacht nicht immer wieder durch den Kopf ginge. Warum macht der Mann so einen Aufstand, nur weil ich ihn einige Sekunden lang unmaskiert gesehen habe? Was wird hier gespielt? Wenn Frederic recht hat, dann haben wir jetzt ein Riesenproblem.

Wie schon gestern, frühstückt auch heute nur Abu Loth mit uns. Fladenbrot und Kiri-Käse.

Zu unserer Freude scheint die Sonne. Abu Qatadah kommt mit undurchdringlicher Miene herein: »Es könnte heute Probleme geben. Es sind Drohnen in der Luft. Wir müssen heute vorsichtiger sein. Mal sehen, ob wir unser Programm durchziehen können. Ich bin mir nicht sicher.« Dann geht er wieder. »Ihr habt zehn Minuten«, sagt er, ohne die geringste Gefühlsregung zu zeigen.

Einer unserer einheimischen Fahrer hat seinen neunjährigen Sohn dabei. So gefährlich wird es dann wohl doch nicht sein. Unser erstes Ziel ist das Gericht. Hier wollen wir uns anschauen, wie die Gerichtsbarkeit in der Praxis funktioniert. Vor einem blau-gläsernen Hochhaus biegen wir von der Straße ab. Wir fahren durch zwei Sicherheitskontrollen, ehe wir auf einem Parkplatz anhalten.

Im Gerichtsgebäude sind viele Menschen. In der Eingangshalle ist kein Platz mehr frei. Über der Rezeption hängt eine große IS-Fahne. 50 Menschen und mehr sitzen oder stehen herum und warten auf ihren Termin.

Über eine große Wendeltreppe mit goldfarbenem Geländer gehen wir in den ersten Stock. Dort treffen wir einen Richter, der unter anderem für Strafsachen verantwortlich ist. Auch er ist komplett in Schwarz gekleidet und trägt einen langen, schwarzen Bart. Da dieses Gespräch auf Frederics Kamera später von unserem »Fahrer« gelöscht wurde, hier einige Passagen aus Malcolms Reiseprotokoll:

JT: Über welche Angelegenheiten urteilen Sie?

Richter: Strafrecht, Familienrecht, Schuldrecht, Erbrecht.

Haben Sie viel zu tun?

Ja. Ich bearbeite zurzeit zirka 30 bis 40 Fälle. Auch in zweiter Instanz, wenn nötig.

Wo haben Sie Jura studiert?

In verschiedenen Moscheen.

In Moscheen?

Ja, ich war Prediger in einer Moschee, bevor der IS hierhergekommen ist.

Arbeiten hier auch Richter, die vor der Machtübernahme des IS schon Richter waren?

Nein, die wurden alle getötet. Sie haben die Gesetze der Menschen über die Gesetze Gottes gestellt. Außerdem waren viele von ihnen korrupt. Die Menschen sind mit den neuen Gesetzen und uns Richtern zufrieden. Wir wenden ja einfach nur die Shariah an. Wir interpretieren nicht herum, sondern verfügen nur, was geschrieben steht. Alle Fälle werden daher auch zügiger bearbeitet.

Sind für die nächsten Tage irgendwelche Exekutionen, Auspeitschungen oder Handamputationen geplant?

Nein.

Welche Hand wird eigentlich abgehackt? Gibt es da eine Regel?

Ja, immer die Hand, mit der gestohlen wurde.

Geschieht das oft?

Ich selber habe nur zweimal die Hand abhacken lassen müssen. In der gesamten Provinz kam das in den letzten vier Monaten nicht mehr vor. Es gab lediglich einen Fall von Hurerei. Die Verurteilte wurde gesteinigt. Glauben Sie mir, das schreckt die Leute ab. Außerdem, jetzt wo die Bestechung der Richter nicht mehr möglich ist, überlegen sich die Leute genau, ob sie eine Straftat begehen oder nicht. Früher konnte man sich freikaufen. Das geht heute nicht mehr. Gleiches Recht für alle.

Abu Qatadah fragt, ob wir an einer Exekution teilnehmen wollten, das ließe sich organisieren. Es gebe genügend Gefangene mit entsprechenden Straftaten. »Sie müssen es uns nur sagen. Wir haben damit kein Problem. Ich kann das auch selber für Sie machen. Was hätten Sie gerne? Einen Kurden oder einen Schiiten?« Er lächelt, während er uns Exekutionen und Amputationen anbietet. Ich lehne ziemlich schroff ab. Frederic ist völlig schockiert. Was für ein Zynismus! Wir gehen nach draußen.

Wir fahren zu einem ehemaligen Stützpunkt der irakischen Armee. Inzwischen ist er ein Stützpunkt des IS. Von hier aus wurde Mosul überrannt. Hier sind Tausende irakischer Soldaten vor den IS-Kämpfern geflohen. Sie haben alles stehen und liegen lassen. Unser einheimischer Fahrer hat kein Mitleid mit ihnen. Er ist von ihnen gefoltert worden. Eine Woche lang bekam er Elektroschocks, die viele Narben auf seinen Beinen hinterlassen haben. Danach saß er mehrere Monate im Flughafengefängnis, ehe er sich für 5000 US-Dollar freikaufen konnte.

Am Eingang der ehemaligen Militärbasis warten wir auf ein anderes Auto. Am Himmel entdecken wir ein Flugzeug. »*Americans!*«, meint unser Fahrer. Es sei jedoch nur ein Beobachtungsflug, glaubt er. Wie beruhigend! Wir fahren weiter auf das Gelände. Die Basis dient inzwischen als Trainingsgelände, Gefängnis und Waffenstützpunkt des IS. Das Gelände ist riesig. Wir stoppen an einem Panzerfriedhof. So sieht es jedenfalls aus. Hier stehen mindestens 50 bis 100 Panzer, alte, neue, russische, amerikanische. Ich verliere ein wenig den Überblick. Ein apokalyptischer Anblick. Auf einem der Panzer ist ein Graffito angebracht: »*I'm sorry!*«

Angeblich werden wir gleich Kämpfer beim Training sehen, vielleicht auch Gefangene.

Doch über uns ist auf einmal das Surren von Drohnen hörbar. Unsere Delegation war den Amerikanern wohl doch zu groß. Hektik kommt auf. Wir müssen das Programm abbrechen. Wir fahren in verschiedene Richtungen, um einen Angriff zu erschweren. Die Stimmung ist angespannt. Immer wieder kommunizieren die IS-Kämpfer über ihre Funkgeräte. Unser Fahrer drückt aufs Gaspedal. Im Vorbeifahren zeigt er uns Eingänge, die zu Geheimgefängnissen führen. Wir kommen an einem Fußballfeld vorbei, dann an komplett zerstörten Baracken. Hier ist nicht viel übrig geblieben.

Dann sind wir wieder am Eingangstor. Hier steht ein halbes Dutzend schwarz gekleideter Männer und Kinder mit roten Mützen. Sie sind mit Maschinengewehren, amerikanischen M16 und russischen Kalaschnikows bewaffnet. Sie gehören einer Spezialeinheit der Polizei an. Während ich mit ihnen spreche, wird Frederic mehrfach von einem uniformierten Kerl angerempelt, er schubst ihn vor sich her. Nur mit Mühe gelingt es Abu Loth zu schlichten. Einige der Kämpfer scheinen unter großem Stress zu stehen. Die antiwestliche Propaganda des IS zeigt erkennbar Wirkung. Die drei Jüngsten der Einheit sind angeblich zwölf und dreizehn, sehen aber eher noch jünger aus. Sie behaupten, auch schon an Kämpfen beteiligt gewesen zu sein. Sie würden für ihren Kampf und ihre tägliche Arbeit aber nicht bezahlt. Sie machten es für die Ehre. Zwei von ihnen gehen nebenbei zur Schule. Wir können das Gespräch nicht vertiefen. Die Drohnen sind noch immer in der Luft. Die Polizisten rufen uns hinterher, dass sie keine Angst vor Drohnen oder Flugzeugen hätten. Sie fürchteten nur Allah. »Wir werden Obama zu Hause besuchen«, lautet der Satz, mit dem sie sich verabschieden.

Wir fahren zu einer anderen Basis. Davor steht eine golden angemalte amerikanische Haubitze. Obendrauf eine IS-Flagge. Wir steigen aus und werden freundlich begrüßt. Einer der IS-Kämpfer sieht aus wie George Clooney. Über seiner Camouflage trägt er eine grüne Weste. »US« steht groß auf seine Schulter. Er trägt das amerikanische Emblem erstaunlicherweise mit großem Stolz. Die meisten Kämpfer hier scheinen mit amerikanischen M16-Gewehren ausgerüstet zu sein.

Vor der Haubitze führe ich ein kurzes Interview mit einem Kämpfer:

JT: Woher kommen Sie?

Kämpfer: Ägypten.

Wo waren Sie während der ägyptischen Revolution?

Ich habe in Mekka gearbeitet.

Was denken Sie über den »Islamischen Staat«?

Der Prophet, Friede sei mit ihm, kam mit der Religion Allahs. Er etablierte die Religion durch den Jihad und nicht durch Wahlen und Beratungen, wo jeder seine Meinung sagen kann, ob er mit dem Islam übereinstimmt oder nicht. Wahlen bedeuten Unglaube und Kampf gegen Allah und seinen Propheten.

Deshalb kämpfen Sie für den »Islamischen Staat«?

Ja, weil die IS-Anhänger berücksichtigen, dass Allah der Schöpfer ist. Sie distanzieren sich von jedem, der Allah und seinen Gesandten bekämpft.

Einer der Kämpfer, der das Interview interessiert beobachtet hat, zeigt mir stolz sein amerikanisches Sniper-Scharfschützengewehr. Wir schauen durch sein Zielfernrohr auf eine etwa 500 Meter entfernte Ruine. Der Blick durch das Fadenkreuz ist beeindruckend. Man könnte jemandem von hier einen Löffel aus der Hand schießen.

Wir fahren in ein Restaurant. Während wir Lamm-Kebab, Reis und Brot essen, erzählt Abu Loth, dass er nicht glaubt, dass der IS zu besiegen sei. Er persönlich habe all seinen Besitz aufgegeben, seine Familie verlassen, um hier im IS sterben zu können. Die Motivation sei so groß. Jeder hier sei bereit, sein letztes Hemd zu geben. »Wir ziehen mit Sprengstoffgürteln in den Kampf. Wir wollen bis zum Schluss kämpfen. Ihr nicht.« Er wünscht sich, bald dem eigentlichen Feind gegenüberzustehen. Den Amerikanern. »Wir mussten so viel Leid durch sie ertragen. In Gefängnissen wie Abu Ghraib, in Guantanamo, in Afghanistan, hier.« Obama sei doch ratlos. Er wolle nur sein Volk besänftigen. Daher die zögerlichen Luftschläge, mit denen er in Mosul fast nur Zivilisten treffe. Das sei jedes Mal feiger Mord an Unschuldigen. Aber dem IS würden die Bombardements immer mehr Zulauf bescheren. Und neue Motivation, die Amerikaner bald richtig zu bekämpfen.

Ich frage Abu Loth wieder nach dem britischen Journalisten John Cantlie. Abu Loth sagt, dass er gehört habe, dass dieser inzwischen bete. Wie vorgeschrieben fünfmal am Tag. Wenn das stimme, dann sei er jetzt de facto Sklave und kein Gefangener mehr. Wie kann ich diesem Mann bloß helfen?

Freddy macht sich jeden Tag mehr Sorgen. Weil er unsere Familie und die von Malcolm nicht mehr erreichen kann. Er hatte versprochen, sich regelmäßig zu melden. Aber seine letzte E-Mail liegt eine Woche zurück. Ihm ist klar, dass zu Hause langsam Panik ausbrechen muss. In den letzten Tagen hatten unsere Begleiter immer neue Ausreden, warum wir nicht zu einem Internetcafé fahren konnten. Jetzt aber sagt Abu Qatadah, dass es in Mosul kein Internet gebe.

Ich frage den Restaurantbesitzer, und siehe da, es gibt natürlich Internet. Sogar bei ihm. Wir könnten es nutzen, wenn wir wollten. Abu Qatadah ist darüber gar nicht erfreut. Er regt sich drüber auf, dass ich seine Ausrede nicht akzeptiert habe und wieder mal Druck ausübe. Wenigstens endet die Diskussion nicht wie gestern Abend mit Drohungen. Abu Qatadah verspricht, dass wir heute Abend eine E-Mail verschicken könnten.

Es ist Gebetszeit. Der Restaurantbesitzer schließt seine Jalousien und die Tür. Das ist im IS während der Gebetszeiten verpflichtend.

Nach dem Gebet fahren wir an jenem Ort vorbei, an dem bei der Eroberung Mosuls zwei IS-Kämpfer mit ihren Autos mehrere Checkpoints durchbrachen. Anschließend sprengten sie sich vor einem Hotel, in dem gerade die irakische Generalität ihre Abwehrstrategie gegen den IS beriet, in die Luft. Sechs Generäle starben, die anderen flüchteten. Ihre Divisionen im Gefolge.

Wir halten an einem Kreisverkehr an. Ohne zu wissen, warum. Zehn schwer bewaffnete, schwarz gekleidete, maskierte Männer tauchen auf. Ein kräftiger Mann führt einen Gefangenen mit kurz geschorenen Haaren und langem rotbraunem Bart in unsere Richtung. Der Gefangene, der eine gelbe Häftlingskluft trägt, wird nur an einem Finger geführt. Er scheint völlig gebrochen zu sein. Auf der Straße ereignet sich krachend ein Auffahrunfall. Preis der Neugierde. Zögernd gehen wir in die Mitte des Rondells. »Das ist ein gefangener Peschmerga. Sie können ihn jetzt befragen.« Spezialeinheiten umstellen uns während des Gesprächs. Die anderen sichern den Platz ab. Alle Autos werden zum Stehen gebracht. Nichts bewegt sich mehr.

Der Gefangene sagt kaum hörbar zu mir: »Danke, dass Sie sich Zeit für mich genommen haben.« In seinen Augen liegt völlige Hoffnungslosigkeit, Resignation.

JT: Wann wurden Sie gefangen genommen?

Gefangener: Im Sommer. Wir waren 13 Männer. Eine Gruppe wohnte in der Nähe des Dammes, die zweite in der Nähe des Tabadul-Platzes. Die dritte Gruppe hatte sich verlaufen. Wir kamen bei Sitmarkho an. Dort wurden wir festgenommen.

Seit wann seid ihr in Haft?

Seit dem 15. Juni 2014, seit sechs Monaten.

Wie ist der IS mit Ihnen umgegangen?

Die Behandlung ist nicht so problematisch für uns. Wir sorgen uns um unsere Angehörigen. Am Anfang konnten wir nicht zwischen Tag und Nacht unterscheiden. Wir wussten nichts über unsere Zukunft, ob wir freigelassen würden oder nicht. Wir wussten nur, dass wir überlebt hatten.

Abu Loth: Er fragt dich über den Umgang! Erkläre es ihm!

Die Behandlung war in Ordnung, *no problem.*

Was waren Sie von Beruf?

Soldat, einfacher Soldat.

Sind Sie Muslim?

Ja.

Haben sie gesagt, was sie mit Ihnen machen werden?

Sie sagten, wir seien für sie Austauschgefangene. Wir appellierten an die Regierung Kurdistans, an Präsident Barzani, bei diesem Austausch mitzumachen. Die Regierung reagiert nicht. Sie zeigt kein Interesse.

Abu Loth: Er fragt, wie wurdest du vom IS behandelt? Hast du gut gegessen, gut getrunken?

Die Behandlung war gut, sehr gut, problemlos.

Sind Sie verheiratet? Haben Sie Kinder?

Nein, ich bin nicht verheiratet, ich habe aber Geschwister. Sie sind Waisen, deshalb musste ich mich um ihren Lebensunterhalt kümmern.

Weiß Ihre Familie, dass Sie in IS-Gefangenschaft geraten sind?

Ja, sie wissen es seit sechs Monaten. Wir wurden im Fernsehen interviewt. Wir appellierten an die Regierung, an Barzani. Und auch an unsere Familien, aber ohne Antwort. Nun wissen sie nicht, ob wir noch leben oder nicht! Sie wissen nichts mehr über uns.

Wie heißen Sie?

Hasan Mohammad Hashim.

Aus welcher Region kommen Sie?

Aus Qada' Khabat; in der Nähe von Erbil.

Haben Sie gegen den IS gekämpft?

Wir waren 13. Wir haben nicht gekämpft.

Seine Stimme stockt. Immer mehr Schaulustige drängen sich auf den Platz. Der Mann und seine öffentliche Zurschaustellung tun mir unendlich leid. Die Hilflosigkeit von Kriegsgefangenen hat mich immer erschüttert. Ich will abbrechen. Plötzlich wird eine Drohne gesichtet. Zum ersten Mal freue ich mich über diese tödliche Bedrohung. Ich drücke dem Peschmerga lange und fest die Hand. Dann wird er weggebracht. Unterwegs wird ihm eine Stofftüte über den Kopf gezogen.

Wir werden aufgefordert, schnell in unsere Autos zu steigen. Wie auf Kommando kommt der Verkehr wieder ins Rollen. Wir fügen uns ein und verschwinden im dichten Verkehr. Abu Loth erklärt, dass es mit den Türken bereits einen größeren Gefangenenaustausch gegeben habe. 49 Türken seien aus dem Konsulat in Mosul freigelassen worden. Die genauen Details will er uns nicht erklären. Die Türken würden erzählen, es sei eine Befreiungsaktion gewesen. Er grinst.

Mit den Kurden habe es noch keinen Austausch gegeben, der IS erhoffe sich dies aber. Die zwölf anderen Peschmerga sollen auch ausgetauscht werden. Abu Qatadah stellt sich ein Verhältnis von hundert IS-Kämpfern gegen einen Peschmerga vor. So wie bei den Palästinensern und den Israelis.

Wir fahren zum Mashki-Gate. Vorbei an Fußball spielenden Jugendlichen. Am Gate treffen wir uns mit IS-Kämpfern, die an der Eroberung Mosuls beteiligt waren. Sie sind zwischen 25 und 35 Jahre alt und nicht gerade Hünen. Vor dem Mashki-Gate unterhalte ich mich mit einem der Kämpfer:

JT: Sie waren die ersten Kämpfer, die Mosul erobert haben. Stimmt das?

IS-Kämpfer: Ja.

Wie viele Tage haben Sie gebraucht, um Mosul zu erobern?

Über vier Tage.

Wie viel Mann waren Sie?

Die Gesamtzahl der Kämpfer, die Mosul eroberten, betrug nicht mehr als 300 Kämpfer.

Wie viele?!

300! Vielleicht weniger.

Und die irakischen Truppen, Ihre Feinde, waren wie viele? 10 000, 20 000, 30 000?

Rund 24 000.

Was glauben Sie? Warum sind die weggelaufen? Warum sind 24 000 vor 300 Mann davongelaufen?

Warum die vor uns weggelaufen sind? Das ist die Stärke unseres Glaubens. Wir erobern nicht wegen der Stärke unserer Waffen. Allah ist es, der Allmächtige, der uns den Sieg verleiht. Wir haben dieses Sprichwort: »Die Furcht des Feindes gewährt den schnellen Sieg.«

Was waren Ihre Waffen? Hatten Sie Kalaschnikows?

Die stärkste Waffe, die wir hatten, war die 23-mm-Flak!

Und was waren die Waffen des Gegners, der irakischen Truppen?

Flugzeuge waren über uns, aber dank Allah konnten sie uns nicht schaden. Sie hatten auch Mörser und Kanonen. Viele verschiedene starke Waffen. Aber dank Allah haben diese Waffen uns nicht Angst gemacht oder uns zurückgehalten. Dank sei Allah, der uns geholfen hat!

Auch Helikopter?

Ja, da war ein Hubschrauber über uns, um auf uns zu schießen.

Und Hubschrauber konnten nichts gegen Sie ausrichten? Konnten nicht gegen Sie gewinnen, gegen 300 Personen?!

Der Hubschrauber schoss auf uns. Aber, dank Allah, verpassten sie uns. Sie schossen hinter uns, vor uns, neben uns. Sie mussten sehr hoch fliegen und konnten nicht tiefer kommen.

Sie sagen, nach vier Tagen schlugen Sie die Armee in die Flucht.

Ja. Wir haben vier Tage auf der rechten Seite Mosuls gekämpft. Doch als unser Märtyrer-Bruder die Brücke in die Luft jagte, bekamen sie, Dank sei Allah, Angst. Und Mosul wurde mithilfe von Allah innerhalb von weniger als 24 Stunden erobert und war in den Händen des Islamischen Staats.

Die sind einfach weggerannt?

Ja, sie liefen von ihren Standorten weg. Sie ließen sogar ihre schwere Ausrüstung, ihre Panzer, Hummer-Geländewagen, Waffen und alles zurück. Dank Allah haben wir von ihrer zurückgelassenen Ausrüstung profitiert. Sie hinterließen sogar ihre Kanonen und Flugzeuge.

Und wie können Sie sich erklären, dass mit weniger als 300 Leuten 24 000 in die Flucht geschlagen werden? Wie erklären Sie sich das?

Wir haben nicht 24 000 getötet. Wir töteten eine Reihe von ihnen. Aber sie erschraken und liefen weg. Wir sind nicht weggelaufen. Allah der Allmächtige hat uns den Sieg versprochen, wenn wir kämpfen. Und so gewährte Allah uns den Sieg. Unsere Feinde hatten keine Lehre, für die sie kämpften. Sie kamen aus finanziellen Gründen und um einen Tyrannen zu unterstützen.

Gab es eine Belohnung? Haben Sie nach dem Sieg Geld bekommen?

Wir haben einen Teil der Beute aus Mosul bekommen. Die Abtrünnigen hatten viel Beute, viel Geld zurückgelassen. Also bekamen wir einen Teil davon. Etwas Geld. Es entsprach vielleicht dem Gehalt eines der Abtrünnigen. Ein Gehalt. Vielleicht auch mehr.

Und Sie denken, Sie werden den Krieg in ganz Irak und Syrien gewinnen?

Zunächst einmal sind wir sicher, dass Allah uns helfen wird, alle Länder zu gewinnen und zu erobern. Rom, auch Konstantinopel und Amerika, wir werden sie alle erobern. Wir sind uns absolut sicher.

Wie ist Ihr Name?

Ahmad.

Danke schön!

Dann reiche ich dem jungen Kämpfer zum Abschied die Hand. Doch er verweigert den Handschlag und schaut mich abfällig an. Er und sein Kumpel, der aussieht wie Rambo, wollen mir noch ein paar Sätze mit auf den Weg geben. Dinge, die ihnen am Herzen liegen, wie sie sagen. Wenn sie nach Deutschland kämen, wären wir die Ersten, die sie töten würden. Sie würden uns zu finden wissen. Dabei fährt er sich mit dem Zeigefinger von links nach rechts über den Hals. Wir sind eben Feinde. Daran ändert auch die Garantie des Kalifen nichts.

Wir gehen zum Auto. Mein »Kameramann« Frederic bittet Abu Loth, ausnahmsweise ein paar Erinnerungsfotos von ihm und mir zu machen. Als Frederic die Fotos danach im Auto anschaut, sieht er, dass der Rambo ihm während der Aufnahmen von hinten seine M16 an den Kopf hält.

Als Nächstes steht das Interview mit Abu Qatadah auf dem Programm. Es soll ein etwas grundsätzlicheres Gespräch über die Ziele des IS werden.

Wir suchen uns einen Platz auf einem Hügel. Von hier aus hat man eine gute Sicht über Mosul. Hinter mir und Abu Qatadah positionieren sich drei der schwarz gekleideten, maskierten Mosul-Kämpfer. Das Interview findet unter ziemlichem Stress statt, es herrscht dicke Luft. Deutlicher als die Eroberer von Mosul, die sich nun um uns herum aufbauen, kann man seine Abneigung uns gegenüber kaum zeigen. Lässig halten sie ihre Maschinenpistolen in unsere Richtung. Das Interview, das später vom »Islamischen Staat« ausdrücklich freigegeben wurde, ist nicht überarbeitet:

JT: Abu Qatadah, was ist die Motivation dafür, dass Sie heute nicht in Deutschland sind, sondern hier als Kämpfer im »Islamischen Staat«?

Abu Qatadah: Der erste Grund der Motivation, warum ich und auch alle anderen Deutschen oder Europäer hier sind, ist als Erstes Allah, *subhanahu wa ta'ala*. Also, um Ihm zu gehorchen, denn es ist ein Befehl von Allah, *subhanahu wa ta'ala*, und darüber sind sich die Gelehrten einig, dass die Hijra* zum Islamischen Staat Pflicht ist. Und dass die Auswanderung von jedem vollzogen werden muss und dass dieser Staat von jedem unterstützt werden muss. Und deswegen sind wir diesem Aufruf nachgekommen und haben die Auswanderung hierhin vollzogen. Und nun sind wir hier.

Sind Sie in Deutschland diskriminiert worden als Muslim?

---

* Auswanderung

Ich denke, jeder kann sagen, oder jeder hat seine eigene Geschichte, und natürlich auch ich, dass das Zusammenleben mit den Kufar* in Deutschland nicht möglich ist. Weil der einzige Grund, dass man vielleicht im Land des Kufr sein kann, ist, dass man seine Religion frei ausleben kann. Und der Grund einer freien Auslebung ist nicht das fünfmalige Gebet am Tag oder das Fasten im Ramadan, sondern ist das Schlachten beispielsweise und die islamische Heirat und so weiter. Und dies wird alles in Deutschland nicht anerkannt, und somit ist jeder Muslim diskriminiert, ja, und nicht nur ich selber. Aber natürlich haben wir auch Diskriminierung von der Polizei oder von Staatsmächten erfahren.

Was sind die Ziele des »Islamischen Staats«, wenn Syrien, große Teile von Syrien, und Irak erobert sind? Ist das alles, oder geht es dann weiter?

Das Ziel des Islamischen Staats in erster Linie ist, die Shariah von Allah zu etablieren. Sei es im Irak, in Syrien. Wir haben jetzt einige Expansionen erlebt nach Libyen, nach Sinai, in Ägypten, nach Jemen und auf die Arabische Halbinsel im sogenannten Saudi-Arabien. Und natürlich, wir sagen, wir haben keine Grenzen, sondern wir haben nur Fronten. Das heißt, die Expansion wird nicht stoppen.

Das heißt, Sie wollen eines Tages auch Europa erobern?

Nein, nein, wir werden eines Tages Europa erobern! Nicht nur wir wollen, wir werden, da sind wir uns sicher.

Wie ist die Rolle der einzelnen Religionen im »Islamischen Staat«? Welche Rechte haben Christen und Juden?

---

* Nichtmuslime. Im Westen häufig und falsch als »Ungläubige« übersetzt

Juden und Christen, und manche Gelehrten sagen, auch die Feueranbeter, haben die Möglichkeiten, im Islamischen Staat die Jizya zu zahlen, die Kopfsteuer oder die Schutzsteuer. Und wenn sie diese zahlen, sie haben natürlich Schutz vor uns und auch Schutz in ihrer Religion. Alles, was in ihrer Religion ist, darf ausgelebt werden. Natürlich darf nicht dazu aufgerufen werden. Aber Fakt ist, sie haben Schutz, sie können in Ruhe leben. Wenn nicht, werden sie alle getötet.

Getötet?

Ja, oder vertrieben. Wie in Mosul beispielsweise. Sie hatten drei Tage Zeit, die Schutzsteuer zu zahlen, sie haben sich dagegen entschieden, und sie sind alle abgehauen.

Und was gilt für Schiiten? Wir haben mindestens 150 Millionen Schiiten in der Welt, im Irak, im Iran, was geschieht mit denen?

Die Schiiten, wir betrachten die als Rafidah, also Murtadin.

Abtrünnige?

Abtrünnige. Richtig. Und die haben eine Möglichkeit. Abu Bakr Al Baghdadi hat zu jedem gesagt, der in die Ridda, die Abtrünnigkeit, gefallen ist. Solange wir keine Macht über ihn haben und er Tauba macht, also wenn er Reue zeigt, wir werden seine Reue akzeptieren. Egal, wie viele er von uns getötet hat, auch wenn er Hunderte von uns getötet hat. Wir werden seine Reue akzeptieren. Wir werden ihn als Bruder aufnehmen, als Muslim. Wenn er das nicht macht, wir werden ihn töten. Und für die Schiiten gibt es keine Möglichkeit der Schutzsteuer oder sonst irgendwas, sondern nur den Islam, oder das Schwert.

Und wenn sich die Schiiten Iraks und die Schiiten Irans, die 150 Millionen, die es auf der Welt gibt, weigern zu konvertieren, dann heißt das, sie werden getötet?

Ja, genauso wie wir das ...

150 Millionen?

150 Millionen, 200 Millionen, 500 Millionen, uns ist die Anzahl egal.

Werden Sie dann alle Muslime in Europa, die sich Ihrem Glauben nicht anschließen, töten?

Der, der sich unserem Glauben nicht anschließt, der schließt sich dem Islam nicht an. Und wenn er auf seinen Irrwegen beharrt, dann gibt es natürlich auch keine andere Wahl – außer das Schwert.

Töten?

Definitiv.

Das sind sehr harte Aussagen, die Sie da treffen.

Das sind nicht die Aussagen, die ich treffe, sondern das ist das Urteil des Islam, was über diese Leute gesprochen wird, und das Urteil der Abtrünnigkeit, und jeder Abtrünnige wird getötet.

In Deutschland gibt es viele Sorgen, und in Amerika und in England, dass es Anschläge von Ihren Anhängern geben wird. Anschläge gegen deutsche Christen, deutsche Muslime. Ist damit zu rechnen in nächster Zeit?

Ob damit zu rechnen ist, das kann ich Ihnen natürlich nicht sagen. Deutschland, Amerika, Europa, England, wie die ganzen Länder auch heißen, bekämpfen den Islamischen Staat. Sie wissen von der Koalition. Alle diese Länder sind klassifiziert als Dar al-Harb, Länder des Krieges, mit denen wir im Krieg stehen. Und die müssen damit rechnen, dass dort auch gekämpft wird. Hitler hat den Kampf in die Sowjetunion getragen damals, und danach hat die Sowjetunion den Kampf nach Deutschland getragen. Und das ist was ganz Normales.

Also, als so sehr normal sehen wir das nicht an. Muss man in absehbarer Zeit mit Anschlägen des »Islamischen Staats« in Deutschland rechnen?

Die Sache ist, ob Sie das normal ansehen oder nicht, das interessiert uns herzlich wenig. Weil Sie bekämpfen uns, der deutsche Staat besonders bekämpft uns. Er hat Waffenlieferungen an die Peschmerga gemacht und hat die Murtadin in etlichen Regierungen ausgestattet und so weiter. Und bekämpft den Islam schon seit sehr, sehr langer Zeit. Mindestens seit Nur ad-Din Zengi oder seit Salah-ud-Din Ayubi und so weiter und so weiter. Und deswegen, die müssen sich darauf gefasst machen. Definitiv.

Dass es Anschläge gibt? Größere Anschläge oder Anschläge von einzelnen Personen?

Wie Abu Mohammad Al Adnani gesagt hat, unser offizieller Sprecher des Islamischen Staats. Er hat einen Aufruf an Muslime im Westen gemacht, die unter den Kufar leben und so weiter. Überprüft eure Loyalität und eure Lossagung. Die Lossagung von den Kufar und die Loyalität zu den Muslimen. Wie könnt ihr dort in Ruhe schlafen, während wir hier bebombt werden von den Amerikanern? Und wie die Regierungen den Kampf gegen den Islam unterstützen und so weiter. Deswegen sagt er, ungefähr, nehmt Bomben, sprengt sie in die Luft oder stecht sie ab mit dem Messer, und wenn ihr das nicht könnt, dann spuckt ihnen wenigstens ins Gesicht.

Sind das eher Rückkehrer, die jetzt vom »Islamischen Staat« nach Deutschland zurückkehren, die die Attentate machen könnten?

Ob das Rückkehrer sind, weiß ich nicht. Fakt ist, die Rückkehrer sollten auf jeden Fall Reue machen, wegen ihrer Rückkehr vom Islamischen Staat.

Also, die Rückkehrer sind nicht Ihre engsten Verbündeten?

Ob das unsere engsten Verbündeten sind... Was ihre Rückkehrgründe sind, das weiß ich ja nicht. Ich hoffe nicht, dass sie sich losgesagt haben vom Islamischen Staat und dass sie ihre Religion überprüfen. Und dass sie, wie gesagt, Reue machen von der Rückkehr, von der Abreise vom Islamischen Staat. Und wir hoffen natürlich, dass sie sich besinnen und weiter für den Islam kämpfen, egal, wo sie sind.

Sie sind umstanden von Kämpfern, die Mosul im August mit erobert haben. Es waren fast 30 000 irakische Soldaten. Wie viele »Islamischer Staat«-Kämpfer, IS-Kämpfer, ISIS-Kämpfer haben diese knapp 30 000 irakischen Soldaten besiegt?

Also, wie viele das genau sind, ich glaube, das kann keiner letztendlich genau sagen.

Größenordnung?

Wir haben Zahlen von 183 bis 200, bis 300, bis 500. Selbst wenn es 1000 waren oder 2000. Die Zahl ist immer noch sehr, sehr gering, um gegen diese Leute zu kämpfen. Wir gewinnen nicht durch Waffen oder Anzahl von Männern, sondern wir gewinnen durch Allah, *subhanahu wa ta'ala*, und durch die Furcht in den Herzen unserer Feinde.

Kämpft der Kalif an den Fronten, an denen Sie zurzeit kämpfen, kämpft Ihr Kalif mit?

Natürlich. Es gibt Fronten, wo Abu Bakr Al Baghdadi mitkämpft. Denn wir haben Anführer, die ihr Volk nicht belügen, sondern wir haben Anführer, die dazu stehen, was sie sagen. Und natürlich Abu Mohammad Adnani und andere Führer, Abu Bakr Al Baghdadi und so weiter und so weiter, kämpfen natürlich in den Schlachten mit, und das auch an vorderster Front. Weil sie wollen, genauso wie alle anderen Kämpfer auch, die Schahada haben, das Märtyrertum, und zu Allah, *subhanahu wa ta'ala*, zurückkehren.

Sie, der »Islamische Staat«, haben in teilweise spektakulärer Form Menschen geköpft und haben das gefilmt, Sie haben die Sklaverei eingeführt, haben Jesiden versklavt. Finden Sie, dass das Köpfen von Menschen und die Sklaverei ein Fortschritt sind für die Menschheit?

Ein Fortschritt oder wie auch immer. Ich denke, es wird niemals eine Menschheit geben, ohne dass diese Sachen passiert sind. Und das ist ein Teil von unserer Religion, um den Kufar die Angst zu lehren, die sie vor uns haben sollten. Und wir werden weiterhin Menschen köpfen. Egal, ob das Schiiten sind, ob das Christen oder Juden sind oder sonst irgendetwas. Wir werden das weiterhin praktizieren. Und die Leute sollten darüber nachdenken. James Foley und wie sie alle heißen sind nicht gestorben, weil wir den Kampf angefangen haben, sondern sie sind gestorben, weil ihre ignorante Regierung ihnen nicht geholfen hat.

Empfinden Sie Sklaverei als einen Fortschritt?

(Lacht.) Definitiv. Ein Fortschritt, eine Hilfe und so weiter. Sklaverei hat es immer gegeben. Hat es unter Juden und Christen gegeben.

Aber wurde abgeschafft.

Nur weil irgendwelche ignoranten Menschen sich denken, dass es abgeschafft wurde. Im Westen gibt es immer noch Sklaverei, das wissen die Leute immer noch. Da gibt es Prostitution mit Frauen, die gezwungen werden, und so weiter. Unter übelsten Bedingungen. Die Sklaverei im Islam hat Rechte, und wenn die Sklaven zum Beispiel zum Islam übertreten oder so weiter, es gibt viele, die befreit wurden. Und wir lehren den Islam, und wir lehren sie eine gute Sache, und wir haben Moral, und… wir haben… (stockt)

… Glauben?

Nicht nur Glauben, natürlich auch Glauben, aber halt auch viele andere Dinge, die uns an Regeln halten lässt. Und eine Sklavin, eine Kafira, in den Händen von Muslimen ist besser als eine Kafira, die einfach frei irgendwo draußen rumläuft und macht, was sie will, rumhurt oder sonst irgendetwas.

Sie waren deutscher Protestant. Sie wurden Muslim und sind jetzt hier im »Islamischen Staat«. Wir sind hier in Mosul, das Sie erobert haben. Meine Frage ist: Werden Sie eines Tages nach Deutschland zurückkehren?

Dank sei Gott. Allah hat mich rechtgeleitet und hat mir die Hijra gewährt, die Auswanderung aus Deutschland. Wir haben das mehrere Male probiert. Letztendlich hat es geklappt. Nach Sham, zum Islamischen Staat. Und wir sind ein Teil des

Islamischen Staats, um diesen aufzubauen. Ob ich zurückkehre nach Deutschland, das weiß ich nicht. Das weiß nur Allah. Aber wir werden definitiv zurückkehren, und das wird nicht mit Freundlichkeiten sein oder sonst irgendetwas, sondern das wird mit einer Waffe sein und mit unseren Kämpfern. Und wer den Islam nicht annimmt oder die Jizya nicht zahlt, den werden wir töten.

Das also war das Interview. Abu Qatadah blickt triumphierend auf die anderen IS-Kämpfer, die ihn beglückwünschen. Vor allem die zwei jungen Mosul-Eroberer, die uns vorhin am liebsten an Ort und Stelle enthauptet hätten, strahlen ihn an und heben den rechten Daumen. Abu Qatadah ist für sie ein tapferer Deutscher. Wir aber sind Feinde.

Frederic, Malcolm und ich sind erschöpft. Eigentlich haben wir inzwischen genug vom IS gehört und gesehen. Wir könnten uns gut vorstellen, morgen wieder zur türkischen Grenze zu fahren. Doch leider haben unsere Gastgeber da andere Vorstellungen. Sie behaupten, dass wir für die Fahrt zurück nach Rakka einen anderen Beifahrer bräuchten. Bis morgen sei das jedoch nicht möglich.

»Ihr könnt mit 300 Mann Mosul einnehmen, aber ihr könnt bis morgen keinen Fahrer organisieren?«, mault Frederic. Abu Loth, der ewig Gelassene, antwortet, es gebe keinen Grund, ausfällig zu werden. Wir sollten es einfach akzeptieren.

Wir fahren zu unseren Bungalows. Keiner hatte damit gerechnet, dass wir so lange unterwegs sein würden, deshalb haben wir auch keine saubere Wäsche mehr. Also waschen wir unsere Wäsche im Waschbecken und halten sie dann fast eine Stunde vor den Heizungsventilator, um sie zu trocknen.

Abu Qatadah und Abu Loth lassen uns wieder stundenlang allein. Zum Abendessenholen werden wir allerdings mitgenommen. Wir gehen in einen Supermarkt und können aussuchen, was wir wollen. Aber wir sind in Gedanken ganz woanders. Abu Qatadah kauft mit unserer Zustimmung eine Pizza, die entsetzlich schmeckt. Sogar der Ketchup, den es dazu gibt, kann sie nicht retten.

Nachdem Malcolm und ich schlafen gegangen sind, bleibt Frederic klugerweise noch ein wenig mit Abu Qatadah sitzen. Das Verhältnis zwischen uns und dem IS hat sich von Tag zu Tag in gefährlicher Weise verschlechtert. Freddy versucht, das etwas aufzufangen. Wer weiß, wozu das noch gut ist.

Freddy und Abu Qatadah sprechen über Korruptionsvorwürfe des IS gegenüber Jabhat Al Nusra, die einst mächtigste Rebellenorganisation Syriens. Und über die »wahre« Geschichte des Einsatzes der US-Navy Seals in Abbottabad gegen Osama bin Laden. Als das Gespräch in Verschwörungstheorien abzugleiten droht, geht auch Frederic schlafen.

SIEBTER TAG
FREITAG, 12. DEZEMBER 2014

Am Morgen schlagen ganz in unserer Nähe schwere Bomben ein. Wir liegen noch in unseren Schlafsäcken. Fünf laute Explosionen. Das ganze Haus wackelt. So musste es ja kommen. Statt nach Hause zu fahren, sitzen wir jetzt hier fest. Und die Amerikaner bombardieren.

Heute ist Freitag, Feiertag der islamischen Woche. Wir wollen zum Freitagsgebet. Vorher gehen wir jedoch noch einmal über den Markt. Den Markt werden die Amerikaner ja hoffentlich nicht bombardieren. Zwischen neun und elf ist hier immer am meisten los. Wir kaufen uns Nüsse, Kaffee und Rosinen. Ich unterhalte mich mit einem Jungen über Fußball. Um uns bildet sich eine Menschentraube. Bevor es zu viele werden, gehen wir. Alle winken uns lächelnd hinterher.

Kurz bevor das Gebet anfängt, schließen alle Läden ihre

Türen und lassen die Rollläden runter. Alle machen sich auf zur großen Moschee. Die ist so voll, dass viele Menschen auf der Straße ihre Jacken oder Kopfbedeckungen auf den Boden legen, um darauf zu beten. Bald sind es mehrere Hundert. Darunter wieder ein junger Mann mit einem Trikot des FC Bayern. Es trägt die Nummer 10, die Nummer des »Ungläubigen« Arjen Robben. Die Welt ist so klein.

Ein paar Betende stört offenbar, dass Frederic filmt. Sie starren ihn fragend an. Abu Loth sagt ihnen, sie sollten sich auf das Gebet konzentrieren. Frederic steigt auf das Dach eines Minibusses, um von dort besser aufnehmen zu können.

Die Betenden müssen sich eine kriegerische IS-Predigt anhören. Ich zitiere einige Passagen:

»Wir werden Damaskus erobern. Wir werden die Bewohner von Mekka und Medina sein. Und wir werden Konstantinopel erobern. Heuchler haben alles versucht, um den Islamischen Staat zu zerstören. Weil sich alle im Klaren sind, dass der Islamische Staat nun entsteht. Deswegen haben sie keinen Versuch unterlassen, diesen Staat und seine Kämpfer zu bekämpfen. Aber sie waren nicht fähig, etwas anderes zu tun, als üble Gerüchte in Umlauf zu setzen.

Oh Allah, zerstöre die Ungläubigen und die Atheisten und die Manipulierer.
Oh Allah, zerstöre Amerika durch etwas, das es aus den Himmeln und von der Erde trifft.
Oh Allah, zerstöre die amerikanischen Flugzeuge.
Oh Allah, versenke die amerikanischen Kriegsschiffe.
Oh Allah, hilf deinen dienenden Kämpfern, Amerika zu zerstören.
Oh Allah, töte die Unterdrücker und Atheisten.
Oh Allah, töte alle Ungläubigen und lasse keinen von ihnen aus.«

Nach der Predigt und dem rituellen Freitagsgebet gehen alle wieder ihrer Wege. Die malerische Choreografie der betenden Menge löst sich auf. Wir suchen einen Saftstand auf. Ein junger Mann setzt sich zu uns. Seine hellbraune Uniform weist ihn als Religionspolizisten aus. Er ist ein Freund Abu Loths. Und spricht fließend Deutsch. So gut, dass er bestimmt ebenfalls aus Deutschland kommt. Darüber will er aber nicht sprechen. Er geht gleich wieder, ehe wir ihm zu viele Fragen stellen.

Unsere Begleiter bringen uns anschließend zu einer fast völlig ausgebombten, einst eleganten Villa. Als sie von US-Bombern angegriffen wurde, hätten sich nur Zivilisten darin aufgehalten. In der Nähe allerdings soll sich ein IS-Stützpunkt befinden. Der Angriff hat offenbar das falsche Haus getroffen. Auch das nächste Haus, das uns gezeigt wird, sei von Amerikanern bombardiert worden. Auch hier seien nur Zivilisten ums Leben gekommen. Inzwischen hätten die Amerikaner jedoch ihre Strategie geändert. Sie würden fast nur noch an der Front bombardieren.

Bei der Weiterfahrt kommen wir auf Pierre Vogel zu sprechen. »Das ist ein komischer Mensch«, urteilt Abu Loth. Vogel gebe sich gerne als Salafist und wahrer Muslim, sei aber in Wirklichkeit gar keiner. Er versuche, Islam und Demokratie zu verbinden. »Das aber ist Beigesellung. Der soll seine Pflicht erfüllen und auswandern! Es gibt keinen halben Weg, es gibt keinen Islam mit Kompromissen!« Vogel habe das entweder noch nicht verstanden. Oder er gefalle sich in der Rolle als der bekannteste deutsche Salafist und wolle lieber im gemütlichen Deutschland bleiben. Abu Loth glaubt Letzteres.

Abu Loth, Abu Qatadah und die anderen haben Hunger. Sie wollen Cheeseburger. Wir sind davon nicht angetan, gehen aber mit. Obwohl die Läden freitags nach dem Gebet geschlossen haben sollten, gibt es für Kämpfer Ausnahmen. Läden, die Cheeseburger, Pommes und Cola verkaufen.

»Ich kann euren amerikanischen Fast-Food-Fraß nicht so richtig mit der Lebensweise der ersten vier Kalifen vereinbaren«, sage ich. Abu Loth lächelt schweigend. *»You are what you eat!«*, lege ich noch eins drauf. »Du bist, was du isst.« Doch dann halte ich mich zurück. Der IS scheint meine Kritik ja nicht übermäßig zu schätzen. Frederic, Malcolm und ich warten vor dem Laden. Cheeseburger ist nichts für uns.

Unser heutiges Programm scheint beendet. Wir fahren zu unseren Unterkünften zurück. Ich mache unserem einheimischen Fahrer ein Kompliment: Er sei immer sehr freundlich zu uns. Er entgegnet, dass er nur seine Pflicht tue, mehr nicht. Ich frage ihn, was er machen würde, wenn die irakische Regierung die vom IS eroberten Gebiete wieder unter ihre Kontrolle brächte.

Er würde sich mit seinen Brüdern in die Wüste zurückziehen, antwortet er. Dort würden sie sich neu formieren, auf den richtigen Augenblick warten und dann zurückkehren. So hätten es die Vorgänger des IS, der ISI, auch gemacht. Sie seien stärker zurückgekommen als jemals zuvor. Sie würden nie aufgeben.

Als wir bei unseren Bungalows eintreffen, entsteht unter unseren Begleitern große Unruhe. Zwei US-Bomber kreisen direkt über der Ferienanlage. Sie fliegen ziemlich niedrig. So, als wollten sie nur noch ihre Ziele auswählen. Ganz in der Nähe wird geschossen. Die IS-Kämpfer schauen sich hektisch nach Deckung um. Aber es gibt keine. Die billigen Bungalows bieten keinen Schutz. Auch Abu Qatadah schleicht um die Bungalows herum. Ganz nah an den Wänden entlang, immer wieder in den Himmel schauend. Dann entschwindet er aus unserem Blickfeld.

Die Piloten haben uns längst entdeckt. Als früherer Pilot von Sportmaschinen weiß ich, wie gut man selbst mit bloßem Auge von oben sieht. Und die da oben haben modernste Fernsichtgeräte. Uns wird mulmig. Ich denke an den Satz: »Wenn du die

Rakete hörst, bist du tot.« Die Piloten drehen ihre Kreise immer enger, immer tiefer. Frederic, Malcolm und auch ich sind bleich. Und ratlos. Die Bomberbesatzung hat mit Sicherheit beobachten können, dass aus unserem Wagen Waffen ausgeladen wurden. Was tun?

Auf einem nicht weit entfernten Fußballplatz spielen jüngere und ältere Männer Fußball. Sie kümmern sich nicht um die Bomber. Das könnte unsere Rettung sein. Fußballplätze werden die Amerikaner wohl nicht bombardieren. Wir hasten zu dem Sportplatz. Erleichtert lassen wir uns am Spielfeldrand nieder.

Einer der Bomber fliegt seine Kreise trotzdem tiefer. Direkt über uns. Äußerst beunruhigt schaue ich immer wieder hoch. Bei Anbruch der Dunkelheit gehen wir in unsere Bungalows. Über uns das Geräusch des Bombers. Und dann noch das bedrohliche Surren mehrerer Drohnen. Wann hauen diese Todesmaschinen endlich ab?

Seit einigen Stunden haben wir keinen Kontakt mehr zu unseren IS-Begleitern. Malcolm geht hinüber in den Nachbarbungalow, um zu fragen, was wir jetzt machen sollen. Er trifft nur Abu Loth und einen der Fahrer an. Die anderen sind in die Innenstadt gefahren. Auch keine schlechte Idee, um Bombern zu entgehen. Angeblich jedoch planen sie die morgige Rückfahrt. Wir sollten im Bungalow bleiben, rät Abu Loth. Auch wegen der verdammten Drohnen.

Deren Dröhnen ist so laut, dass es selbst die Heizungsventilatoren übertönt, die wir nur eingeschaltet haben, um die Drohnen nicht mehr zu hören. So werden wir ständig daran erinnert, dass es jederzeit vorbei sein kann. Wir haben ein Gefühl großer Hilf- und Wehrlosigkeit. Irgend so ein Feigling im Computerraum eines fernen Landes hat unser Leben in der Hand.

Dann kommt Abu Loth und gibt uns Ratschläge für den Fall eines Angriffs. Wir sollten bloß nicht aus dem Bungalow gehen. Neulich seien sechs Frauen getötet worden, weil sie in Panik auf die Straße rannten. Die Drohnen konnten sie mit ihren Wärmekameras sofort ausmachen und erschießen. Weiß eigentlich die westliche Welt, was hier passiert?

Ich frage Abu Loth, wieso sich in den letzten Tagen eine so große Distanz zwischen uns entwickelt habe. Es sei doch von Anfang an bekannt gewesen, dass ich die Taten des IS nicht billige. Abu Loth versucht uns den Standpunkt des IS klarzumachen: »Am Ende seid ihr halt Ungläubige. Ihr glaubt nicht an den richtigen Islam. Aber ihr habt nicht irgendwelche Fehler begangen, Beleidigungen oder so.« Viel störender noch als meine Kritik sei die Barriere der Religion. Die werde immer da sein. Er sagt, dass er sogar gegenüber seinen Familienmitgliedern Hass empfinde, weil sie nicht den wahren Glauben annähmen. »Die Liebe zu Allah ist das Größte, das Wichtigste.« Sein Vater denke, er sei Muslim. Aber gleichzeitig sei er von der Demokratie überzeugt. »Das geht so nicht. Du kannst dich nicht dem Grundgesetz unterwerfen und sagen, dass du an Allah glaubst, der etwas ganz anderes fordert als das Grundgesetz.«

Außerdem sei das Misstrauen im IS groß. Man gehe davon aus, dass es Geheimagenten gebe, die den IS systematisch unterwanderten. Sie kämen vor allem aus Syrien. Daher sei es schwierig, in den engeren Vertrauenskreis zu gelangen. Nur durch Fürsprachen komme man weiter. Auch die Bevölkerung würde den IS manchmal verraten. In einem Vorort von Aleppo hätten sich die Bürger mit der FSA zusammengetan und aus dem Nichts angefangen, den IS zu bekämpfen. Sehr viele IS-Leute seien dort festgenommen worden. Man habe viele Feinde.

Auch ich sei ein Feind. Sie hätten meine Aussagen über den IS ja schwarz auf weiß nachlesen können. Den Feind jeden Tag bei sich zu haben, mit ihm zu reisen, zu essen und auf demselben Boden zu schlafen, sei nicht ganz leicht zu verarbeiten. Abu Loth wäre ein feiner Kerl, wenn er andere Freunde gefunden hätte, wenn er der IS-Ideologie nie begegnet wäre. So aber vertritt er all den ideologischen Schrott, den ihm seine Freunde eingeredet haben. Über Frauen zum Beispiel. Sie hätten zwar auch gute Eigenschaften, seien aber letztlich körperlich und geistig begrenzt. Deshalb zählten im IS zwei Zeugenaussagen von Frauen so viel wie die Aussage eines Mannes. Frauen sollten am besten zu Hause bleiben. Dort seien sie am besten aufgehoben. Das sei im Westen bis vor ein paar Jahrzehnten ja auch so gewesen.

Zum Abendessen gegen 22:00 Uhr bringt uns Abu Qatadah wortlos gegrilltes Hühnchen. Er versucht, die Rolle des Gastgebers bis zum Ende durchzuhalten. So schwer es ihm fällt. Immerhin. Als er geht, sagt er zu Frederic, dass er die E-Mail, die dieser ihm auf einen Zettel geschrieben hatte, an Valerie geschickt habe. Wie wir später erfuhren, ist die E-Mail niemals angekommen. Zu Hause war längst Panik ausgebrochen.

ACHTER TAG
SAMSTAG, 13. DEZEMBER 2014

Um 8:00 Uhr geht die Rückreise los. Wenn alles gut läuft, könnten wir in fünf Stunden in Rakka sein. Dort wollen wir die Handys sowie mein iPad abholen. Und dann ab zur türkischen Grenze, die wir hoffentlich vor Anbruch der Dunkelheit erreichen. Das ist eine etwas optimistische Rechnung, doch ich hoffe, sie geht auf. Eigentlich wollten wir ja schon vor zwei Tagen los.

Die Abreise verzögert sich um eine halbe Stunde, da wir meinen linken Schuh nicht finden können. Wir hatten die Schuhe gestern Abend wie immer vor die Eingangstür unseres Bungalows gestellt. Doch einer fehlt. Ich suche mit Frederic das Grundstück rund um unseren Bungalow ab. Der Schuh ist nicht zu finden. Vielleicht hat ihn ja eine Katze weggetragen.

Will uns jemand einen Streich spielen? Es sind meine Lieblingsschuhe, mit speziellen Wandereinlagen. Ohne die hätte ich 2011 in Libyen nie den siebenstündigen Nachtmarsch durch die Wüste geschafft, der uns vor den Truppen Gaddafis rettete. Zum Glück habe ich ein zweites Paar Schuhe dabei.

Unsere Truppe wird auf zwei Fahrzeuge aufgeteilt. Freddy, Malcolm, ich, Abu Loth und unsere zwei vermummten Fahrer aus Rakka fahren in einem Minibus, Abu Qatadah und ein irakischer IS-Kämpfer in einem grauen Geländewagen. Ein drittes Fahrzeug, ein kleiner gelber Lastwagen, begleitet uns. Zur Täuschung der Drohnen, die auch heute wieder in der Luft sind. Jeder fährt mal vorn, mal hinten, wir wechseln ständig die Positionen. Meistens halten wir einen Abstand von mehreren hundert Metern. Wir müssen extrem vorsichtig sein. Fahrer und Beifahrer öffnen häufig das Seitenfenster und schauen besorgt nach oben. Es regnet, doch das hält Drohnen nicht auf.

Alle sind recht schweigsam. Nur ab und zu unterhalten wir uns mit Abu Loth. Er wundert sich, dass in Deutschland ausgerechnet der Bundespräsident für mehr Militäreinsätze eintrete. Seine Botschaft an Joachim Gauck: »Wenn du überlegst, hier einzumarschieren, heb schon mal die Gräber für die Soldaten aus!«

Zu mir sagt er nachdenklich. »Sie haben recht, wir sind brutal. Aber wir machen das offen, ihr macht es heimlich. Der IS hat vielleicht 30 000 Iraker umgebracht. Bush 500 000.«

Im Irak werde der IS von der Bevölkerung sehr gut akzeptiert. In Rakka sei das noch nicht so. Assad habe noch immer mehr Unterstützung als der IS. Wenn es jetzt Wahlen gäbe, würde Assad in Rakka gewinnen. Er zahle klugerweise weiter Gehälter und Pensionen nach Rakka. Außerdem hätten die Menschen lieber weniger Pflichten und Regeln, als der IS sie nun einmal einfordere. Daher sei es normal, dass sie Assad bevorzugten. Ich höre staunend zu. Wie gut, dass ich Freddy und Malcolm als Zeugen habe!

Die Eroberung von Mosul sei eine lang geplante Operation gewesen. »Jahrelang haben wir in Mosul so viele Märtyrer-Operationen durchgeführt, bis sich niemand in Mosul mehr sicher gefühlt hat.« Immer wieder habe es Anschläge gegeben. »Sogar auf ihre Trauerfeiern haben wir Selbstmordattentäter geschickt.« Die Schiiten hätten am Ende nur noch Angst gehabt. »Deswegen konnten wir Mosul so leicht erobern.«

Dann wird Abu Loth ernst: »Ihre Einladung wurde an höchster Stelle entschieden. Wir wollen mit Ihrem Besuch das Tor zum Westen aufmachen. Sie werden vielleicht schon bald erkennen, warum.« Ich erkläre, dass ich für Vermittlungen denkbar ungeeignet sei. Unsere Auffassungen lägen zu weit auseinander. Das schade überhaupt nicht, meint Abu Loth. Das erhöhe nur meine Glaubwürdigkeit. »Bei Ihnen vielleicht, aber nicht im Westen«, antworte ich. Das hätte ich bei früheren Vermittlungsversuchen immer wieder erlebt. Wer mit dem »Feind« rede, gelte im Westen schnell als Verräter. Als »Feind-Versteher«, wie das neue Wort dafür heiße. »So, wie ich Sie kennengelernt habe, ist Ihnen das egal«, sagt Abu Loth.

Später schaltet sich überraschend der Beifahrer in unser Gespräch ein: Er will wissen, warum ich den Islam nicht annehme. Ich sei schlimmer als jeder Christ. Die wüssten es ja nicht besser. Ich hingegen wüsste es besser und würde mich trotzdem nicht für den Islam entscheiden.

Beim Versuch unseres wie immer vermummten Fahrers, einen Stau auf einem lehmigen Seitenweg zu umfahren, bleiben wir im Schlamm stecken. Wir steigen aus und schieben mit vereinten Kräften. Erst nach über einer Stunde schaffen wir es, den Bus freizukriegen.

Bei der Auffahrt zur Hauptstraße bleibt der Wagen erneut stecken. Wir versuchen, Hilfe zu organisieren. Ein älterer Herr brüllt mit lauter Stimme: »Wir sind hier im Islamischen Staat. Da halten alle zusammen. Zusammen sind wir stark. Wir schaffen das.« Er solle lieber sein Abschleppseil holen, statt hier so herumzubrüllen, meint ein anderer. Das macht er, und irgendwann geht es dann weiter. Doch die Heimreise zieht sich.

Unser Beifahrer verliert den Funkkontakt zu Abu Qatadah. Wir warten am Straßenrand, doch der zweite Wagen taucht nicht auf. Wir müssen zurück, vielleicht ist ihnen etwas zugestoßen. Immer wieder spricht der Vermummte in sein Funkgerät: »Abu Qatadah, Abu Qatadah!« Keine Antwort. Er nimmt seine Pistole und entsichert sie. Was das jetzt soll? Plötzlich sehen wir Abu Qatadahs Wagen am Straßenrand: Er hat einen platten Reifen. Wieder warten wir.

Abu Loth erzählt von einem Freund, der sich eine Sklavin gekauft hatte. »Eine junge Jesidin. Nicht besonders hübsch.« Der »Bruder« gab ihr als Note lediglich eine Vier, ausreichend. Obwohl sie so teuer war, dass er dafür seine Kalaschnikow verkaufen musste. 1500 US-Dollar hatte sie gekostet. Da er schon so viel investiert hatte, schickte er sie zum Zahnarzt, um ihre Zähne richten zu lassen, zu einem Kosmetiksalon, zum Friseur etc. Er hat richtig Geld investiert. Und als sie rundum »erneuert« war, gab er ihr eine Eins bis Zwei. Und wie hat sie darauf reagiert? »Sie ist ihm abgehauen.« Abu Loth lacht laut über seine Geschichte. Obwohl sie eigentlich eine geschmacklose und traurige Geschichte ist. »Scheißgeschichte!«, sagt Frederic, der dem IS die Sklaverei ungemein übel nimmt. Nur das Verhalten der Sklavin findet er cool. Sie habe dem Typen die richtige Antwort gegeben.

Unser Beifahrer will mit dem Fahrer des kleinen gelben Lkws sprechen. Doch der brettert so gnadenlos durch die Landschaft, dass wir ihn nicht einholen können. Wir kommen nur bis auf zehn Meter an ihn heran. Unser Fahrer versucht es mit der Lichthupe, doch der Lkw-Fahrer reagiert nicht. Immer wenn wir ihn überholen wollen, zieht er seinen Laster nach links. Wir hupen und hupen. Vergeblich! Irgendwann geht unserem Beifahrer die Geduld aus. Er kurbelt die Scheibe herunter, hält sein Pistole raus und schießt ein paarmal in die Luft. Keine Reaktion. Wir müssen lachen.

Wieder schießt unser Beifahrer ein paarmal in die Luft. Nichts geschieht. Doch diesmal schaffen wir es fast, den Laster zu überholen. Wir sind auf gleicher Höhe, als unser Beifahrer erneut mehrfach in die Luft schießt, bis der Lkw-Fahrer endlich merkt, wer da neben ihm fährt. Er hört sehr genau hin, was der Pistolenmann ihm zu sagen hat, während er neben ihm weiterrast.

Es ist bereits 20:00 Uhr, als wir in Rakka ankommen. Heute geht es demnach nicht mehr in die Türkei. Der Vermummte sagt, morgen früh um sechs würden wir weiterfahren.

In unserer Wohnung erwartet uns Chaos. Türen und Fenster sind zerbrochen. Überall liegen Glassplitter. Was ist hier passiert? Abu Loth schlägt die Hände vors Gesicht. Dann rennt er los, um sich zu erkundigen, ob wir nicht irgendwo anders schlafen können.

Ein Nachbar kommt und bietet uns Brot an. Wir lehnen dankend ab. Ein paar Minuten später taucht er wieder auf. Diesmal mit dem Besitzer der zerstörten Wohnung. Er fragt uns, was wir hier machten. Unser Freund komme gleich wieder, sage ich. Er könne alles erklären. Das genügt dem Eigentümer der Wohnung jedoch nicht. Es wird richtig unangenehm. Ob wir Muslime seien? Malcolm antwortet »*no problem*«, doch der Wohnungsbesitzer sieht das anders. »*You no muslim, big problem* … « Dann zeigt er mit seinem Daumen auf seine Kehle und simuliert einen Schnitt. Der Wohnungsinhaber ist jetzt richtig aufgeregt.

Ich hole unsere Sicherheitsgarantie aus der Brusttasche und halte sie ihm unter die Nase. Der Wohnungsbesitzer liest das Dokument aufmerksam durch und zeigt dann ehrfürchtig auf den Stempel. »Diwane-Al-Khalifa, Oooh. *No problem!*« Er schüttelt uns die Hände.

Dann erklärt er uns, was hier passiert ist. Vor zwei Tagen

hat die syrische Luftwaffe die Wohnung nebenan bombardiert. Und buchstäblich weggefegt. Es gab zwei Tote. Wir gehen auf den Balkon, wo er uns den Angriff genau erklären kann. Die Fassade nebenan ist rußgeschwärzt, das oberste Stockwerk ist weg. Wäre es nach unserer Planung gegangen, dann wären wir vor zwei Tagen hier gewesen. Glück gehabt. Mehr als die syrischen Nachbarn.

Nach zwei Stunden kehrt Abu Loth zurück. Er hat nichts anderes gefunden. Also werden wir die Nacht hier verbringen. Enttäuscht zwängen wir uns in die Schlafsäcke. Durch die zerbrochenen Fenster kriecht feuchte Kälte in die Wohnung. Bevor wir einschlafen, erzählt Abu Loth, wie »krass« er 9/11 finde. Er hoffe, den Amerikanern auch bald so eine Operation verpassen zu dürfen. Jetzt ist auch Abu Loth bei mir völlig unten durch.

NEUNTER TAG
SONNTAG, 14. DEZEMBER 2014

Als wir aufwachen, ist es bereits kurz nach acht. Eigentlich sollte es doch um sechs Uhr losgehen. Doch unser Fahrer hat sich noch nicht gemeldet. Als Abu Loth eine Stunde später Kaffee, Bohnen und Hummus serviert, werden wir noch ungeduldiger. Wann können wir endlich los?

Ich frage Abu Loth abermals nach der Möglichkeit einer Befreiung des britischen Journalisten John Cantlie. Abu Loth verspricht, darüber noch einmal mit den Zuständigen zu sprechen. Dann erinnert er mich an die Gründe, warum der IS meiner Reise zugestimmt habe. Man habe mich eingeladen, weil man zeigen wollte, dass der »Islamische Staat« nicht nur Staat heiße, sondern auch ein Staat sei. Dass es hier ein ganz normales Leben gebe. Dass Verletzte und Kranke gut behandelt werden. Dass der Staat sich um die Armen kümmere.

Dass man bei Gericht sein Recht bekomme. »Die Menschen fühlen sich bei uns sicher. Auch wenn manche uns nicht mögen, mögen sie unsere Sicherheit. Wir wollten Ihnen einfach zeigen, wie wir leben. Und dass man mit der Shariah leben kann und dass sie funktioniert.«

»Wo, um Himmels willen, steht im Koran, dass man Unschuldigen den Kopf abschlagen darf?«, frage ich. Abu Loth sieht, dass ich nicht überzeugt bin.

Inzwischen ist es 14:00 Uhr. Wir sitzen immer noch in unserer Wohnung in der Nähe der Masjid Al Firdaus. Abu Loth zieht los, um sich schlauzumachen. Fünf Minuten später kommt auch Abu Qatadah. Es gehe gleich los. Er gibt Frederic sein Foto- und Bildmaterial zurück: Zehn von 800 Fotos seien bei der abschließenden Überprüfung gelöscht worden. Außerdem das Interview mit dem Richter. Um die Sicherheit der betroffenen Personen oder ihrer Familien nicht zu gefährden, heißt es. Außerdem soll Frederic eine Frage und eine Antwort zum Thema »moderate Muslime« aus dem Interview mit Abu Qatadah herausnehmen. Dem IS seien Abu Qatadahs Aussagen an dieser Stelle zu allgemein gewesen. Die übrigen Aussagen habe der IS gebilligt. Frederic ist erleichtert und stimmt zu. Alle wichtigen Filme und Fotos haben die Zensur überstanden.

Abu Loth ist zurück, völlig außer Atem. Er habe mit seinem Vorgesetzten gesprochen und zwei wichtige Nachrichten für mich. Ich möge den britischen Premierminister David Cameron bitten, ein Angebot zu machen. John Cantlie könne sehr schnell freikommen. Der IS sei gesprächsbereit. Man erwarte ein faires, realistisches, kein utopisches Angebot.

Abu Loth nimmt mich zur Seite. Die Führung des IS könne sich vorstellen, John Cantlie gegen Aafia Siddiqui auszutauschen. Das könne auch ohne offizielle Beteiligung der britischen Regierung geschehen. Ich solle es mit Nachdruck versuchen. Vonseiten des IS sei das eine demonstrative Geste. Abu

Loth ist ganz aufgeregt. Er hat doch noch eine menschliche Seite.

Was mich betreffe, so stünden mir alle Türen offen, vorausgesetzt, dass ich die Wahrheit über den »Islamischen Staat« berichte. Wir würden dann jeden Termin bekommen und könnten alles besichtigen. Wir verabschieden uns. Abu Loth und Abu Qatadah geben uns die Hand. »Passt auf euch auf!«, sagt Abu Loth. Ich drücke ihm die Uhr aus Mosul wieder in die Hand. Abu Loth schaut mich erstaunt an. Ich muss lachen. Unser vermummter Fahrer ist auch da. Er wird uns an die türkische Grenze bringen.

Als wir vier Stunden später, um 18:30 Uhr in der Nähe der türkischen Grenze anhalten, ist es schon dunkel. Ein Mann steht an der Straße vor dem Rekrutierungscenter. Es ist der kräftige, grummelige IS-Kämpfer vom ersten Tag. Unser Fahrer sagt, wir müssten jetzt den Wagen verlassen und unser Gepäck nehmen. In wenigen Augenblicken werde ein Auto kommen und uns in die Türkei bringen. Er dreht sich um, steigt ins Auto. Dann gibt er dem kräftigen IS-Mann unsere Handys. Einen Augenblick zögert er, als wollte er uns etwas sagen. Doch dann fährt er grußlos weg.

Nach zwei Minuten taucht ein Auto auf. Unser IS-Mann spricht kurz mit dem Fahrer. Das Ergebnis: Heute können wir nicht mehr über die Grenze, es gibt zu viele türkische Soldaten. Morgen früh soll es so weit sein. Im Orient hat man einen anderen Zeitbegriff als in Deutschland. Daran hat sich auch im »Islamischen Staat« nichts geändert.

Wir werden in einen kargen Raum gebracht, in dem gerade gebetet wird. Wir sollen es uns gemütlich machen, meint unser Begleiter. Zu essen gibt es leider nichts. Außer einer kleinen Tasse Tee kann er uns auch nichts zu trinken anbieten. Trotzdem sitzen wir recht lange mit dem Kämpfer zusammen und unterhalten uns. Er erzählt über den Islam. Wir hören ihm zu, bis wir in unseren Schlafsäcken auf dem kalten Boden einschlafen. Die letzte Geschichte, die ich mitbekomme, handelt von der Spaltung des Mondes.

ZEHNTER TAG
MONTAG, 15. DEZEMBER 2014

Ab 9:30 Uhr sitzen wir da und warten. Zu essen oder trinken gibt es leider immer noch nichts. Nicht einmal ein Glas Wasser. Angeblich halten sich weiterhin türkische Soldaten an der Grenze auf. Keiner darf durch. Etwa alle 20 Minuten bringt jedoch ein Minibus von der anderen Seite der Grenze neue, junge Kämpfer. Sie werden registriert, fotografiert und durchsucht. Einreisekontrolle, IS-Zoll. Junge Afrikaner, Russen, viele Türken, auch ein Deutscher sind unter den Neuankömmlingen.

Ein großer, muskulöser junger Mann aus Trinidad und Tobago beeindruckt uns. Er trägt eine Khakihose mit Bügelfalten, ein bunt kariertes, frisch gebügeltes Hemd und eine Ray-Ban-Sonnenbrille. Erst vor ein paar Wochen habe er in seiner Heimat das juristische Staatsexamen bestanden und sei bei Gericht zugelassen. Jetzt ist er hier. Warum? »Zu viel Promiskuität, zu viel One-Night-Stands. Jeder mit jedem. Das kann nicht der Sinn des Lebens sein.« Er findet die westlichen Werte leer, öde. Und was will er jetzt im IS machen? »Ich mache, was von mir verlangt wird. Wenn ich kämpfen soll, werde ich kämpfen. Wenn ich als Jurist arbeiten soll, dann werde ich das tun. Der Emir wird entscheiden.« Er freut sich auf sein neues Leben. Endlich ist er im »gelobten Land«.

Unsere Ungeduld wächst. Als wir um 15:00 Uhr noch immer nicht rausgelassen werden, gehe ich in den Hof und fange an, mit den Schmugglern zu verhandeln. Ich will hier nicht noch ein paar Tage herumsitzen. Es müsse doch einen Weg geben, uns über die Grenze zu bringen. Doch die meisten Schmuggler trauen sich nicht. Wegen der Soldaten. Ich frage den Chef der Schmuggler, wie viel Geld er wolle. »Was zahlen Sie?«, fragt er. »500 Euro«, antworte ich. Er lacht: »Ein guter Preis. Ich bringe Sie umsonst raus! Sie sind unser Gast.« Frederic ist misstrauisch und verärgert. Ich würde den Mann doch gar nicht kennen. Aber die IS-Leute hier kennen ihn. Und die sind einverstanden.

Wir erhalten unsere Handys. Sie sind in Aluminiumfolie eingewickelt. Wir sollen sie erst in der Türkei auspacken. Dann steigen wir in einen kleinen, klapprigen Pritschenwagen. Frederic und Malcolm setzen sich auf die Ladefläche zu zwei Benzinkanistern. Es stinkt gewaltig, und es ist unheimlich eng. Ich sitze ausnahmsweise vorne. Wir haben unsere Presseausweise und Reisepässe griffbereit. Es geht los.

Zu unserem Erstaunen fahren wir nur ein paar hundert Meter über holpriges Feld. Dann biegen wir nach rechts ab und halten zwischen Olivenbäumen. Von hier aus sehen wir einen türkischen Wach- und Schießturm. Der wirkt nicht gerade beruhigend. Drei Schmuggler hinter einem Baum zeigen in eine Richtung: Da müssen wir hin. Wir sollen sofort aussteigen und losrennen. Unser Herz rast.

Wir reißen die Türen auf, nehmen unsere Koffer und Rucksäcke und rennen los. Auf einem gepflügten Acker mit schweren Koffern zu rennen, ist nicht leicht. Rechts von uns ist Schilf. »Wenn sie schießen, sofort rechts ins Schilf und weiterrennen«, ruft einer der Schmuggler. Etwa noch 300 Meter bis zum Grenzzaun.

Der Schmuggler, der voranläuft, hebt den Stacheldrahtzaun hoch: »*Yalla, Yalla!* Vorwärts!« Freddy bleibt mit seinem rechten Arm am Stacheldraht hängen; er reißt sich los, seine Jacke ist hinüber. Weiter! In der Ferne steht der weiße Van, mit dem wir hergekommen sind. Schneller! Keiner will auf den letzten Metern von türkischen Grenztruppen erschossen werden.

Noch 50 Meter. Die Türen des Vans stehen weit offen. Wir werfen uns hinein. Der Fahrer gibt Vollgas, ehe wir die Türen richtig schließen können.

Geschafft! Wir sind völlig außer Atem, nass geschwitzt. Mein Herz rast. Eine Tonnenlast fällt von meinen Schultern. Wir haben den ganzen Wahnsinn überlebt.

Nach zwei Minuten dürfen wir unsere Handys auspacken. Ich rufe sofort zu Hause an. Nathalie schreit vor Wut. Warum wir uns nicht gemeldet hätten! Dann schluchzt sie nur noch. Françoise, Valerie und Malcolms Mutter weinen auch hemmungslos, als sie unsere Stimmen hören. Über eine Woche hatten sie nichts von uns gehört. Jetzt ist alles wieder gut. »Wir sind draußen! Uns geht's gut!«

IX

Offener Brief an den Kalifen des »Islamischen Staats« und an seine ausländischen Kämpfer

Wie höflich oder distanziert darf ein solcher Brief sein? Mahatma Gandhi schrieb 1939, einen Monat vor Kriegsbeginn, »im Namen der Menschlichkeit« an Adolf Hitler. Das Schreiben begann mit »Lieber Freund« und endete mit »Ihr ehrlicher Freund M.K. Gandhi«. So freundlich konnte ich nicht sein. Aber unhöflich wollte ich auch nicht sein. So schrieb ich:

Sehr geehrter Kalif Ibrahim Awwad, Abu Bakr Al Baghdadi!

Als Erstes bedanke ich mich für die korrekte Einhaltung Ihrer Sicherheitsgarantie während unseres Aufenthalts im »Islamischen Staat«. Sie sollten häufiger freie Publizisten aus aller Welt einladen, statt Journalisten hinrichten zu lassen.

Nach neueren Untersuchungen dreier US-amerikanischer und einer irakischen Universität hat allein der völkerrechtswidrige Irakkrieg George W. Bushs mindestens eine halbe Million unschuldige Menschen getötet. Ich kann jeden Araber verstehen, der sich der seit Jahrhunderten nicht endenden militärischen Interventionspolitik des Westens widersetzt. Ich bin nicht blind gegenüber dem Unrecht des Westens.

Sie haben in Syrien und im Irak einen militärisch teilweise ungewöhnlich erfolgreichen Feldzug geführt, den niemand für möglich gehalten hätte. Obwohl auch Sie erleben werden, wie launisch das Kriegsglück ist. Die Methoden, die Ihre Organisation allerdings bei ihren kriegerischen Aktionen anwendet, sind nach den Geboten des Koran unislamisch und kontraproduktiv. Sie schaden der gesamten muslimischen Welt. Vor allem dem Islam, in dessen Namen Sie zu kämpfen vorgeben.

Terror hat mit Islam so wenig zu tun wie Vergewaltigung mit Liebe. Sie und Ihre Kämpfer sind deshalb auch keine »Gotteskrieger«. Wenn es so etwas überhaupt gibt. Vielleicht wollen Sie das auch gar nicht sein. Der Begriff stammt ja aus der Zeit der Kreuzzüge und ist »christlich«. Ich habe den Koran mehrfach mit großem Gewinn gelesen. Den Geist der Brutalität, den Sie und Ihre Kämpfer bewusst verbreiten, habe ich darin nicht gefunden. Es sei denn, man reißt die Darstellungen der Angriffskriege der Mekkaner gegen das militärisch unterlegene Medina Mohammeds in den Jahren 623 bis 630 aus ihrem geschichtlichen Zusammenhang. Die Feinde des Islam machen das gerne.

Die Mythen und geschichtlichen Passagen des Alten Testaments beschreiben übrigens viel blutigere Kriege als der Koran. Der jüdische Evolutionsforscher Steven Pinker nennt daher das Alte Testament ein »einziges langes Loblied der Gewalt«. Dennoch sind diese Schlachtenbeschreibungen nur für Ignoranten der Wesenskern des Alten Testaments. Das Alte Testament ist ein Buch der Gerechtigkeit und Nächstenliebe. Wie der Koran.

Der Kerngedanke des Islam, sein für die damalige Zeit revolutionärer Aufruf zu Gerechtigkeit, Gleichheit und Barmherzigkeit, scheint Ihnen leider fremd zu sein. Obwohl diese zentrale Botschaft den Koran wie ein roter Faden durchzieht.

Kein Wort taucht im Koran als Beschreibung Gottes häufiger auf als das Wort »Barmherzigkeit«. 113 der 114 Suren des Koran beginnen mit dem Satz »Im Namen Allahs, des Allerbarmers, des Barmherzigen«. Von nichts ist Ihre Kriegführung allerdings weiter entfernt als von Barmherzigkeit. Sie führen Ihre Feldzüge zur Ausdehnung des »Islamischen Staats« in der Tradition der unchristlichen Gewaltorgien des Mittelalters sowie der Horden Dschingis Khans und Pol Pots. Sie planen außerdem ganz konkret die größte »religiöse Säuberungsaktion« der

Geschichte, die Tötung von Hunderten Millionen »Ungläubiger und Abtrünniger«. Immer wieder frage ich mich, wo das im Islam geschrieben steht.

1. Im Islam gibt es keinen Zwang in Glaubensfragen (Sure 2, Vers 256). Sie aber lassen Menschen bestialisch ermorden, nur weil sie Schiiten, Alawiten, Jesiden oder demokratiefreundliche Sunniten sind. Es sei denn, sie konvertieren freiwillig zu Ihrer gnadenlosen Ideologie. Das heißt: vor ihrer Eroberung. Religiöse Toleranz war über Jahrhunderte eine der meistgerühmten Tugenden islamischer Herrscher. Wo, sehr geehrter Kalif, ist Ihre Toleranz?

2. Im Islam gibt es ein klares Verbot von Angriffskriegen (z. B. in Sure 22, Vers 39). Der Prophet hat nie Angriffskriege geführt. Er wurde immer nur angegriffen – von den militärisch weit überlegenen, andersgläubigen Mekkanern. Sie allerdings, Herr Kalif, überfallen hemmungslos ganze Regionen, Städte und Dörfer, die Ihnen nichts getan haben.

3. Im Islam ist die Tötung von Zivilisten, Frauen, Kindern und alten Menschen verboten. An mehreren Stellen des Koran wird das unmissverständlich zum Ausdruck gebracht. Ihre Anhänger aber richten unschuldige Menschen auf widerlichste Art und Weise hin. Ja, sie vergewaltigen Frauen, eine Abscheulichkeit, die der Koran aufs Schärfste verurteilt (Sure 24, Vers 33). Das soll islamisch sein?

4. Im Islam ist die Zerstörung religiöser Stätten untersagt (Sure 22, Vers 40). Sie aber lassen Kirchen, Synagogen, schiitische, ja sogar sunnitische Moscheen zerstören und schänden. Auch das ist vollkommen antiislamisch.

Die Liste Ihrer fast demonstrativen Verstöße gegen den Koran ließe sich beliebig verlängern. Im Grunde ist bis auf Äußerlichkeiten alles, was Sie tun, antiislamisch, ein Gegenprogramm zum Islam.

Ich bin Christ. Meine Religion kennt durch das Johannes-evangelium die Figur des »Antichristen«. Durch Ihre Taten und Ihre Existenz lerne ich, dass es offenbar auch die Figur des »Antimuslims« gibt. Dass dieser Antimuslim sich »Kalif des Islamischen Staats« nennen würde, haben selbst die gelehrtesten Köpfe des Islam nicht vorausgesehen. Sie ahnten nicht, dass jemand die islamische Geschichte und die islamische Religion so grenzenlos verspotten könnte. Eigentlich müssten Sie Ihre eroberten Gebiete in »Antiislamischer Staat – AIS« umbenennen.

Was Sie sagen und tun, ist nicht nur ein Gegenprogramm zum Islam, sondern auch zum Wirken des Propheten. Mohammed war barmherzig, doch sie sind erbarmungslos. Mohammed war ein nach vorne blickender Revolutionär. Sie sind ein rückwärtsgewandter Reaktionär. Zu unterstellen, dass Mohammed, einer der dynamischsten Reformer der Geschichte, 1400 Jahre nach seinem Tod noch immer nach den Sitten und Bräuchen des Altertums leben würde, ist absurd. Große Revolutionäre pflegen sich nicht auf ihren Erfolgen auszuruhen. Sie, Abu Bakr Al Baghdadi, mögen ein beachtlicher Feldherr sein. Ein Reformer, ein Mann Gottes, des »Allerbarmers und Barmherzigen«, sind Sie nicht.

Viele Terrororganisationen vor dem IS haben gegen den Islam verstoßen und ihn als Maske für unislamische Taten missbraucht. Auch manch verblendeter Herrscher und Religionsgelehrter hat sich diese große Religion zurechtgebogen. In der Geschichte des Christentums hat es vergleichbare Fälle gegeben. Viele teuflische Taten wurden im Namen des Christentums begangen. Auch Sie, Herr Al Baghdadi, predigen in Wirklichkeit nicht den Islam, sondern Ihre Privatreligion und Ihre Privat-Shariah.

Ihre Anhänger verweisen darauf, dass George W. Bush erheblich mehr Menschen umgebracht habe als Sie. In einem völkerrechtswidrigen Krieg sogar. Das dürfte zurzeit noch stimmen, zumindest wenn Ihr Vormarsch nicht bald gestoppt wird. Ich habe mehrfach gefordert, dass sich die Verantwortlichen des Irakkriegs vor dem Internationalen Strafgerichtshof verantworten müssten. Auch Bush und Blair.

Doch Sie unterscheiden sich von Bush vor allem in vier Punkten:

1. Der damalige US-Präsident, der schwerste Kriegsverbrechen begangen hat, hat sich der Folterungen und Demütigungen in Abu Ghraib, Guantanamo oder Bagram wenigstens nicht öffentlich gerühmt und gebrüstet. Auch nicht der von GIs außerhalb von Kampfhandlungen begangenen schändlichen Morde und Vergewaltigungen. Er hat diese beschämenden Taten nicht zum Mittelpunkt seines Programms erhoben. Auch nicht zum Mittelpunkt des Christentums. Sieht man von einigen rhetorischen Entgleisungen zu Beginn des Krieges ab, als er sich auf einen »Kreuzzug« begeben wollte und sich zeitweise für Jesaja hielt.

2. Er hat nie wie Sie absichtlich, gezielt, genussvoll inszeniert und zelebriert, unschuldige Zivilisten ermordet. Journalisten, Mitarbeiter von Hilfsorganisationen usw.

3. Er hat nie eine religiöse »Säuberung« geplant wie Sie, der Sie die Auslöschung aller nichtabrahamitischen Religionen anstreben. Eine Auslöschung, bei der viele hundert Millionen Menschen sterben müssten. Sie planen den größten Völkermord aller Zeiten, der alles in den Schatten stellt, was die Menschheit bisher erlitten hat. Sie missbrauchen dafür den Namen des Islam! Das ist Gotteslästerung.

4. Gleichzeitig haben Sie offiziell die Sklaverei wieder eingeführt, die die Menschheit in mühsamen Kämpfen inzwi-

schen überwunden hatte. Sie existierte einst in allen Kulturen. Doch alle haben diese Herabstufung von Menschen zur Ware, zu Wesen zwischen Mensch und Tier, längst beschämt abgeschafft. Die Juden, die Christen, die muslimische Welt. Auch wenn heimlich noch immer viele Menschen in krimineller Weise wie Sklaven und Leibeigene behandelt werden. Mohammed hatte, anders als Sie, immer nach Wegen gesucht, wie er Sklaven zu vollberechtigten Bürgern machen konnte. So machte er Belal, einen schwarzen Exsklaven, zum ersten Gebetsrufer des Islam.

Sie richten Menschen öffentlich hin, um deren Heimatländer zu militärischen Gegenschlägen zu provozieren. Durch die wieder vor allem Muslime sterben werden. Sie wollen Krieg. So wie bin Laden die USA durch 9/11 in die afghanische Kriegsfalle lockte. Ist das islamisch? Ich kannte den amerikanischen Journalisten James Foley aus den revolutionären Tagen von Bengasi persönlich. Er war ein liebenswerter, in sich gekehrter Kollege. Wenige Tage nachdem ich mit Freunden in einen militärischen Hinterhalt Gaddafis geraten war, war er von dessen Leuten festgenommen worden. Der an Brutalität schwer zu übertreffende Gaddafi hat ihn tausendmal besser behandelt als Ihre brutalen Kämpfer.

Einige Ihrer ausländischen Kämpfer habe ich persönlich kennengelernt. Ich habe stundenlange, intensive Gespräche mit ihnen geführt. Auch an diese wende ich mich mit diesem offenen Brief.

Ich fordere alle ausländischen Jihadisten auf, sich vom »Islamischen Staat« zu lösen, in ihre Heimatländer zurückzukehren und sich den Behörden zu stellen. Sie werden faire Prozesse erhalten. Und hoffentlich kluge Integrationsprogramme.

Diesen ausländischen Kämpfern rufe ich zu: Manchen von euch nehme ich ab, dass ihr euch aus Unwissenheit, aus jugendlicher Naivität, aus Überzeugung, aus Idealismus und manchmal auch aus berechtigter Empörung dem IS angeschlossen habt. Doch wenn ihr mit offenen Augen durch die Welt geht, muss euch inzwischen klar geworden sein, dass sich nicht jeder 20-Jährige mit einer Kalaschnikow oder mit einem Schlachtermesser Bewaffnete zum mörderischen Richter über den Rest der Welt aufschwingen kann.

Für das gezielte Ermorden Unschuldiger und für religiöse Völkermorde kann es nie eine Entschuldigung geben. Ihr habt nicht das Recht, das Ansehen der großen Religion Islam durch perverse Mordtaten und die Auslöschung anderer Religionen zu beschädigen. Niemand freut sich mehr über eure Untaten als die vielen Feinde des Islam auf dieser Welt. Hat der Islam nicht schon genug Feinde? Fast könnte man meinen, der »IS/AIS« sei deren Erfindung.

Wer den Islam wirklich liebt, darf dieses völkermörderische Spiel nicht länger mitspielen. Abu Bakr Al Baghdadi hat Eure Ideale missbraucht. Wenn Ihr wahre Muslime seid, müsst Ihr diesem Spuk ein Ende bereiten und dem menschenverachtenden Anti-Islamismus des »IS/AIS« entgegentreten. Notfalls unter Lebensgefahr. Dann wäret Ihr wahre Helden des Islam. Fehler zu korrigieren erfordert mehr Mut, als wie die Lemminge blutige Irrwege einfach weiterzugehen. Nicht für die westliche Welt seid Ihr eine Gefahr, sondern für die muslimische Welt.

In Gaza fragte ich während des Krieges im Sommer 2014 einen Palästinenser, der fast alles verloren hatte, was er vom IS halte. Er schaute mich fassungslos an und fragte: »Müssen wir dafür jetzt auch noch den Kopf hinhalten.«

Ihnen, sehr geehrter Kalif Ibrahim, wünsche ich, dass sich die verfeindeten Parteien im Irak und in Syrien endlich einigen und dadurch Ihren militärischen Aktionen den Nährboden entziehen.

Möge Allah Sie stoppen! Dem wahren Islam und den 1,6 Milliarden gemäßigten Muslimen aber wünsche ich viel Erfolg.

Der tolerante Islam gehört nicht nur zu Deutschland, sondern auch zur Kultur unserer Welt.

Als Anlage füge ich zehn Passagen aus dem Koran bei, die dieses große Buch in meinen Augen besser charakterisieren als alles, was Sie in den letzten Jahren gesagt und getan haben. Sie sollten wenigstens einmal einen Blick darauf werfen, bevor die Geschichte über Sie hinweggeht.

Zehn Kernaussagen des Koran, die Sie nicht zu kennen scheinen:

1. Streitet nicht mit dem Volk der Schrift. Es sei denn auf beste Art und Weise. Sprecht: »Wir glauben an das, was zu uns und zu Euch herab gesandt wurde. Unser Gott und Euer Gott ist Einer.« 29:46.

2. Wir glauben an Gott und an das, was uns und was Moses und Jesus gegeben wurde. Wir machen zwischen ihnen keinen Unterschied. 2:136. Es gibt keinen Zwang im Glauben. 2:256. Willst Du die Menschen zwingen, Gläubige zu werden? 10:99.

3. Wenn Gott gewollt hätte, hätte er Euch zu einer einzigen Gemeinde gemacht. Er wollte Euch jedoch auf die Probe stellen. Darum sollt Ihr um die guten Dinge wetteifern. Zu Gott werdet Ihr alle zurückkehren. Dann wird er Euch kundtun, worüber Ihr uneins wart. 5:48. Diejenigen, die glauben – Muslime, Juden, Christen und Sabäer – werden ihren Lohn von Gott erhalten. 2:62.

4. Ihr sollt glauben und gute Werke tun! 25:70. Gott gebietet, gerecht zu handeln und uneigennützig Gutes zu tun. Er verbietet, was schändlich, abscheulich und gewalttätig ist. 16:90.

5. Wehrt das Böse durch das Gute ab! 13:22. Wetteifert miteinander in guten Werken. 2:148. Gott liebt diejenigen, die Gutes tun. 2:195. Seid gut zu den Eltern, den Verwandten, den Waisen, den Armen, dem Nachbar. Gott liebt nicht die Geizigen. 4:36. Was Euch an Dingen gegeben wurde, ist nur für eine zeitweilige Nutznießung während Eures irdischen Lebens. 28:60. Dem, der eine gute Tat vollbringt, soll sie zehnfach vergolten werden. Derjenige, der eine böse Tat verübt, soll nur das Gleiche als Lohn erhalten. 6:160.

6. Diener Gottes sind diejenige, die sanftmütig auf der Erde schreiten. Wenn Unwissende sie ansprechen, sprechen sie friedlich zu ihnen. 25:63. Dämpfe Deine Stimme. Die widerwärtigste der Stimmen ist die Stimme des Esels. 31:19.

7. Wer Gutes tut, tut es für seine eigene Seele. Wer Unrecht begeht, begeht es gegen sich selbst. 45:15.

8. Richtet auf Erden kein Unheil an. 2:60. Stiftet Frieden zwischen den Menschen. 2:224.

9. Die Vergeltung für eine Übeltat soll ein Übel gleichen Ausmaßes sein. Wer aber vergibt, ruht sicher bei Gott. 42:40. Versöhnung ist gut. 4:128.

10. Und hier die Sure, gegen die Sie sich am meisten versündigt haben: Wenn jemand einen Menschen tötet, so ist es, als habe er die ganze Menschheit getötet. Und wenn jemand einem Menschen das Leben rettet, so ist es, als habe er die ganze Menschheit gerettet. 5:32. Ihr sollt niemanden töten, dessen Leben Gott unverletzlich gemacht hat. 6:151.

Danach lohnt es sich zu leben. Aber nicht nach Ihrer gnadenlosen, antiislamischen Ideologie.

Nochmals danke für Ihre Gastfreundschaft! Und dass Sie mir die Gelegenheit gegeben haben, das Land, das Sie beherrschen, relativ frei zu besuchen. Ich hätte gerne einmal einen wirklich islamischen Staat besucht. Er hätte sich ruhig gegen westliche Ungerechtigkeiten und Anmaßungen zur Wehr setzen können. Dass ich am Ende nur einen Antiislamischen Staat kennenlernte, bedaure ich sehr.

Hochachtungsvoll
Ihr Jürgen Todenhöfer

X

Nachwort zu Jihadi John

Ein paar Tage nach unserer Rückkehr ruft Freddy mich an. »Kennst du diese Stimme?«, fragt er. Ich höre ein undeutliches Rauschen. Aber der Rhythmus, in dem da gesprochen wird, kommt mir bekannt vor. »Das ist unser Fahrer. Hast du ihn beim Filmen heimlich aufgenommen?«, frage ich. Freddy antwortet ernst: »Das ist Jihadi John, der Henker. Kann ich bei dir vorbeikommen?«

Wenig später sitzen wir in meiner Wohnung vor Freddys Laptop. Freddy spielt mir das Video vor, in dem Jihadi John mit der Enthauptung der zwei entführten Japaner droht. Ich bin wie vor den Kopf geschlagen. Die rhythmische, stoßende Art zu sprechen, die meist nur halb geöffneten Augen, dieser eindringlich starrende Blick, die Körpersprache – war das unser »Fahrer«? Obwohl die Stimme auf dem Video elektronisch verzerrt, heruntergepitched ist, besteht für mich fast kein Zweifel. Wir waren zu lang mit unserem Fahrer zusammen. Seine ruppigen Interventionen, seine Befehle hatten zu starke Spuren in unserem Gedächtnis hinterlassen. Immer wieder schüttle ich verdutzt den Kopf. Waren wir tatsächlich tagelang mit Jihadi John unterwegs gewesen?

Frederic ruft ein weiteres Video auf. Dieses Mal spricht Jihadi John neben dem gefesselten US-Journalisten James Foley. Kurz vor dessen Hinrichtung. Wieder dasselbe Déjà-vu. Auch hier spricht eindeutig unser Fahrer. Frederic hat noch eine Überraschung. Auf YouTube hat er ein Video von Ano-

279

nymous, der berühmt-berüchtigten Hackergruppe, gefunden. Angeblich soll hier die echte Stimme von Jihadi John zu hören sein. Womöglich hatte Anonymous die Stimme Jihadi Johns auf ihr normales Niveau hochgepitcht. Wir können es kaum fassen: Die Stimme in dem bearbeiteten Video hört sich genauso an wie die Stimme unseres Fahrers.

Frederic sagt leise:»Genau so hat er mit dir am ersten Tag in Rakka geredet, als er so wütend war. Und genauso hat er mit mir gesprochen, als er mir in Mosul meine Kameras abgenommen hat. Nie werde ich das vergessen.«

Auch die Fotos, die inzwischen von Jihadi John veröffentlicht wurden, zeigen eine verblüffende Ähnlichkeit mit dem Mann, den ich – wenn auch nur kurz – ohne Maske gesehen hatte. Und sie passen zu der maskierten Silhouette, die viele Tage im Auto schräg vor mir gesessen hatte.

Hundertprozentige Beweise sind das nicht. Ich werde sie auch nicht als solche ausgeben. Unser »Fahrer« hatte sich ja nicht fotografieren lassen. Aber unterdrücken kann ich unsere verblüffenden Erkenntnisse auch nicht.

Alles passte zusammen. Sein offenbar leichter Zugang zu dem Journalisten John Cantlie. Seine Verärgerung, als ich mich weigerte, in der Propagandashow mit Cantlie mitzuspielen. Seine absurde Vermummung zu jeder Tages- und Nachtzeit. Sein Ausrasten, als ich ihn zufällig einmal ohne Vermummung gesehen hatte.

Frederic liest mir eine Meldung des FBI vom September 2014 vor, wonach Jihadi John einer Terrorzelle angehörte, die »The Beatles« genannt wurde. Nach Aussagen freigelassener Geiseln habe er die Aufgabe gehabt, die Geiseln zu bewachen und mit ihren Familien zu kommunizieren. Und genau das hatte unser »Fahrer« ja versucht, als er die Übergabe zweier Briefe John Cantlies an seine Familie und an den englischen Premierminister arrangieren und filmen wollte.

Er war der »Star« der brutalen IS-Enthauptungsvideos, die

das Bild des »Islamischen Staats« weltweit tief geprägt hatten. Auch wenn es möglicherweise weitere Henker neben ihm gab, die ihn manchmal ersetzten. Vielleicht wollte er deshalb bei meiner Reise durch den »Islamischen Staat« dabei sein. Um sicher zu sein, dass wir das Bild des IS, dessen blutige Choreografie, nicht verfremdeten?

Ich berichte Frederic von einem Gespräch mit einem Antiterrorspezialisten, den ich am Vortag zufällig nach auffallenden Körpermerkmalen Jihadi Johns gefragt hatte. »Ausgeprägte Adlernase«, hatte er geantwortet. Und ausgeprägter als die Adlernase unseres »Fahrers« konnte eine Nase nicht sein. Selbst die Vermummung konnte, wenn er sich gelegentlich im Auto zu uns umdrehte, den kühnen Schwung seiner Nase nicht verbergen. Menschen, die Jihadi John in seiner Jugend kannten, berichten von seiner dunklen Lockenpracht. Auch unser »Fahrer« hatte dichte Locken, die bis tief in seinen Nacken fielen.

Frederic ruft Malcolm an und bittet ihn, kurz vorbeizukommen. Eine halbe Stunde später spielt er Malcolm die zwei Videos vor. Ohne ein Wort zu sagen. Malcolm reißt die Augen weit auf. Immer wieder murmelt er: »Das gibt's doch nicht.« Als er durch ist, schaut er uns völlig verwirrt an: »Das kann doch alles nicht wahr sein. Das ist unser Fahrer.«

Wortlos und auch ein wenig ratlos trennen wir uns. Ratlos, weil wir unsicher sind, ob ich in meinem Buch erwähnen soll, dass wir im »Islamischen Staat« wahrscheinlich jeden Tag mit dem brutalsten Henker der Welt zusammen waren. Uns war klar, dass der IS alles dementieren würde. Schließlich war Jihadi John einer der am meisten gesuchten Terroristen der Welt.

Freddy klappt seinen Computer zu. Am nächsten Tag schickt er das von Anonymous veröffentlichte Audio mit der angeblichen Echtstimme Jihadi Johns an Abu Qatadah. Er fragt, ob die Stimme ihn nicht an unseren »Fahrer« erinnere. Die Antwort kommt umgehend. Sie ist kurz und bündig:

»Nein.«

»Sicher?«, fragt Freddy zurück.

»Natürlich!«, antwortet Abu Qatadah…

Personenregister